桥梁结构健康监测大数据分析方法及应用

杨建喜　李　韧　杨祥立　刘　蝶　著

科学出版社
北　京

内 容 简 介

桥梁结构健康监测是典型的“土木工程＋信息科学”多学科交叉研究与工程实践领域。本书从信息技术视角，阐述了大数据技术在桥梁结构健康监测领域所取得的成果，包括桥梁结构监测大数据处理与分析技术、基于监测数据的结构状态评估、公路桥梁结构健康监测大数据云平台、桥梁结构智能管养领域知识图谱等。本书旨在引领更多具有信息技术学科背景的科技人员进入桥梁结构健康监测领域，以期弥补目前此类著作主要适用于土木工程学科背景人员的缺憾。

本书可供从事土木工程、桥梁结构健康监测以及大数据应用等方面研究和工程应用的广大科技人员参考，也可作为计算机科学与技术、土木工程等专业高年级本科生和研究生的学习参考书。

图书在版编目（CIP）数据

桥梁结构健康监测大数据分析方法及应用/杨建喜等著. —北京：科学出版社，2024.1

ISBN 978-7-03-076382-2

Ⅰ. ①桥…　Ⅱ. ①杨…　Ⅲ. ①数据处理－应用－桥梁结构－监测　Ⅳ. ①U446

中国国家版本馆 CIP 数据核字（2023）第 181090 号

责任编辑：朱小刚 / 责任校对：高辰雷
责任印制：罗　科 / 封面设计：陈　敬

科 学 出 版 社 出版
北京东黄城根北街 16 号
邮政编码：100717
http://www.sciencep.com

四川煤田地质制图印务有限责任公司印刷
科学出版社发行　各地新华书店经销

*

2024 年 1 月第　一　版　开本：B5（720 × 1000）
2024 年 1 月第一次印刷　印张：10 3/4
字数：210 000

定价：119.00 元

（如有印装质量问题，我社负责调换）

前　言

桥梁作为交通大动脉的重要组成部分，在国家经济建设与社会发展中具有重要地位。由于在长期运营过程中受到交通荷载、环境激励、突发事件及桥梁结构材料属性退化等内外因素共同影响，桥梁结构部件难免发生各种疲劳损伤。因此，对桥梁结构健康状况进行全面监控，开展有效的运营期桥梁管养，延长桥梁寿命，确保生命财产安全，一直是桥梁工程界关注的重点。目前，桥梁工程界已形成了由日常人工巡检、经常性检查、定期/特殊检测、荷载试验、维修加固及结构健康监测等组成的运营期桥梁管养业务体系。其中，结构健康监测作为一个重要方法，以结构损伤、受力、变形等动静力响应数据为基础，开展结构损伤定位、状态识别、性能评估及预警研究，确保桥梁结构服役安全。

桥梁结构健康监测作为典型的“土木工程＋信息科学”多学科交叉研究与工程实践领域，既包括土木工程学科中的结构力学、材料学、桥梁工程等理论和技术，也涵盖了电子、通信、计算机、物联网、大数据、人工智能等信息科学技术。信息科学技术已然成为解决桥梁结构健康监测领域关键问题的核心技术，尤其是近年来人工智能、大数据技术快速发展，结构健康监测海量数据存储与处理、多模态异构数据融合、知识建模与推理等技术为桥梁结构健康监测带来了新的研究趋势与重要挑战。

桥梁结构健康监测从信息技术角度主要包括监测感知、数据传输、数据治理、数据融合、数据挖掘、模式识别、知识抽取、智能决策等部分。其中，监测感知主要涉及结构监测高感度、高精度传感技术研究；数据传输主要是结构监测从传感器、数据采集仪、数据中心的系统集成以及基于物联网技术的传感网络构建；数据治理主要是结构监测海量、异构的响应数据高效存储及预处理；数据融合主要是融合多源数据；数据挖掘主要是数据特征指标构建与提取；模式识别主要建立监测数据特征指标体系表征结构评估状态模式，并按时间推演进行辨识；知识抽取主要涉及从监测、检测等多源异构数据中抽取支撑养护决策的细粒度信息等；智能决策主要是在行业养护规范与结构状态评价的基础上，构建自动推理的结构管养智能决策体系。

基于桥梁结构健康监测数据的结构状态分析的本质是系统辨识问题，主要是通过结构响应信息分析辨识结构系统状态演变情况。目前，这一领域主要的研究技术路线包括两种：一种是从结构角度出发，通过识别结构各类物理参数进而实现对结构状态的分析，可称此技术路线为“西医”模式；另一种是从数据角度出发，通过分析监测数据及其特征的演化进而表征结构状态，可称此技术路线为“中医”模式。“西医”模式由于受结构几何、材料、边界等不确定因素的影响，所构建模型无法真实表达实际结构参数，导致此模式研究极具挑战。“中医”模式通过研究监测数据的变化规律及概率分布，以识别结构状态变化模式，从而实现结构损伤识别、结构状态评价及预测，其本质契合了大数据处理及分析问题。因此，深入探讨桥梁结构健康监测大数据分析方法及应用，是数据驱动的桥梁结构健康监测取得进一步发展的关键。

“横看成岭侧成峰，远近高低各不同”，桥梁结构健康监测的多学科交叉特点，决定了从不同视角所需要关注和重点攻关的技术内容也不同。作者及其团队主要是信息类学科专业背景人员，重点开展大数据技术在桥梁结构健康监测领域的应用和攻关。为了使得更多相关学科背景的科技人员进入桥梁结构健康监测领域，更好地推动该领域的发展，本书的撰写以结构健康监测研究链条为主线，以大数据技术为主要对象，旨在形成更加适用于交叉学科背景研究人员和研究生、高年级本科生学习及交流的内容体系，以期弥补目前此类著作主要适用于土木工程学科背景人员的缺憾。

本书在系统总结近十年信息技术视角下桥梁结构健康监测领域的相关技术和研究成果的基础上，重点阐述作者及其团队桥梁结构健康监测大数据分析相关研究成果。本书得到了众多科研工作者和从业人员的大力支持与帮助，作者要感谢重庆交通大学周建庭教授，作为作者的博士生导师近 20 年的指导与支持；感谢郭增伟教授、张廷萍教授，王桂平、蒋仕新、王笛、刘新龙等团队老师在桥梁结构健康监测领域做出的贡献。作者还要感谢在实验室为桥梁结构健康监测的科研工作做出重要贡献的研究生，他们是钱理章、舒劲秋、杨飞、张利凯、何盈盈、杨小霞、杨一帆、李昊、邓曦洁、陆源明等。

本书的撰写得到国家自然科学基金项目（51608070、62003063、62101081、62103068）、重庆市自然科学基金面上项目（CSTB2022NSCQ-MSX1599）、重庆市教委科学技术研究计划项目重大项目（KJZD-M202000702）、重庆市教委科学技术研究计划项目青年项目（KJQN202000726、KJQN202100747、KJQN202100745、KJQN202200720）的大力支持，在此表示衷心的感谢。

由于作者水平有限，在撰写本书时难免存在疏漏，欢迎读者指正，或者读者有好的建议，都可以联系作者：yjx@cqjtu.edu.cn。

目　录

第1章　绪　　论

1.1　桥梁结构健康监测的背景及意义

从 20 世纪 90 年代以来，伴随着世界大规模交通基础设施建设的展开和我国国民经济的发展，我国的桥梁建设进入了一个全面发展的阶段。桥梁在现代社会的生产和生活中发挥着举足轻重的作用。总长约 55km 的港珠澳大桥历经 5 年规划、9 年建设后，于 2018 年 10 月 24 日通车，实现了“一桥拉动，珠三角西部棋子全盘皆活”。根据交通运输部《2020 年交通运输行业发展统计公报》中的数据，截至 2020 年年底，全国公路桥梁 91.28 万座、6.63 万 km，比 2019 年年底分别增加 3.45 万座、0.57 万 km，其中特大桥梁 6444 座、1.16 万 km，大桥 119935 座、3.28 万 km，如图 1.1 所示。此外，目前我国高铁桥梁数量达到 3 万多座，总长度突破 1.6 万 km。

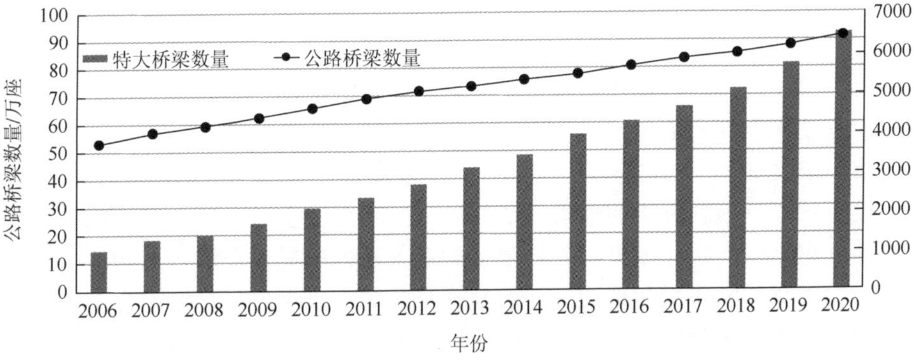

图 1.1　我国特大桥梁和公路桥梁增长情况

桥梁的设计基准期长达上百年。但由于内外因素的影响，结构各部件在远没有达到设计年限前就已受到不同程度的损伤和劣化。其结构损伤主要分为两类，即突发性损伤和累积损伤。突发性损伤是由突发事件引起的，损伤在短期内达到或超过一定限值；累积损伤有缓慢累积的性质，达到一定程度就会引起破坏，影响结构的安全性和使用功能。这些损伤如果不能及时得到检测和维修，轻则影响行车安全和缩短桥梁使用寿命，重则导致桥梁结构被损坏和意外倒塌。为保证桥梁结构的安全性、适用性和耐久性，加强对桥梁健康状况的监测和评估，从而实施合理的管养工作极为重要[1]。

桥梁结构健康监测研究与应用起源于欧洲。第二次世界大战以后，联邦德国成为世界上桥梁建设最活跃的地区。自 20 世纪 80 年代起，其研究工作的重点也转移到桥梁结构健康监测、检测评估、维修加固。我国桥梁结构健康监测发展紧随其后，在 90 年代中期，由高校主导开展了大跨度桥梁结构健康监测的研究，并且陆续在一些大跨度桥梁上安装健康监测系统。同济大学在徐浦大桥和杨浦大桥安装的监测系统是我国最早的桥梁结构健康监测系统。桥梁结构健康监测作用主要包括三个方面：结构状态监控与评估[2]、验证设计理论[3]、改进设计规范和促进研究与发展[4]。

1. 结构状态监控与评估

大型桥梁结构健康监测力求对桥梁结构进行整体行为的实时监控和结构状态的智能化评估。在结构经过长期使用或遭受突发灾害后，通过测定其关键性能指标，获取反映结构状况的信息，分析其是否受到损伤。如果受到损伤，还要分析其可否继续使用以及剩余寿命如何。这对确保桥梁的运营安全、及早发现桥梁病害、延长桥梁的使用寿命有积极的作用。

2. 验证设计理论

大型桥梁（尤其是斜拉桥和悬索桥）由于其力学特性、结构特点和所处环境等因素，在设计阶段完全掌握和预测其力学特性和行为是非常困难的。为了提高设计质量和工程安全性，大跨度索支承桥梁的设计依赖于理论分析，并通过风洞、振动台模拟试验，预测桥梁的动力性能并验证其动力安全性。然而，结构理论分析常基于理想化的有限元模型，并以很多假定条件为前提，在进行风洞或振动台试验时，对大桥的风环境和地面运动的模拟可能与真实桥位的环境不完全相符。因此，通过桥梁结构健康监测所获得的实际结构动静力行为，可以验证大桥结构分析模型，计算假定和设计方法的合理性。尤其是，监测所得数据和分析结论可用于深入研究大跨度桥梁及其环境中的未知和不确定性问题，为以后的设计和建造工作提供依据。

3. 改进设计规范和促进研究与发展

桥梁结构健康监测带来的将不仅是监测系统和某种特定桥梁设计的反思，它还可能成为桥梁研究的现场实验室。由于运营中的桥梁结构及其环境所获得的信息不仅是理论研究和实验室调查的补充，而且可以提供有关结构行为与环境规律的最真模型修正与系统识别法、神经网络法和遗传算法的信息。桥梁结构健康监测信息反馈于结构设计方法更深远的意义在于结构设计方法与相应的现有监测系统存在的问题、规范标准等可能得到改进。

1.2 桥梁结构健康监测存在的问题

多年来，由于技术发展以及管理模式等因素限制，在实际的桥梁日常管理和养护过程中，主要依赖于常规的人工目测以及便携式仪器测量等传统的巡检养护措施获得巡检信息，并以手工登记方式和纸质方式保存。定期检测依据《公路桥梁技术状况评定标准》（JTG/T H21—2011）中的检测指标和评价标准，将检测结果以人工方式录入中国公路桥梁管理系统（China bridge management system，CBMS），但检测周期长且实时性差，CBMS 仅实现了桥梁管养过程的档案信息化与报表自动化，这些因素决定无法全面、实时地支撑大型桥梁的健康状况评价和管养决策支持。另外，桥梁结构健康监测系统作为一种能实时获取桥梁在各种环境、荷载等因素作用下结构响应的解决方案，能为桥梁管养提供一定科学依据。例如，混凝土裂缝的监测力求把损伤控制在萌芽阶段，而不是在损伤发展到明显影响结构内力状态（监测系统能识别到）时才发现；而结构的内力状态监测则主要通过自动化的健康监测系统采集数据并加以分析来实现，以实时监测桥梁结构的运营状态并评价其健康状况。现有桥梁结构健康监测系统大多是独立设计运行的。虽然各个健康监测系统已获大量结构动静力响应数据，但尚未综合考虑桥梁人工巡检养护和检测信息，且由于系统规模及传感器布设等方面的限制，目前仅基于监测数据或仅面向单座桥梁的传统结构损伤识别与状态分析方法及其运营期管养技术手段，在实际工程应用过程中与业主的预期存在差距，对桥梁结构在复杂环境及荷载作用下的响应存在不足，难以给出准确有效的预警模式。

由此可见，现有桥梁管养业务体系中所获取的桥梁结构状态信息，以及桥梁档案信息（包括设计图纸）、施工监控等基础信息仍以纸质存档或孤立电子化的形式存储，巡检养护、病害检测、健康监测等多源异构信息“孤岛化”现象严重，尚未形成统一的、面向桥梁全寿命过程一体化的信息集成与融合。在开展桥梁结构状态评定或管养决策支持等业务时仍主要依赖人工查阅相关文档。同一座桥梁的人工检测信息与健康监测数据语义融合不足，也很难实现区域化、相似结构类型和相似运营环境下多座桥梁之间的结构状态相关性分析和综合评价，管养辅助决策的“智能化”程度仍不足。巡检、检测、监测等信息在结构状态评价和管养决策支持方面的价值仍有待进一步充分挖掘。因此，亟须基于现有桥梁结构健康监测业务体系，以通过云计算、大数据等先进信息技术为支撑，建立一套核心的健康监测系统，并融合桥梁结构健康监测全寿命、全要素数据，以进一步实现区域性桥梁结构健康监测的中心化管理，同时为桥梁结构状态深度挖掘分析和智能化管养决策支持奠定基础。

关于桥梁监测云平台、桥梁综合管理平台等已有相关机构开展了研究和示范应用。这些平台都一定程度上考虑了桥梁监测系统的中心化管理、桥梁检测和监测一体化等问题，但依然存在如下不足：

（1）现有解决方案中，部分实现了监测、检测、基础档案、报表等数据层面集中存储与管理报表及档案电子化，尚未涉及电子化人工巡检、CBMS 集成、荷载试验及施工监控，养护措施等桥梁结构健康监测全寿命、全要素信息细粒度抽取与融合，以至于智能化的结构状态分析与管养决策仍存在不足。

（2）现有解决方案主要基于传统信息可视化技术，在各类基础信息与分析结果的直观、立体、多维度的可视化方面有待改进，面向不同桥梁管养用户的个性化信息展示与预警信息推送等问题依然存在不足。

（3）现有解决方案主要基于传统关系型数据库技术构建，在海量、实时、异构数据的高效存储计算方面存在一定的性能瓶颈，缺乏面向智慧桥梁管养服务的海量数据存储管理、异构数据融合、结构状态实时分析等方面的高性能、易扩展技术架构支撑。

（4）桥梁结构健康监测理论研究仍处于探索阶段。由于缺乏实用有效的优化算法，测点数量巨大，系统规模过大，导致数据量大、信息大量冗余，缺乏对结构性能改变敏感参数的有效研究，桥梁结构状态评估缺乏统一有效的指标，如何提取和利用有效的监测数据对桥梁进行健康状态评估是研究的技术难题，目前仍处于探索阶段。

（5）目前国内外对于部分城市桥梁或者中、小跨径的桥梁，由于其造价成本低，很难运用成本高昂的监测系统，其管养仍以人工检测为主。因此，适合中小桥梁的低成本健康监测系统是一个很值得研究的方向。而大型桥梁结构健康监测系统还不够成熟，其研究在一段时期内仍将持续为主流方向。未来的桥梁结构健康监测系统的研究发展方向主要为：①传感器的优化布设研究；②系统自身损伤识别的研究；③有效实用的桥梁健康评估理论及基于数据的优化算法；④桥梁结构健康监测系统智能控制技术；⑤开发价格低廉、有效、实用的适合中小桥梁的健康监测系统。

综上所述，如何以大数据和云服务思维形成融合监测与检测等桥梁全寿命信息的桥梁结构健康监测方向的技术突破，将传统的巡检养护、检测等措施与桥梁结构健康监测系统有机结合，以消除现有检测和监测方法中的诸多不足，已成为桥梁管养工程领域关注的重点和难点，并成为推进桥梁智慧化管养的重要趋势[5]。

1.3 桥梁结构健康监测发展方向

1.3.1 基于大数据技术的桥梁结构健康监测

桥梁结构健康监测以行政区域内公路桥梁结构健康监测全过程、全要素数据整合与管养决策支持为总体目标，实现涵盖桥梁基础档案、施工监控、巡检、定测、荷载试验、养护加固措施及健康监测等的桥梁结构健康监测大数据平台[6]，其总体架构如图 1.2 所示。

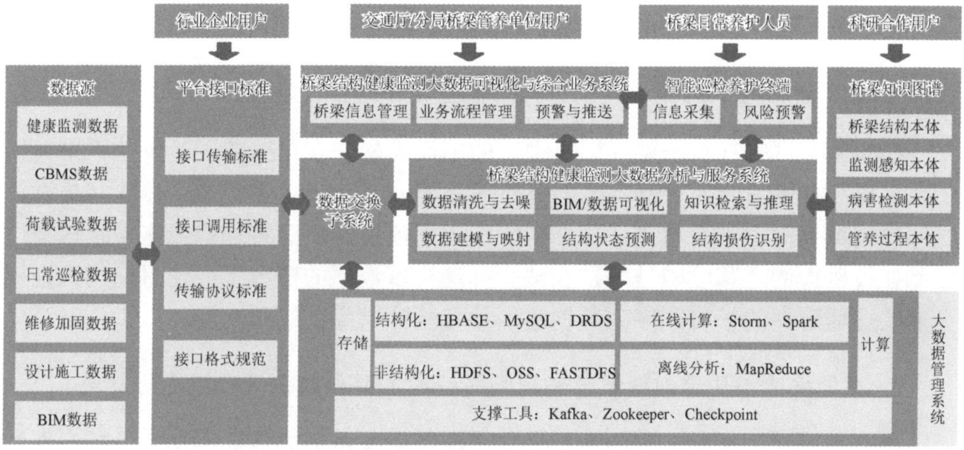

图 1.2 桥梁结构健康监测大数据云平台总体架构

BIM 指建筑信息模型（building information model）

桥梁结构健康监测在桥梁管养异构数据融合、大数据可视化展现、巡检智能终端远程交互、桥梁结构状态深度挖掘分析等关键技术的基础上，通过桥梁结构健康监测大数据云平台的建设，形成涵盖桥梁基础档案、人工巡检、检测、监测、施工监控及荷载试验、养护措施的桥梁管养全过程、全要素的大数据云平台，实现与 CBMS 的无缝对接，改变传统各类桥梁监测和信息管理系统“孤岛化”局面，由此可全面提升桥梁管理智慧化品质。

在平台建设理念方面，借助云计算、大数据及人工智能技术，以“管理优先、开放共享”为建设理念，充分结合桥梁业主单位实际需求，以多源异构桥梁管养数据融合、管养综合业务模式建立、管养辅助决策支持为主线，以多源异构融合基础上的结构状态分析为辅助，通过建立以平台对接、业务服务、数据服务标准，以智能巡检养护终端、桥梁结构健康监测大数据可视化展示、桥梁管养综合业务、桥梁结构健康监测大数据分析与服务为关键子系统，形成面向政府管养单位、外围行业企业、高校科研机构、第三方开发者共同参与的桥梁结构健康监测共享平台，实现管理智能化、技术服务专业化的多方协作生态链，并以此平台为依托，辐射全国桥梁管养体系，引领桥梁“智慧管养”的技术[7]。

1.3.2 桥梁结构损伤识别模型的迁移学习

大型在役桥梁的结构损伤是极小概率事件，缺乏带有标注的数据集，导致有监督、半监督学习技术无法在桥梁结构损伤识别中发挥优势。迁移学习技术[8]因可以将构建好的桥梁结构损伤识别模型迁移到存在相关性但特征空间和数据分布有所不同的数据集上解决了上述问题而成为新的研究方向，具体包含以下两方面。

1. 仿真数据集上构建结构损伤识别模型迁移到在役桥梁

在实验室试制在役桥梁（即真型）的缩尺模型，在可控的试验条件下采集损伤数据集；收集国内外文献广泛采用的基准（benchmark）数据集；在这些仿真长时间序列数据集上训练得到桥梁结构损伤识别模型。研究将这些损伤识别模型迁移到在役桥梁的迁移学习技术，在缺少标注样本数据的情况下，使得损伤识别模型能快速适配新的长时间序列数据集，并且能够保持良好的性能。

2. 在役桥梁损伤识别模型迁移到相同结构类型和相似运营环境的桥梁

同一地区相同结构类型的桥梁（如西部某省跨黄河的连续刚构特大桥）在相似运营环境下有着相似的结构响应，以构建“西部某省公路桥梁健康管理大数据云平台”为契机，研究将在役桥梁的结构损伤识别模型[9]迁移到相同结构类型和相似运营环境桥梁的迁移学习技术，使得运转良好的损伤识别模型能快速适配于同类在役桥梁，并保持良好的性能。

1.3.3 桥梁管养领域知识图谱构建与智能服务

以桥梁结构健康监测、经常性检查、定期检测等涵盖的海量异构数据[10]及其领域知识为基础，面向桥梁管养领域信息交互、知识共享与智能决策服务需求，以多源异构数据存储与索引→领域知识图谱构建→桥梁管养知识智能服务为研究主线，从管养全要素数据多维度划分、分布式存储与索引机制入手，为后续的分析计算提供高性能、易扩展的数据访问和计算平台支撑；在此基础上，通过使用网络本体语言（Web ontology language，OWL）和语义网络规则语言（semantic Web rule language，SWRL）等语义技术，结合桥梁基础数据与周期性人工检测信息，构建融合监测、检测等管养全要素信息的领域知识图谱[11]，实现基于本体的领域知识推理、验证与共享服务，并根据构建的领域知识图谱，设计合理的养护维修策略[12]，实现云计算环境下桥梁综合管养决策支持和领域信息交互，如图1.3所示。

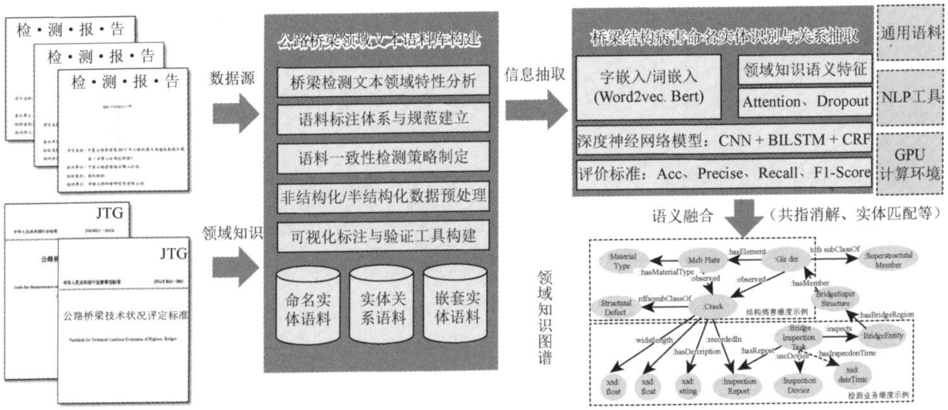

图1.3 公路桥梁智能管养领域知识图谱构建

参 考 文 献

[1] 赫尔穆特·文策尔. 桥梁健康监测[M]. 伊廷华, 叶肖伟, 译. 北京: 中国建筑工业出版社, 2014.

[2] 中国工程建设协会. 结构健康监测系统设计标准[S]. CECS 333—2012. 北京: 中国建筑工业出版社, 2013.

[3] 张皓, 李东升, 李宏男. 有限元模型修正研究进展: 从线性到非线性[J]. 力学进展, 2019, 49: 542-575.

[4] 孙利民, 尚志强, 夏烨. 大数据背景下的桥梁结构健康监测研究现状与展望[J]. 中国公路学报, 2019, 32(11): 1-20.

[5] 李爱群, 丁幼亮, 王浩, 等. 桥梁健康监测海量数据分析与评估: “结构健康监测”研究进展[J]. 中国科学: 技术科学, 2012, 42(8): 972-984.

[6] 李惠, 鲍跃全, 李顺龙, 等. 结构健康监测数据科学与工程[J]. 工程力学, 2015, 32(8): 1-7.

[7] Lynch J P, Farrar C R, Michaels J E. Structural health monitoring: Technological advances to practical implementations[J]. Proceedings of the IEEE, 2016, 104(8): 1508-1512.

[8] Farrar C R, Worden K. 机器学习视角的结构健康监测[M]. 单德山, 付春雨, 郭珊, 译. 北京: 科学出版社, 2017.

[9] 宗周红, 钟儒勉, 郑沛娟, 等. 基于健康监测的桥梁结构损伤预后和安全预后研究进展及挑战[J]. 中国公路学报, 2014, 27(12): 46-57.

[10] Li R, Mo T J, Yang J X, et al. Ontologies-based domain knowledge modeling and heterogeneous sensor data integration for bridge health monitoring systems[J]. IEEE Transactions on Industrial Informatics, 2021, 17(1): 321-332.

[11] 牛聚粉, 汪苏. 基于知识图谱的建筑健康监测研究态势可视化分析[J]. 安全与环境学报, 2013, 13(5): 225-229.

[12] 韩万水, 闫君媛, 武隽, 等. 基于长期监测的特重车交通荷载特性及动态过桥分析[J]. 中国公路学报, 2014, 27(2): 54-61.

第 2 章　桥梁结构健康监测总览

2.1　桥梁结构健康监测研究

桥梁结构健康监测为保证桥梁服役过程中能够安全稳定运行而逐渐衍生[1]。桥梁结构健康监测是基于科学的监测理论与方法，通过数据采集、模型构建等方面对结构相关特性指标进行分析，以实现对桥梁结构状态健康监测与评估。而桥梁结构所受病害及其因素也将根据桥梁种类的差异而不同，可以通过对梁式桥、拱式桥、刚架桥、悬索桥等主要病害研究及桥梁结构性能评估方法内容进行阐述。其中桥梁结构的主要病害[2]如表 2.1 所示。

表 2.1　桥梁结构的主要病害

桥梁结构	病害位置	病害因素
梁式桥	主梁	梁式桥主梁的病害主要有裂缝、腐蚀破坏、主梁挠度过大三个方面的因素
	支座	梁式桥支座的病害主要有设计、施工、维修、养护、管理不善等因素
拱式桥	护套及索体结构	护套的主要病害是开裂，拱式桥索体结构的主要病害是平行钢丝拉索聚乙烯（PE）护套提前开裂、下端预埋管积水、短吊杆及系杆腐蚀或断裂
	使用环境	紫外线的照射、雨水冲淋及有害气体的腐蚀，均会影响护套的开裂，环境因素会对钢丝、锚具、短吊杆、系杆四个部位造成不同程度的病害
刚架桥	横系梁	横系梁的裂缝形态都是竖向的断裂裂缝，主要由微弯板的侧向水平推动作用使横系梁受拉所致
	微弯板	混凝土老化、使用性能降低等原因都会使微弯板存在露筋锈蚀、裂缝、孔洞病害，严重的微弯板混凝土碎裂，会导致桥面塌陷
	桥面系	桥面系的主要病害表现为纵横向网状裂缝和破碎带：一是原来桥梁伸缩缝的设计欠缺合理性，二是桥面的检查维修不及时
悬索桥	主缆及吊索	主缆的主要病害有主缆线形变化、腐蚀及断丝等。现在悬索桥吊索的材料一般采用钢丝绳，吊杆由圆钢材料制造，吊杆两端需要加工出单线螺纹，在恶劣的环境下，容易生锈、腐蚀，直至断裂
	索夹及锚具	索夹移位是索夹部分的主要病害，其外观表现为对应的吊索倾斜；锚具由于自身构造特征，常见的病害类型主要包括锚具锈蚀和积水

2.1.1　梁式桥主要病害

梁式桥的主要病害分为主梁的病害和支座的病害等。

1. 主梁的病害

主梁作为桥梁的承重结构，如果发生病害，一是影响美观，二是影响使用寿命，甚至还会威胁人们的生命和财产安全。主梁的病害主要有裂缝、腐蚀破坏、主梁挠度过大。

1）裂缝

裂缝的分类有多种，从安全角度考虑可分为安全的工作裂缝和非正常裂缝；按客观成因可分为先天裂缝、原生裂缝、后天裂缝；从力学机理角度可分为弯曲裂缝、剪切裂缝、局部承压裂缝、次裂缝等；从结构承载力影响角度考虑，裂缝分为结构裂缝和非结构裂缝两大类。结构裂缝由外荷载引起，预示结构承载力不足或下降，这类裂缝的产生机理是结构整体或局部构件的强度、刚度、延性不足。而非结构裂缝是由混凝土不能满足自身的变形或外界环境变化造成的结构非荷载变形等产生的适应性裂缝，这类裂缝暂时不会对结构的承载力造成危害，如果超过一定的限值则可能对结构的耐久性（钢筋锈蚀和结构防水等）和美观性造成影响，严重时也会削弱结构的承载力。跨中及支座处的裂缝主要是结构裂缝，而其余位置处的裂缝主要是非结构裂缝。对于裂缝的监测，其参数应包括裂缝的长度和宽度。采用结构裂缝监测传感器，对于尚未发生开裂的结构，宜监测结构的应变变化。主梁病害的主要裂缝情况如表 2.2 所示。

表 2.2　主梁病害的主要裂缝情况

裂缝位置	产生原因	形态
跨中	梁受挠曲或混凝土收缩	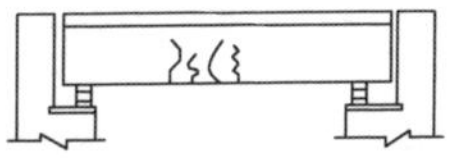
支座两侧	混凝土受剪力过大	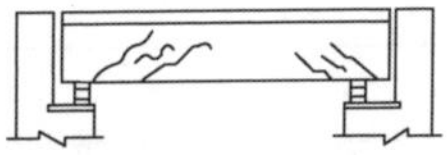
梁侧	施工不当引起，或是在分层灌注时间隔时间太长	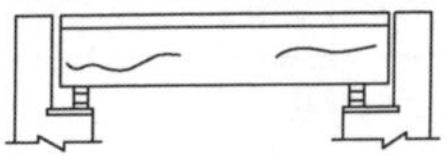
梁底	混凝土保护层过薄，或掺入氯盐等速凝剂造成	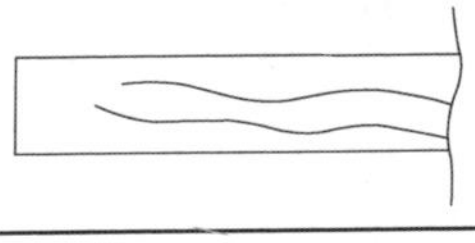

2）腐蚀破坏

混凝土桥梁的退化机理主要有硫酸盐反应、硅酸盐反应、冻融侵蚀和腐蚀等，其中腐蚀破坏是桥梁中最主要的破坏形式。梁式桥的主梁一般是钢筋混凝土结构，它受所处地理位置的环境影响，再加上本身材料的性质，容易受到环境的侵蚀，其主要有二氧化碳腐蚀和氯离子腐蚀。对于腐蚀的监测宜选用电化学方法，选用电流监测、电位监测。其主要参数包括结构腐蚀电位、腐蚀电流和混凝土温度。测点宜选择力与侵蚀环境荷载分别作用的典型区域及侵蚀环境荷载作用下的典型节点。

3）主梁挠度过大

造成主梁挠度过大的原因主要有以下几点：混凝土收缩徐变、主梁刚度变化、主梁纵向预应力有效性降低。混凝土收缩徐变是指由于大部分梁式桥为超静定结构，混凝土在长期承载的作用下将会导致收缩徐变，由此将会对结构产生附加内力，造成主梁下挠。主梁刚度变化是指结构一旦形成，就有了一定的或不变的刚度，引起结构刚度减小的可能因素是结构的截面受到削弱。例如，梁体发生开裂就是造成结构刚度发生持续变化的主要原因。主梁纵向预应力有效性降低是指主梁正弯矩区底板和负弯矩区顶板纵向预应力有效性的降低都会使主梁跨中产生下挠，这是跨中持续下挠的主要原因之一。针对主梁下挠，可以利用连通管原理采用静力水准仪或者液压传感器进行监测。

2. 支座的病害

支座设置在桥梁的上部结构与墩台之间，其作用是将桥跨结构上的各种荷载反力传递到墩台上，并能够适应活载、温度变化、混凝土收缩与徐变等因素所产生的位移，使上、下部结构的实际受力情况符合设计的计算图式。对支座病害的监测应对其反力与位移进行监测。不同的支座形式，其病害形式也不同。支座主要病害如表 2.3 所示，形成支座病害的主要原因如表 2.4 所示。

表 2.3　支座主要病害

支座形式	主要病害
简易支座	油毡老化、破裂、失效、垫石破碎
钢板滑动支座	接触面干涩、锈蚀
摆柱支座	各组件相对位置不正确
四氟板支座	脏污、老化
橡胶支座	老化、变形
盆式橡胶支座	固定螺栓剪断、螺母松动
辊轴、摇轴支座	辊轴出现不允许的爬动、倾斜
活动支座	不灵活，实际位移量偏大

表 2.4　支座病害的主要原因

支座病害分类	主要原因
设计原因	形式的选定与布置错误
	材料选定错误，或者施工没有按照要求执行
	支座边缘距离不够
	支座支撑垫石不强，钢筋不足
	对螺栓、螺母等的脱落研究不够
施工原因	铸件等材料质量管理不够，质量较差
	金属支座的油漆、防腐防锈处理不可靠
	砂浆填充不可靠，或者水泥砂浆强度不足
维修、养护、管理不善	滑动面、滚动面夹杂尘埃、异物
	因防水、排水装置的缺陷，向支座漏、溢水，使支座锈蚀
	螺母、螺栓松动、脱落，又没有及时修理
其他因素	桥墩、桥台产生的不均匀沉陷、倾斜与水平变位以及上部结构位移

2.1.2　拱式桥主要病害

根据行车道的位置，拱式桥分为两类，即上承式拱式桥和中下承式拱式桥。桥面位于整个桥跨结构上面的拱式桥称为上承式拱式桥，其中上承式拱式桥又分为两大类，一类是普通型上承式拱式桥，另一类是整体型上承式拱式桥。行车道位于拱肋中部或下部的拱式桥称为中下承式拱式桥。拱式桥的病害主要由自身结构特性造成，但对于不同的组成构件，病害又有所不同[3]。针对不同部位，其病害类型有所不同。

1. 护套及索体结构主要病害

护套的主要病害是开裂，护套一旦开裂，使得空气和水进入护套与钢索接触，导致钢索锈蚀。吊杆护套破损的表现形式是网状裂纹和环状裂纹。网状裂纹是聚乙烯老化的结果，一般在使用 10～15 年后出现。而现在很多吊杆在通车 1～5 年后就开始出现环状裂纹，这是护套承受拉力的结果。

索体结构是造成吊杆护套提前开裂的主要原因，索体在无应力状态下成索，当索体工作时，护套随钢丝伸长而始终处于高应力状态下，大多数工况还存在交变拉应力。因此，长期在高应力状态下工作，聚乙烯的分子与分子的结合力逐步下降，因而导致的耐环境应力开裂性能降低，造成提前开裂。另外，在活载的作用下，吊杆承受的荷载大小不同，吊杆内力不断变化，钢索伸长量也是往复变化的，这种往复变化将破坏防护系统的整体性（不论防护体是水泥还是聚乙烯）。

2. 使用环境的主要病害

紫外线的照射、雨水冲淋及有害气体的腐蚀，均会导致护套的开裂。工程表明，所有聚乙烯护套的开裂是从索的迎光面开始的。另外，吊杆会随着环境温度的变化而热胀冷缩，但钢索与护套的热胀系数相差较大，无法同步胀缩，而且钢索的强度远高于防护材料，所以防护材料易被拉坏。吊杆防护的破损开裂往往是以上这些因素共同作用的结果，而吊杆钢索与防护材料变形不协调是其中的重要因素。吊杆的防护措施又具有一定的密封性，反而使这些有害物质难以排除，存积在吊杆内部，长期腐蚀吊杆。

2.1.3 刚架桥主要病害

1. 横系梁的主要病害

从检测的情况来看，横系梁的裂缝形态主要是竖向的断裂裂缝。究其原因，主要是微弯板的侧向水平推动作用使横系梁受拉。由于刚架桥在长期活载作用下横系梁的横向连接功能减弱，桥梁横向整体刚度的降低引起横系梁内拉应力超出允许值而造成病害。因此，适当地设置和加固横系梁对增强桥梁横向刚度是很有利的。

2. 微弯板的主要病害

斜腿刚架桥具有构件少、自重轻、施工简便、经济指标较先进、造型美观等优点，因而在 20 世纪 70～80 年代得到了广泛应用。随着斜腿刚架桥的应用，微弯板在其桥面结构上得到了广泛应用。微弯板桥面结构直接受车轮荷载的影响。随着我国经济的快速发展，公路交通量不断增加，公路桥梁负荷日益加重，导致其结构产生不同程度的病害、出现缺陷，直接影响了车辆行车安全。进入 90 年代以后，交通量剧增，超重车频繁，在桥面路况不好，桥面引起较大的跳车、冲击、振动情况下，这种轻型斜腿刚架桥的微弯板将会出现不同程度的病害。

车辆活载的反复冲击作用造成疲劳损伤的不断积累和外界气候条件的交替作用促使混凝土老化、使用性能降低，这些都会造成微弯板的开裂。微弯板作为混凝土结构，除有其他普通混凝土结构常见的病害（蜂窝、麻面、孔洞、老化、掉角、剥落、层隙、表面腐蚀、露筋、裂缝等），还包含在车辆动力效应和重载作用下的微弯板开裂、磨损、断板、穿孔乃至塌陷等体现其结构形式和受力特点的病害。

3. 桥面系的主要病害

桥面系的病害主要表现为纵横向网状裂缝和破碎带。由于微弯板之间连接欠佳，在车辆的动力效应下，连接缝反射到桥面上，致使形成类似微弯板纵、横接缝轮廓的桥面网状裂缝。破坏较为严重的部位集中于桥梁伸缩缝处，其主要因素为：一是原桥梁伸缩缝的设计欠缺合理性，不能很好地适应车辆荷载的作用特性，同时施工安装质量欠缺，容易在伸缩缝两侧产生混凝土的破损；二是桥面的检查维修不及时，在桥面出现小面积的破损时养护措施没有及时跟进，导致破损的范围不断扩大，最终由点及面形成破损带，严重影响行车质量和桥梁的结构整体性能。

2.1.4　悬索桥主要病害

悬索桥的受力特点是：荷载由吊索传至缆，再传至锚墩。缆索系统是悬索桥的关键受力构件。悬索桥上部结构主要有缆索系统、塔柱及主梁。其中以缆索为最主要的承重结构，悬索桥缆索系统的病害对于悬索桥结构安全极为重要。悬索桥缆索系统由主缆、吊索、主索鞍、散索鞍和索夹组成。

1. 主缆及吊索的主要病害

主缆的病害主要有主缆线形变化、腐蚀及断丝等。在长期运营中，主缆松弛以及载重量的改变，会导致主缆线形的变化，这种变化积累到一定程度便会影响整个桥梁使用功能和美观。桥梁索缆腐蚀可分为均匀腐蚀、凹痕腐蚀、裂缝腐蚀、应力腐蚀、氢裂化和疲劳腐蚀。在使用过程中，疲劳、腐蚀等原因，会导致吊索或主缆索股断丝。

吊索在恶劣的环境下，容易生锈、腐蚀，直至断裂。吊索断索的原因应该是基于多种因素的合成，主缆断裂主要是振动疲劳和锈蚀综合作用的结果。

2. 索夹及锚具的主要病害

索夹的主要病害是索夹在主缆上滑移，吊索索夹在主缆上产生滑移的原因有两个：一是高强度拉杆的预拉力松弛，使索夹与主缆的夹紧程度放松；二是长期使用后主缆的挤紧程度提高，空隙率减小，使得索夹在主缆上产生滑移。

锚具的主要病害为锚具及索体之间的过渡段存在一个钢丝的裸露区域，它是索体疲劳破坏的主要部位，钢丝易腐蚀损坏。

2.2　桥梁结构评估方法

1. 基于桥梁检测的结构性能评定

在桥梁结构维护管理发展初期，由于缺乏桥梁结构健康监测理念，以及维护管理思想尚不健全，检测作为一种简单而有效的手段广泛应用于桥梁结构管理之中。传统桥梁结构的性能评估可以分为两个层次：首先是基于各类型检测数据的桥梁技术状况评定，依据检测结果评价桥梁使用状况和安全性能并进行等级评定，然后是对技术状况评定结果较差（我国规范是四、五类桥）进行承载能力评定，通过进行荷载试验来测试桥梁结构在不同荷载等级下的承载能力。在桥梁技术状况评定时，需要对桥梁各项指标进行检测；在桥梁承载能力评定时，需要对桥梁进行车辆荷载承载能力测试[5]。

传统的检测方法主要包括人工目视检测、无损检测、半破损检测等。但随着科技进步，人工智能和自动化越来越多地应用于桥梁检测中，全自动化的检测机器人越来越多地走进桥梁检测领域，推动着结构检测技术不断进步与发展。

人工目视检测是指用人的眼睛或借助于光学仪器对桥梁结构表面进行观察或测量，详细记录桥梁结构病害的位置、大小、范围和程度，分析判断病害性质、产生的原因及危害，最后手工记录打分并存档。

无损检测是在不破坏原有结构的条件下，利用材料内部结构异常或缺陷存在引起的热、声、光、电、磁等反应的变化，以物理或化学方法为手段，借助现代化的技术和设备器材，在结构构件原位对结构的物理指标和损伤情况进行直接定量及定性检测。无损检测技术包括光学检测技术、声发射检测技术、探地雷达检测技术、冲击回波检测技术、射线检测技术、磁粉检测技术、超声脉冲波检测技术、红外热成像检测技术、电磁波反射雷达检测技术、电化学检测技术、冲击弹性波强度检测技术、浸透探伤检测技术、涡流探伤检测技术等。对于桥梁结构，无损检测主要是混凝土和钢筋的相关检测，包括混凝土的强度等级、碳化深度、同耐久性有关的含碱量和氯离子量，以及钢筋锈蚀状况、保护层厚度检测等。

无损检测设备朝着便携化、智能化、无人操作方向发展，以期可实现全自动化检测。美国于 2008 年发起的桥梁长期性能研究计划中有一个重要分支是探索无损检测的全自动化，在该计划下诞生了桥梁面板性能评估机器人 RABIT，可以对桥面板进行自动化检测。RABIT 桥面评估工具拥有六大核心技术，分别是全景摄像技术、全高清专业相机、电阻率检测技术、冲击振动回波测试和超声波测试技术、探地雷达技术、全球定位系统。六项核心技术保障了 RABIT 桥面评估工具的实用性及有效性。

通过以上目视检测、无损检测、智能化检测等桥梁检测手段可以确定桥梁的几何参数形态、恒载变异状况、材质强度、混凝土氯离子含量、钢筋（钢材）锈蚀情况（包括锈蚀活动性、锈蚀速率）、碳化状况、钢筋混凝土的保护层厚度、拉吊索索力、基础与地基等桥梁评定参数。

基于桥梁检测的技术能力评定或者承载能力评定时，需要依照相应的规范进行。国内外各国规范中对桥梁进行性能评估的主要方法都是采用先部件后整体的评分方法，具体来讲，先将结构划分为若干个构件组，分别对各个构件的状况等级进行评价，然后将各个部件的评分与权重系数代入综合评定计算公式中，对桥梁整体状况进行评定。

对于技术能力评定，我国桥梁技术能力评定现行规范主要有住房和城乡建设部的《城市桥梁养护技术标准》（CJJ 99—2017）、交通运输部的《公路桥涵养护规范》（JTG 5120—2021）和《公路桥梁技术状况评定标准》（JTG/T H21—2011）。对于承载能力评定，车辆荷载试验通过对所测试桥梁进行不同等级加载并观测相应的位移和应变数据有效评估桥梁的承载能力。我国主要参考交通运输部制定的《公路桥梁承载能力检测评定规程》（JTG/T J21—2011）。

2. 基于结构健康监测系统的桥梁性能评估

结构健康监测技术是利用传感器实时采集结构在运营过程中的各种参数响应，结合先进的信号信息处理技术，进行结构特征参数和损伤状况的识别及结构性能的评估。根据监测数据及理论建立预警阈值，在运营过程中对结构异常响应发出报警，并为结构的维护和管理提供数据依据和指导。此外还可以利用长期监测数据对结构的服役性能进行评估，评估结构性能劣化规律，保障结构在长期运营过程中的安全性、可靠性与耐久性。目前结构健康监测技术已步入协同监测领域[6]。

具体来说，结构健康监测技术具有以下四大功能：①结构长寿命周期安全与成本最优，通过健康监测实现预知性维护管理，最优化全寿命周期成本；②大型复杂结构安全保障与新型设计方法验证；③结构管养的自动化与智能化，实现结构检测的快速与自动化；④受灾结构的信息收集与快速评估，实时获得结构服役期间的响应并实时预警。总体来说，结构健康监测技术已经取得了以下几个方面的进展：①结构传感技术日益丰富、数据采集等硬件设备日渐完善；②现场检测、测试与监测的手段多样化；③数据分析与结构特征识别和信息反演技术得到了有效的开发；④结构性能评估理论日渐成熟。所以结构健康监测技术在大型桥梁结构、建筑结构、隧道结构、生命线工程等多个领域逐步得到了使用。

在过去几年里，环境振动测试作为一种无损健康监测方法，在采集过程和识别过程中取得了巨大进步。相比于传统同时利用输入信息和输出信息（如卡车承载能力测试）进行结构模态参数识别的方法，该方法具有以下明显的优点：不需要因减少干扰而中断桥面交通；不需要加载设备或加载车辆，因此花费较少、测量高效、节约时间；环境振动测试的动力性能参数识别是在实际荷载作用下的多输入多输出识别方法，识别出的参数更加符合实际情况；通常为了使整个桥梁振动起来，人工激励荷载的能量巨大，会对桥面局部或整体结构造成损伤，而环境振动不会有此情况。

当然，环境振动测试也不可避免地存在一些缺点：在环境振动试验时，由于仅仅测量得到结构在环境振动下的响应，无法测得结构的输入信息，因此无法得到频率响应函数或脉冲响应函数，此时的系统识别是仅有输出数据的系统识别方法。

2.3 基于物理模型的桥梁结构健康监测研究

2.3.1 有限元建模

有限元模型（finite element model，FEM）是进行有限元分析的计算模型，它为有限元计算提供所有必需的原始数据。建立有限元模型的过程称为有限元建模，它是整个有限元分析过程的关键，模型合理与否将直接影响计算结果的精度、计算时间的长短、存储容量的大小以及计算过程能否完成[7]。

1. 有限元分析过程

有限元分析过程主要包括前处理、计算和后处理。其中，前处理的任务就是建立有限元模型，又称有限元建模，其主要任务是将实际问题或设计方案抽象为能为数值计算提供所有输入数据的有限元模型，该模型定量反映了分析对象的几何、材料、荷载、约束等各个方面的特性。建模的中心任务是离散，但围绕离散还需要完成很多与之相关的工作，如单元结构形式处理、几何模型建立、单元类型和数量选择、单元特性定义、单元质量检查、编号顺序优化以及模型边界条件的定义等。计算的任务是基于有限元模型完成有关的数值计算，并输出需要的计算结果。它的主要工作包括单元和总体矩阵的形成、边界条件的处理和特性方程的求解，由于计算的运算量非常大，这部分工作由计算机完成。除计算前需要对计算方法、计算内容、计算参数和工况条件等进行必要的设置和选择外，一般不需要人的干预。后处理的任务是对计算输出的结果进行必要的处理，并按一定方式显示或打印出来，以便对分析对象的性能或设计的合理性进行分析、评估，以做出相应的改进或优化，这是进行有限元分析的目的所在。

2. 有限元建模步骤

有限元建模步骤主要包括问题定义、几何模型建立、单元选择、单元特性定义、网格划分、模型检查及处理、边界条件定义等。

在进行有限元分析之前，首先应对分析对象的形状、尺寸、工况条件、材料类型、计算内容、应力和变形的大致规律等进行仔细分析。只有正确掌握了分析对象的具体特征，才能建立合理的有限元模型。一般来说，在定义一个分析问题时应明确以下几点：结构类型、分析类型、分析内容、计算精度要求、模型规模、计算数据的大致规律。

几何模型是对分析对象形状和尺寸的描述，又称几何求解域。它是根据对象的实际形状抽象出来的，但又不是完全照搬。即建立几何模型时，应根据对象的具体特征对形状和大小进行必要的简化、变化和处理，以适应有限元分析的特点。所以几何模型的维数特征、形状和尺寸有可能与原结构完全相同，也可能存在一些差异。为了实现自动分网，需要在计算机内建立几何模型。几何模型在计算机中的表示形式有实体模型、曲面模型和线框模型三种，具体采用哪种形式与结构类型有关，如板、壳结构采用曲面模型，空间结构采用实体模型，杆件系统采用线框模型等。

分网之前首先要确定采用什么单元，包括单元的类型、形状和阶次。单元选择应根据结构的类型、形状特征、应力和变形特点、精度要求和硬件条件等因素进行综合考虑。例如，若结构是一个形状非常复杂的不规则空间结构，则应选择四面体空间实体单元，而不要选择五面体单元或六面体单元；若精度要求较高、计算机容量又较大，则可以选择二次单元或三次单元；若结构是比较规则的梁结构，梁的变形又以弯曲变形为主，则选择非协调单元比协调单元更合适。此外，选择单元类型时必须局限在所使用分析软件提供的单元库内，也就是说只有软件支持的单元才能使用。从这个意义上讲，软件的单元库越丰富，其应用范围越广，建模的功能也就越强。

单元除了表现出一定的外部形状，还应具备一组计算所需的内部特性数据。这些数据用于定义材料特性、物理特性、辅助几何特征、截面形状和大小等。所以在生成单元以前，首先应定义出描述单元特性的各种特性表。

网格划分是建立有限元模型的中心工作，本书介绍的几个步骤都是围绕分网进行的，模型的合理性在很大程度上由网格形式决定。所以分网在建模过程中是非常关键的一步，它需要考虑的问题较多，如网格数量、疏密、质量、布局、位移协调性等。分网也是建模过程中工作量最大、耗时最多的一个环节。为了提高建模速度，目前广泛采用自动或半自动分网方法。自动分网是指在几何模型的基础上，通过一定的人为控制，由计算机自动划分出网格。半自动分网是一种人机交互方法，它由人定义节点和形成单元，由软件自动进行节点和单元编号，并提供一些加快节点和单元生成的辅助手段。

一般来说，通过自动或半自动方法划分出来的网格模型还不能立即用于分析。由于结构形状和网格生成过程的复杂性，网格或多或少都存在一些问题，如质量较差、存在重合节点或单元、编号顺序不合理等，这些问题将影响计算精度和时间，或产生不合理的计算结果，甚至中止计算。所以分网之后还应该对网格模型进行必要检查，并做相应处理。

通过分网生成的网格组合体定义了节点和单元数据，它并不是完整的有限元模型，因此还不能直接用于计算。边界条件反映了分析对象与外界之间的相互作用，是实际工况条件在有限元模型上的表现形式。只有定义了完整的边界条件，才能计算出需要的计算结果。例如，在模型上施加了力和位移约束后，才能计算出结构的变形和应力分布。建立边界条件需要两个环节：一是对实际工况条件进行量化，即将工况条件表示为模型上可定义的数学形式，如确定表面压力的分布规律、对流换热的换热系数、接触表面的接触刚度、动态载荷的作用规律等，这部分工作有时可能很复杂，往往需要借助一些测试数据；二是将量化的工况条件定义为模型上的边界条件，如单元面力和棱边力、惯性体力、单元表面的对流换热等。

当划分出合理的网格形式并定义了正确的边界条件后，也就建立起了完整的有限元模型，这时便可以调用相应的分析程序对模型进行计算，然后对计算结果进行显示、处理和研究。但是，对于复杂的分析对象，由于不确定因素较多，有时并不可能通过上面介绍的建模过程一次就能建模成功，而是要通过“建模—计算—分析、比较计算结果—对模型进行修正”这样一个反复过程，以使模型逐渐趋于合理。所以在建模过程中，进行适当的试算，采用由简单到复杂、由粗略到精确的建模思路是必要的。

2.3.2 模型修正

在桥梁结构健康监测系统中，建立一个与实际桥梁状况相一致的高质量有限元模型是进行桥梁结构数值分析计算和性能状态评估工作的基础。但由于桥梁结构，特别是城市异形结构桥梁的复杂性，即使是严格按照设计图纸建立的有限元模型，据其分析预测所得到的桥梁结构性能状况与实际桥梁之间仍不可避免地存在误差，这时就需要利用实测数据对该有限元模型进行修正和验证，以得到更加接近桥梁实际状态的基准有限元模型。

有限元模型修正技术开始于 20 世纪 70～80 年代，到了 90 年代，模型修正技术被广泛应用于航空航天领域，现如今，被逐渐推广应用于土木工程领域。在过去三十年时间里国内外学者对模型修正技术做了许多尝试和创新。从现有关于有限元模型修正方面的研究来看，现有模型修正技术主要有矩阵型修正和参数型修正两大类：Berman 等[8, 9]最早提出了矩阵型修正方法。他们在最早提出用矩阵方法对模型进行修正后，又首次利用矩阵正交性条件对一个有限元模型的质量矩阵进行了修正，然后采用 Baruch 的方法对模型的刚度矩阵进行了修正。继 Berman

等之后，Stentson 等[10]在采用矩阵摄动理论的基础上，利用结构模态参数的正交特性和最小二乘算法，提出矩阵摄动法模型修正技术。Garba 等[11]依据 Stentson 等的矩阵摄动模型修正方法，推导出了模型刚度矩阵、质量矩阵的修正公式。魏来生[12]在总结前人经验的基础上详尽叙述了各类矩阵模型修正方法，并且给出了各种矩阵模型修正方法的基本思路和目标函数的选取方法，以及矩阵模型修正方法的求解过程和各阶段的主要计算公式。Kabe 等[13]是非零元素矩阵模型修正方法的典型代表人物，他们通过以运动方程为约束条件函数，利用矩阵元素变化量取极小值的方法，推导出模型刚度矩阵的修正公式。Natke 等[14]是提出子结构矩阵校正因子法模型修正技术的典型代表人物，他们通过以运动方程和正交性条件作为约束条件函数，对模型参数矩阵的子矩阵修正因子求极小值，导出了修正因子的计算公式。Kabe 等和 Natke 等提出的修正方法在前人方法的基础上，做了很大的改进，他们提出的矩阵模型修正方法都保持了矩阵的稀疏性，但是也存在一定的弊端，其约束方程计算变得相当复杂。在后来的研究中为了同时保持矩阵稀疏性和计算的简单化，Kammer[15]使用矩阵投影法、Smith 等[16]采用拟牛顿法、Sun 等[17]使用 QR 分解法等，分别从不同的角度进行了研究，大大提高了计算效率。郭力提出了最小秩优化方法，此方法能够应用于大型复杂结构，并成功应用于润扬大桥桥塔的模型修正中。张启伟等[18]提出运用修正矩阵的反复迭代优化方法，将误差矩阵范数极小化原理应用到桥梁的损伤检测中，识别结构损伤的程度。

对于参数型修正方法，Zapico-Valle 等[19]指出，在参数模型修正过程中待修正的参数变量应该选取那些在结构中容易出现误差并且有明确物理意义的参数，再通过灵敏度分析来确定具体需要修正的参数，并且他们认为模型中参数的名义值（如材料的质量密度和弹性模量等）都是可以预先知道的，而且这些参数的改变对模型计算分析结果的离散性影响较小。Kim 等[20]也指出，对修正参数的选择很大程度上决定了能否成功地对已建立的模型进行模型修正，所以为了避免模型修正过程中出现病态的数值问题，所选择的待修正参数应尽可能少。但是若选择的参数不够，则会使得到的修正模型不真实。郑惠强等[21]选取一座大型桥吊结构的前四阶模态固有频率的相对误差作为目标函数，选取桥吊结构的截面惯性矩、截面面积和附加体的质量等参数作为模型的待修正参数，用 ANSYS 软件进行优化修正，得到了与此桥吊结构的实际响应很接近的比较精确的有限元模型。夏品奇等[22]用 ANSYS 软件建立 Safti 斜拉桥的有限元模型，并对模型中的 21 个参数进行了修正，最终得到了准确可靠的斜拉桥有限元分析模型。范立础等[23]基于参数特征值的敏感度分析，提出了一种新的有限元模型修正方法，他们将参数摄动限制在一个预先设定的范围内，并且通过对一个悬索桥的模型进行修正，验证了该方法的可行性和准确性。陈新等[24]则提出一种基于非完备试验复模态参数的迭代修正方法，总结了基于灵敏度的参数型修正方法在参数识别中的发展。

模型修正法是通过综合比较试验结构的振动反应记录与原模型的计算结果，利用测得的振型、阻尼、频率、加速度记录、频响函数等对模型进行修正。通过约束条件优化，不断地修正模型中的刚度、质量和阻尼分布（一般为刚度矩阵），使其响应尽可能地接近由测试得到的结构动态响应，从而实现损伤的定位和损伤程度的识别。因此，模型修正法也可认为是结构的参数识别过程。

模型修正法在划分和处理子结构上具有很多优点。但是结构与环境中的不确定性和非结构因素影响、实际测试模态的不完备性与有限元模型间的矛盾、非适定问题的线性或非线性反演时产生病态方程及奇异解、建模不确定性及噪声干扰等问题，使得模型修正法在实际应用中受到很大的限制。并且模型修正法依赖于有限元模型的准确性，只有当有限元模型同实际桥梁的状态一致时，模型修正法的结果才是可靠的。目前一般采用自振频率、振型和系统的静力响应等作为参数对有限元模型进行校准，得到桥梁的基准有限元模型，但对桥梁这样大型的结构而言，得到其准确的基准有限元模型是比较困难的。

2.3.3 系统参数反演

反演问题是指由结果及某些一般原理（或模型）出发去确定表征问题特征的参数（或模型参数）。在工程应用中，反演问题广泛出现在地球物理、生物、医疗及建筑等领域。反演问题相对于正演问题而存在，其一般工作程序为数据—正演模型—模型参数估算值。

涉及观测与演绎的各个学科都研究反演问题，但在不同的学科领域对其认识角度是不同的。从数学的观点来看，反演是在给定的子空间内寻找与函数空间中一点最靠近的点；从统计学的观点来看，反演是参数估计；从信息论的观点来看，反演是滤波或过程鉴别问题；而从人工智能的观点来看，它又是模式识别问题。尽管提法或术语各不相同，但其实质都是一样的，即从观测数据反演计算出目标参数或其分布。

反演问题研究的出发点是描述物理过程或现象的数理方程，主要是描述波场传播的运动方程与描述场分布的场方程。地球物理学家与物理学家对待运动方程或场方程的态度有所不同，物理学家通过对物理过程的演变或物理现象的观测建立或验证运动方程或场方程，而地球物理学家视运动方程或场方程为真理，用它们来解释观测数据，准确地说是根据观测数据确定运动方程、场方程的系数项、源项，或同时确定二者。

20 世纪 50 年代以前，也就是电子计算机发明以前，反演研究的主要内容是求取表征地球物理模型的运动或场方程的解析解，最辉煌的成果是地球圈层结构的建立。50 年代以后，反问题研究大量采用以计算机技术为基础的数值方法，尤其是 70 年代电子计算机断层扫描（computed tomography，CT）技术的创立和发展将反问题研究推进到了一个全新的阶段。层析成像理论方法的诞生不仅产生了无损检测技术（医学 CT、工业 CT），而且极大地推动了地球物理反演研究的现代化和对地球内部精细结构探测的进程。不可见目标体内部参数数值成像仍将是未来 10～15 年内极富创新机遇的科学研究热点领域。

解反问题的古典方法，也是最基本的方法，是最小二乘法。近 30 年来，反问题研究中大量引用了线性及非线性规划、广义逆理论、最优化方法、信息论以及非线性理论等方面的最新研究成果和技术，使反问题的研究与反问题的解算方法发展到了一个新的阶段。现代地球物理线性反演理论的基础是由 Backus 等[25-27]在 1967～1970 年所发表的一系列重要文章所奠定的，所提出的一套反演理论为 Backus-Gilbert（B-G）理论。B-G 理论是关于连续函数表征的地球内部物理参数的反演计算理论与方法，其核心是关于有限和不精确数据反问题解的非唯一性理论及解估计评价准则与方法。1972 年，Wiggins[28]将 B-G 理论表达为离散形式，同年，Jackson[29]用广义逆理论详细讨论了线性反问题在这种情况下的解答。这是目前广泛采用的，也是最重要的两种线性反演问题解算方法。对于非线性反问题，传统上是将其转化为线性反问题或线性反问题序列进行求解。随着非线性反问题理论的发展，已有趋势倾向于直接求解反问题，常用的方法有蒙特卡罗法、模拟退火法等，这些方法都可以概括为最优化方法。

反问题解的非唯一性绝大多数是由数据和知识的缺陷所引起的，而非反演方法或技巧上的问题。解决这一问题的主要途径是对解过程及解施加约束，即利用各种已知资料（又称先验信息）对解参量取值范围进行限制，因此可将一般的反问题概括为约束最优化问题。

2.4　基于数据驱动的桥梁结构健康监测研究

2.4.1　数据采集

数据采集（data acquisition），又称数据获取，是指从传感器或待测设备等模拟和数字被测单元中自动采集非电量或者电量信号，送到上位机中进行分析处理。数据采集系统是结合基于计算机或者其他专用测试平台的测量软硬件产品来实现灵活的、用户自定义的测量系统。

被采集数据是已被转换为电信号的各种物理量，如温度、压力等，可以是模拟量，也可以是数字量。采集一般是采样方式，即隔一定时间（称采样周期）对同一点数据重复采集。采集的数据大多是瞬时值，也可是某段时间内的一个特征值。准确的数据测量是数据采集的基础。数据测量方法有接触式和非接触式，检测元件多种多样。不论哪种方法和元件，均以不影响被测对象状态和测量环境为前提，以保证数据的正确性。数据采集含义很广，包括对面状连续物理量的采集。在计算机辅助制图、测图、设计中，对图形或图像数字化过程也可称为数据采集，此时被采集的是几何量（或包括物理量，如灰度）数据。

在互联网行业快速发展的今天，数据采集已经被广泛应用于互联网及分布式控制领域，数据采集领域已经发生了重要的变化。首先，分布式控制应用中的智能数据采集系统在国内外已经取得了长足的发展。其次，总线兼容型数据采集插件的数量不断增加，与个人计算机兼容的数据采集系统的数量也在增加。

数据采集系统的主要功能是对各传感器信号进行采集、传输和保存，供数据处理及数据评估使用。其系统的设计应该遵循以下原则：

（1）从传感器到计算机网络的所有设备，都应采用能从市场上购买到的优质器件，尽量考虑设备的通用性和延续性，便于维修及更换。

（2）网络结构必须安全可靠、简便通用，便于使用者维护管理。

（3）桥梁系统是一个长期使用的系统，网络通信系统的寿命越长越好，器件应选购有发展方向的系列产品，且应易于更新升级。

桥梁结构健康监测及安全评价系统需采用各种不同传感器，不同的传感器又有不同的通信接口和通信协议。目前，在组网中应用较多的是传输控制协议/网际协议（transmission control protocol/internet protocol，TCP/IP）技术和 LONWORKS 技术。TCP/IP 技术是受用户认可的、完全公开的网络通信技术，是非常理想的组网方式。LONWORKS 为现场监控通信网络技术，主干网采用 100Mbit/s 以上的高速光纤网，是较理想的组网方式。但监测系统对数据采集的控制、同步和集成化要求很高，LONWORKS 不能完全满足监测系统要求。

1. 数据采集系统的技术要求

数据采集系统的关键是保证数据采集系统的稳定性、可靠性及耐久性。其技术要求主要从以下方面出发：系统应该既能在无人值守条件下连续采样，又可在报警状态下（如台风、地震、船撞等）进行特殊采样和人工干预采样。系统中所有数据采集操作必须在同一时间标准下工作，不同外站以及数据采集系统之间的时间基准差异小于 1μs。对于系统中任何模拟信号通道，保证不同采样频率得到的数字序列，其时标的同步性优于 2μs；不同外站上同频采样得到的数字序列的采样同步性优于 1μs，相当于对 50Hz 信号，采样不同步引起的相位误差小于 π/10000；单台多通道数据采集设备的采样保持环节应保证各通道之间的不同步性小于 0.01μs，孔径时间内信号最大衰减小于 1/1000。所有模拟信号数据采集通道必须有抗混滤波措施，抗混滤波措施在 1/2 采样频率点的衰减大于 40dB，阻滞衰减大于 80dB，通带波动小于 1%，过渡带每倍频程衰减大于 60dB。3dB 点大于等于 1/3 采样频率。数据采集软件应具有数据采集和 45 天缓存管理功能，并能对现场数据进行在线统计运算和频域分析，例如，每个传感器信号均可在线预览、滤波、拟合、变换以及均值、方差、高阶矩及非参数检验，以便显示相应信息。数据可供远程传输和共享，采样参数可远程在线设置和调整，允许远程授权用户获取实时数据，数据传输速度只受到公共网络传输资源的限制。系统具有实时自诊断功能，应能自动将故障信息上传至数据管理与控制服务器，并以足够醒目或引起操作人员注意的方式显示、报警。当系统的一个或多个部分暂时断电时，系统的各个部分应不需人为干扰即可自动重新启动、同步校时和继续正确运行，并保留断点信息。局部停止工作，其他设备应保持其不受影响。例如，网络通信崩溃后，单台外站的数据采集、缓存、在线/离线分析功能不受影响。光纤数据传输网络应基于 TCP/IP 标准，网络拓扑结构可以采用双光纤环网型。光纤数据传输网络的设计和构造要考虑将来的扩展，且扩展不需中断系统操作和影响现有的用户。在各站之间的数据交换应符合国际标准化组织（International Organization for Standardization，ISO）或国际电报电话咨询委员会（International Telephone and Telegraph Consultative Committee，CCITT）标准。

2. *数据采集系统的设备*

数据采集系统的设备主要有机箱、控制器模块、信号调理模块和数据采集模块等。其中，所有数据采集站和数据采集子站均有一个机箱，它为各个模块提供电源，并负责各个模块的信号连接。而在每个数据采集站均有一个控制器模块，它负责对数据采集站进行控制，如管理本地数据、响应数据管理与控制服务器的指令等。信号调理模块应综合传感器类型、采用频率和通道数等因素来选择，选择的主要原则为：所有主要的选件、选项和设置应采用模块化、程控化设计，模块替换、选项变更和参数重新设定后应保证通道性能稳定，响应时间不能影响数据采集工作；结构须紧凑，便于对输出信号进行检测和诊断；可以根据各类传感器需要为其提供稳定的、精确的和低噪声的电源；应能适应所有可能的信号强度，并能在数据采集单元控制下对每个通道进行自动量程设置或切换；程控滤波器应在数据采集单元控制下实现自适应抗混滤波或抗噪滤波的功能。数据采集的控制、同步和集成化模板中，系统采用分布式数据采集，监控主机通过数据库服务器，进入外站对各传感器进行控制采集。信号采集及处理系统的设计方案目标与要求主要包括：开发合适的数据采集界面和参数配置软件、数据采集工控机（外站）和数据通信网络线路的分布、标签数据库的建立、采集系统能对硬件设备的故障进行检测、数据库服务器的选用。

2.4.2 数据存储

数据存储对象包括数据流在加工过程中产生的临时文件或加工过程中需要查找的信息。数据以某种格式记录在计算机内部或外部存储介质上。数据流反映了系统中流动的数据，表现出动态数据的特征；数据存储反映系统中静止的数据，表现出静态数据的特征。

1. DAS

开放系统的直连式存储（direct attached storage，DAS）直接附加存储方式与普通的个人计算机（personal computer，PC）存储架构一样，外部存储设备是直接挂接在服务器内部总线上的，数据存储设备是整个服务器结构的一部分。DAS 存储方式主要适用小型网络、地理位置分散的网络及特殊应用服务器的网络环境。小型网络因为网络规模较小，数据存储量小，且复杂程度不高，采用这种存储方式对服务器的影响较小。并且这种存储方式也较为经济，适合拥有小型网络的企业用户。而地理位置分散的网络虽然企业总体网络规模较大，但在地理分布上很分散，通过存储区域网络（storage area network，SAN）或网络附属存储（network attached storage，NAS）在它们之间进行互联非常困难，此时各分支机构的服务器也可采用 DAS 方式，可降低成本。另外，在一些特殊应用服务器，如微软的集群服务器或某些数据库使用的原始分区，均要求存储设备直接连接到应用服务器，可采用此存储方式。

在服务器与存储的各种连接方式中，DAS 曾被认为是一种低效率的结构，而且也不方便进行数据保护。直连式存储无法共享，因此经常出现的情况是某台服务器的存储空间不足，而其他一些服务器有大量的存储空间处于闲置状态而无法利用。如果存储不能共享，也就谈不上容量分配与使用需求之间的平衡。DAS 结构下的数据保护流程相对复杂，如果做网络备份，那么每台服务器都必须单独进行备份，而且所有的数据流都要通过网络传输。如果不做网络备份，那么就要为每台服务器都配一套备份软件和磁带设备，所以备份流程的复杂度会大大增加。

想要拥有高可用性的 DAS，就要首先能够降低解决方案的成本，例如：大规模集成电路的 12GB/s 统计分析系统（statistical analysis system，SAS），它有 DAS，通过 DAS 能够很好地为大型数据中心提供支持。对于大型的数据中心、云计算、存储和大数据，所有这一切都对 DAS 存储性能提出了更高的要求，云和企业数据中心数据的爆炸性增长也推动了市场对可支持更高速数据访问的高性能存储接口的需求，因此大规模集成电路 12GB/s SAS 正好能够满足这种性能增长的要求，它可以提供更高的每秒读写操作的次数和吞吐能力，12GB/s SAS 提高了写入性能，并且提高了磁盘阵列的整个综合性能。与直连式存储架构相比，共享式的存储架构，如 SAN 或者 NAS 都可以较好地解决以上问题。于是，DAS 被淘汰的进程越来越快。但到 2012 年为止，DAS 仍然是服务器与存储连接的一种常用的模式。事实上，DAS 不但没有被淘汰，近年来似乎还有回潮的趋势。

2. NAS

NAS 数据存储方式全面改进了以前低效的 DAS 方式。它采用独立于服务器，单独为网络数据存储而开发的一种文件服务器来连接所存储设备，独自形成一个网络。这样数据存储就不再是服务器的附属，而是作为独立网络节点而存在于网络之中，可由所有的网络用户共享。NAS 的优点是：真正的即插即用、存储部署简单、存储设备位置非常灵活、管理容易且成本低等。其缺点主要包括：存储性能较低、可靠度不高。

3. SAN

1991 年，IBM 公司在 S/390 服务器中推出了企业系统连接（enterprise system connection，ESCON）技术。它是基于光纤介质，最大传输速率达 17MB/s 的服务器访问存储器的一种连接方式。在此基础上，进一步推出了功能更强的 ESCON Director，构建了一套最原始的 SAN 系统。SAN 存储方式创造了存储的网络化。存储网络化顺应了计算机服务器体系结构网络化的趋势。SAN 的支撑技术是光纤通道（fiber channel，FC）技术。它是 ANSI 为网络和通道输入/输出接口建立的一个标准集成。FC 技术支持高性能并行接口、工业生产指数、小型计算机系统接口等多种高级协议，其最大特性是将网络和设备的通信协议与传输物理介质隔离开，这样多种协议可在同一个物理连接上同时传送。

SAN 的硬件基础设施是光纤通道，用光纤通道构建的 SAN 由以下三个部分组成：

（1）存储和备份设备，包括磁带、磁盘和光盘库等。

（2）光纤通道网络连接部件，包括主机总线适配卡、驱动程序、光缆、集线器、交换机、光纤通道和小型计算机系统接口间的桥接器。

（3）应用和管理软件，包括备份软件、存储资源管理软件和存储设备管理软件。

SAN 的优势主要包括网络部署容易、高速存储性能及良好的扩展能力。其中，因为 SAN 采用了光纤通道技术，所以它具有更高的存储带宽，存储性能明显提高。SAN 的光纤通道使用全双工串行通信原理传输数据，传输速率高达 1062.5MB/s，因此它具有高速存储性能。另外，由于 SAN 采用了网络结构，扩展能力更强。光纤接口提供了 10km 的连接距离，这使得实现物理上分离，不在本地机房的存储成为一件易事，因此它具有良好的扩展能力。

4. 三种存储方式比较

存储应用的最大特点是没有标准的体系结构，这三种存储方式共存，相互补充，已经很好地满足了企业信息化应用。从连接方式上对比，DAS 采用存储设备直接连接应用服务器，具有一定的灵活性和限制性；NAS 通过网络 TCP/IP、异步传输模式（asynchronous transfer mode，ATM）、光纤分布式数据接口（fiber distributed data interface，FDDI）技术连接存储设备和应用服务器，存储设备位置灵活，随着万兆网的出现，传输速率有了很大的提高；SAN 则是通过光纤通道技术连接存储设备和应用服务器，具有很好的传输速率和扩展性能。三种存储方式各有优势，相互共存，占到了磁盘存储市场的 70%以上。SAN 和 NAS 产品的价格仍然远远高于 DAS。许多用户出于价格因素考虑选择了低效率的直连式存储而不是高效率的共享存储。

客观地说，SAN 和 NAS 系统已经可以利用类似自动精简配置（thin provisioning）技术来弥补早期存储分配不灵活的短板。但 DAS 在数据中心领域仍然占据领先地位。此外，SAN 和 NAS 依然问题很多，无法解决。

2.4.3　数据处理

数据处理系统用于对数据收集、传输、处理、存储和显示进行全面控制。能通过对由数据采集和传输系统获取的实测数据进行校准、处理、数据质量和可靠性测试等过程，以各种可用方式对数据进行可视化、评估、编译等处理，从而完成数据—信息—知识的转化，并通过对数据库中的大量监测数据进行抽取、转换、分析和其他模型化处理，从中提取能辅助后续自动状态识别与状态评估的关键数据，进而为处理和分析数据提供结构安全状况识别及评估。

1. 数据处理系统组成与主要功能

根据监测系统的规模，数据处理系统由数台计算机服务器和工作站组成，一般设置在桥梁监控中心，主要硬件包括：数据处理与控制计算机服务器、Web 计算机服务器、结构健康监测计算机工作站、结构状态识别与综合评估分析工作站、管养工作站、GPS 分析工作站。

数据处理与控制计算机服务器及 Web 服务器功能主要包括：提供数据交换接口；根据结构识别与评价系统处理不同类型的信息并修改各个数据采集系统的工况参数；对海量的监测数据进行集中式管理；作为统一的数据出口实现多用户操作及数据共享；对存储原始数据及其预处理结果的动态数据库进行管理；完成因特网的桥梁安全监测综合管理系统远程监视和控制。

结构健康监测计算机工作站的主要功能包括：对外站数据进行分布式管理；对在线数据进行基本的统计运算（如传感器信号在线预览、滤波、变换和同步统计处理）；实时诊断外站工作状态，故障信息有效报警、生成报警日志并上传至数据管理与控制服务器；根据数据处理与控制服务器的指令修改数据采集参数或提供数据；运行结构健康评估系统软件，为授权用户访问数据库和评估结果提供服务等。

2. 数据处理与控制系统的设备

数据处理与控制计算机服务器、结构健康监测计算机工作站及 Web 计算机服务器等硬件设备主要为计算机产品。由于普通计算机的使用已经非常普及，质量也完全过关，市场上的计算机产品完全可以满足系统要求。由于桥梁监测系统采集的数据量非常大，对数据的转换速度要求也比较高，因此设备的选取主要考虑大容量和高速缓存参数。同时考虑采用磁盘阵列进行超大数据量存储、管理及备份。

3. 数据处理与控制系统软件组成

数据处理与控制系统软件组成主要分为两部分：一部分为计算机系统软件，另一部分为结构安全监测综合管理系统应用软件。

4. 结构状态特征参数提取的数据处理流程

监测数据的数据处理过程一般包括：

（1）数据的预处理。这一过程在数据采集单元完成，主要进行简单的统计运算，如设定时段内的最大（小）值、均值、方差、标准差等，计算结果作为初级预警的输入。

（2）数据的二次预处理。这一过程在数据处理和控制系统服务器上进行，采用常用的数学统计与信号处理方法，进行时域及频域的参数识别。

（3）数据的后处理。这一过程在结构健康评估工作站内进行，主要对监测数据进行深入分析，如实时模态分析、桥梁结构特征量与环境因素之间的相关性分析、非线性回归分析等，分析数据来自动态数据库和已备份的原始数据库。

5. 数据处理的主要内容

数据处理的主要内容包括统计数据、趋势信息、谱分析信息、应力谱、报警信息、人工输入信息和报表等信息数据。其中，统计数据是所有监测项目公有的应保存的信息量。在对每一种类型的传感器进行监测时，都应记录其在某个时间段内的数值统计，包括最大值、最小值、最值产生时间、平均值、均方根值、均方差值、协方差系数。用这些数据反映被测量点的统计特性，可以监测出信号变化范围、振荡幅度的大小。趋势信息是对每一种类型的传感器进行监测时，记录其在一日内每分钟的值。加速度传感器每小时记录每分钟的峰值，速度传感器每小时记录一次有效值，位移传感器每小时记录峰值，应变传感器每小时记录有效值。趋势数据反映的是被测量点的长期监测结果，可以直观反映出信号变化趋势，来预测信号将来的变化，提前采取应对措施。谱分析信息的用户可根据需求在参数设置对话框选择频谱类型（幅值谱、功率谱、功率谱密度、能量谱密度等），根据需要在参数设置对话框选择加窗函数（直角窗、汉宁窗、Kassia-Bessal 窗），谱软件可以自动识别最大频率和查阅刻度线移动。另外，通过雨流计数法可以得到应力谱，用于确定材料疲劳损伤的程度，计算疲劳寿命，进行疲劳设计、安全评价等。而报警信息的处理主要是对每个通道采集数据块计算比较，若计算结果大于设定告警限，并超过相应告警限的告警确认时间，则确认告警，数据处理及控制系统记录本次告警事件。此外，桥梁使用中的大修数据，本系统软件提供这些数据的录入接口，并对数据进行分类、处理与提取。对系统计算保存在硬盘中的统计数据采用报表形式显示。

6. 数据处理、显示与控制技术要求

数据处理、显示与控制技术的要求主要包括以下几点：数据管理软件能支持多平台、具有字符界面和图形界面的开发；数据在线备份不需中断系统的正常运行；数据的控制、显示、转换功能应该强大；数据维护功能应可对数据库中已有的数据进行增、删、改等操作；数据库管理具备系统自身的备份与恢复功能；具有数据透明、网络透明，支持异种网络、异构数据库系统；原始数据采用一块数据用一个文件存储，便于在异常情况下对数据进行恢复；提供快速提交、成组提交、多块读出与写入的数据库软件技术，减少输入/输出量；能够对用户自己定义的数据类型进行处理、存储，定义数据的有效区间；允许用户将自己定义的函数嵌入数据库管理系统中；具有报警系统，当数据在规定的数据量极限时，自动进行报警，并记录报警时间、报警值等参数。

7. 数据处理在桥梁结构健康监测中的重要性

利用桥梁结构健康监测所获得的实际结构静、动力行为，可以验证结构分析模型、计算假定和设计方法的合理性，以及深入研究大型复杂桥梁的未知问题，为以后的设计和建造工作提供依据。桥梁结构健康监测系统集成了结构监测、系统识别和结构评估等多种功能，是一体化的综合监测系统。一般的大型桥梁结构健康监测系统包括以下四个部分：传感系统，由传感器、二次仪表及高可靠性的工控机等部分组成；信号采集与处理系统，这是桥梁结构健康监测系统的核心部分，实现对多种信息源、不同物理信号的采集与预处理，如模数转换、数字滤波去噪等。并根据监测系统功能要求对数据进行分解、变换以识别结构的静、动力特性参数或各种损伤指标，以一定的形式存储起来；通信系统，将处理过的数据传输到监控中心；监控中心，利用可实现诊断功能的各种软硬件和接收到的数据对结构进行诊断，对桥梁结构健康维护提出指导。

桥梁结构健康监测系统从现场采集数据，研究人员再根据采集的数据获取能够反映结构使用性能和损伤特征的指标，由此分析结构的健康状况。因此，一个桥梁结构健康监测系统的优劣在很大程度上依赖于以下三方面：

（1）传感器的灵敏性、精度以及采集设备的性能，高质量的仪器设备能减小测量误差，提高效率。

（2）测点的空间分布，传感器的布置应使获得的测试数据包含尽可能多地反映桥梁结构整体和局部的信息，并且这些信息对损伤应足够敏感。

（3）实测数据的分析与处理，从实测数据中准确地捕捉与结构健康状况和损伤有关的特征信息，是完成健康监测目标的关键环节。现代新型智能传感技术的飞速发展以及工业计算机包括各种现场总线的应运而生，使得从监测对象获取有效、可靠的数据日益变得简单，传感器数据的准确、高效采集已经不是一个至关重要的问题，于是研究的重点就转移到传感器的优化布置和数据的分析与处理方面。如何安排有限数量的传感器实现对结构状态改变信息的最优采集，是桥梁结构健康监测需要解决的主要问题之一。现场获取的实时监测数据是桥梁结构当前状态和性能信息的载体，从这些数据中准确、客观地提取出与结构健康状况和损伤特征密切相关的信息是数据分析与处理要完成的任务，这是健康监测系统的心脏部分，也是难点之一。现代桥梁通常具有跨度大、桥型新、体系复杂、结构轻柔等特点，带来的问题是结构响应的非线性、非平稳性突出，难以用发展相对成熟的线性理论和平稳过程理论来解释，从而使得现代桥梁的健康监测、状态评估的研究也愈发困难，迫切需要有效实用的结构响应数据分析与处理技术。

2.4.4　数据分析方法

将物理或抽象对象的集合分组成为由类似的对象组成的多个子集合的过程称为聚类，聚类一般是对几个数据项同时操作。分类的学习过程是一种有指导的学习过程，是基于某种标量进行分类，而聚类的学习过程是一种无指导的学习过程。

数据集中的数据可以划分为一系列有意义的子集，即类。在同一类别中，个体之间的距离较小，而不同类别个体之间的距离偏大。聚类增强了人们对客观现实的认识，即通过聚类建立宏观概念。聚类分析的内容很丰富，它源于许多研究领域。

聚类算法大体可以划分为以下几类：基于模型的方法（model-based method）、划分方法（partitioning method）、层次方法（hierarchical method）、基于密度的方法（density-based method）以及基于网格的方法（grid-based method）。

1. 基于模型的方法

基于模型的方法为每个簇假定了一个模型，寻找数据对给定模型的最佳拟合。基于模型的方法可能通过构建反映数据点空间分布的密度函数来定位聚类。这种聚类方法试图优化给定的数据和某些数学模型之间的适应性。

基于模型的方法包括统计分析方法、神经网络方法等。在统计分析方法中，聚类分析是基于距离的聚类，如欧氏距离、海明距离等。这种聚类分析方法是一种基于全局比较的聚类，它需要考察所有的个体才能决定类的划分。

在神经网络中，自组织神经网络方法用于聚类，如 ART 模型、Kohonen 模型等，这是一种无监督学习方法。当给定距离阈值后，各样本按阈值进行聚类。

2. 划分方法

给定一个包含 n 个数据对象或元组的数据库，一个划分方法构建数据的 c 个划分，每个划分表示一个簇，且 $c \leqslant n$。通常会采用一个划分准则（称为相似度函数），如距离，以便在同一个簇中的对象是“相似的”，在不同簇中的对象是“相异的”。这些聚类方法对在中小规模的数据库中发现球状簇很适用。为了对大规模的数据集进行聚类，以及处理复杂形状的聚类，基于划分的方法需要进一步扩展。

3. 层次方法

层次方法对给定数据对象集合进行层次分解。根据层次分解是自底向上还是自顶向下形成，层次聚类的方法可以进一步分为凝聚和分裂。层次方法的缺陷在于，一旦一个步骤（合并或分裂）完成，它就不能撤销，因而不能更正错误的标记。改进层次方法的聚类质量的一个有希望的方向是将层次聚类和其他聚类技术进行集成，形成多阶段聚类。

4. 基于密度的方法

提出基于密度的方法是为了发现任意形状的聚类结果，其主要思想是：只要邻近区域的密度超过某个阈值，就继续聚类。这样的方法可以用来过滤“噪声”孤立点数据，发现任意形状的族。

5. 基于网格的方法

基于网格的聚类方法采用一个多分辨率的网格数据结构，将对象空间量化为有限单元，形成一个网格结构。所有聚类操作都在这个网格结构上进行。该方法的主要优点是它的处理速度很快，其处理时间独立于数据对象的数目，只与量化空间中每一维的单元数目有关。

参 考 文 献

[1] 万明坤, 项海帆, 秦顺全. 桥梁漫笔[M]. 北京: 中国铁道出版社, 2015.

[2] 王水龙. 桥梁病害[M]. 上海: 上海大学出版社, 2015.

[3] 王莉. 高速公路桥梁病害分析与山区桥梁灾害防治[D]. 长沙: 湖南大学, 2010.

[4] 金玉泉. 桥梁的病害及灾害[D]. 上海: 同济大学, 2006.

[5] 王瑀, 荆国强, 王波. 桥梁健康监测系统在线结构分析及状态评估方法[J]. 桥梁建设, 2014, 44(1): 25-30.

[6] Bao Y Q, Xia Y, Li H, et al. Data fusion-based structural damage detection under varying temperature conditions[J]. International Journal of Structural Stability and Dynamics, 2012, 12(6): 1250052.

[7] 郭力. 面向结构状态评估的大跨桥梁有限元模拟及其应用[D]. 南京: 东南大学, 2005.

[8] Berman A, Flannelly W G. Theory of incomplete models of dynamic structures[J]. AIAA Journal, 2012, 9(8): 1481-1487.

[9] Berman A, Nagy E J. Improvement of a large analytical model using test data[J]. AIAA Journal, 1983, 21(8): 1168-1173.

[10] Stetson K A, Palma G E. Inversion of first-order perturbation theory and its application to structural design[J]. AIAA Journal, 1976, 14(4): 454-460.

[11] Garba A, Dwivedi A D, Kamal M, et al. A digital rights management system based on a scalable blockchain[J]. Peer-to-Peer Networking and Applications, 2021, 14(5): 2665-2680.

[12] 魏来生. 结构有限元动态模型修正方法综述[J]. 振动与冲击, 1998, 17(3): 43-46.

[13] Kabe A M, Sako B H. Issues with proportional damping[J]. AIAA Journal, 2016, 54(9): 2864-2868.

[14] Natke H G, Cottin N. Updating mathematical models on the basis of vibration and modal test results—A review of experience[C]. International Symposium on Aeroelasticity and Structural Dynamics, Aachen, 1985.

[15] Kammer D C. Optimum approximation for residual stiffness in linear system identification[J]. AIAA Journal, 1988, 26(1): 104-112.

[16] Smith R P, Matlis E H. Gravity-driven fluid oscillations in a drinking straw[J]. American Journal of Physics, 2019, 87(6): 433-435.

[17] Sun L, Zhang G, Sun B. Method of synthesizing orthogonal beam-forming networks using QR decomposition[J]. IEEE Access, 2018, 7: 325-331.

[18] 张启伟, 范立础. 利用动静力测量数据的桥梁结构损伤识别[J]. 同济大学学报(自然科学版), 1998, 47(5): 528-532.

[19] Zapico-Valle J L, Alonso-Camblor R, González-Martínez M P, et al. A new method for finite element model updating in structural dynamics[J]. Mechanical Systems and Signal Processing, 2010, 24(7): 2137-2159.

[20] Kim G H, Park Y S. An improved updating parameter selection method and finite element model update using

multiobjective optimisation technique[J]. Mechanical Systems and Signal Processing, 2004, 18(1): 59-78.

[21] 郑惠强, 陈鹏程, 宓为建, 等. 大型桥吊结构动力有限元模型修正[J]. 同济大学学报(自然科学版), 2001, 21(12): 1412-1415.

[22] 夏品奇, James M W. 斜拉桥有限元建模与模型修正[J]. 振动工程学报, 2003, 16(2): 219-223.

[23] 范立础, 袁万城, 张启伟. 悬索桥结构基于敏感性分析的动力有限元模型修正[J]. 土木工程学报, 2000, 33(1): 9-14.

[24] 陈新, 冯文贤. 机械结合部刚度、阻尼参数识别方法的研究[J]. 振动与冲击, 1994, 13(4): 62-66, 86.

[25] Backus G, Gilbert F. Numerical applications of a formalism for geophysical inverse problems[J]. Geophysical Journal International, 1967, 13(1-3): 247-276.

[26] Backus G, Gilbert F. The resolving power of gross earth data[J]. Geophysical Journal International, 1968, 16(2): 169-205.

[27] Backus G, Gilbert F. Uniqueness in the inversion of inaccurate gross earth data[J]. Philosophical Transactions of the Royal Society of London. Series A, Mathematical and Physical Sciences, 1970, 266(1173): 123-192.

[28] Wiggins R A. The general linear inverse problem: Implication of surface waves and free oscillations for earth structure[J]. Reviews of Geophysics, 1972, 10(1): 251.

[29] Jackson D D. Interpretation of inaccurate, insufficient and inconsistent data[J]. Geophysical Journal International, 1972, 28(2): 97-109.

第 3 章　深度神经网络模型在桥梁结构健康监测中的应用

桥梁结构健康监测系统从现场采集的数据主要包括各测点处的环境数据（温度、湿度等）、荷载数据（风载、地震荷载、交通荷载等）和结构静、动力响应数据（沉降、转角、内力、应变、位移、加速度等）。通过采集的数据，获取能够反映结构使用性能和损伤特征的指标，从而分析结构的健康状况。而模型是对一个数据集的高层次、全局性的描述，模型可以是描述性的，以方便简洁的方式归纳数据；也可以是推理性的，允许对数据所在的数据总体或者可能的未来数据做出某些论断[1]。

本章论述深度神经网络的由来，探究深度神经网络与桥梁结构健康监测的共性，两者结合的优势；同时介绍卷积神经网络、循环神经网络在桥梁上的构建方法，并详细说明基于深度神经网络的卷积神经网络模型和循环神经网络模型在桥梁结构健康监测中的应用。

3.1　深度神经网络模型

3.1.1　神经元模型

大脑是人体最复杂的器官，由神经元、神经胶质细胞、神经干细胞和血管组成。其中，神经元是携带和传输信息的细胞，是人脑神经系统中最基本的单元。人脑神经系统是一个非常复杂的组织，包含近 860 亿个神经元，每个神经元有着上千个突触和其他神经元相连。这些神经元之间的相互连接形成巨大的复杂网络，其中神经连接的总长度可达数千公里。人造的复杂网络，如全球的计算机网络，和大脑神经网络相比要简单得多[2]。

早在 1904 年，生物学家就已经发现了神经元的结构。典型的神经元结构大致可分为细胞体和细胞突起。细胞体中的神经细胞膜上有各种受体和离子通道，胞膜的受体可与相应的化学物质神经递质结合，引起离子通透性及膜内外电位差发生改变，产生相应的生理活动。细胞突起是由细胞体延伸出来的细长部分，又可分为树突和轴突。树突可以接受刺激并将兴奋传入细胞体。每个神经元可以有一或多个树突。轴突可以把自身的兴奋状态从胞体传送到另一个神经元或其他组织。每个神经元只有一个轴突。

神经元可以接收其他神经元的信息，也可以发送信息给其他神经元。一个神经元可被视为一种只有两种状态的细胞：兴奋和抑制。神经元的状态取决于从其他神经细胞收到的输入信号量。当信号量总和超过了某个阈值时，细胞体就会兴奋，产生电脉冲。电脉冲沿着轴突传递到其他神经元，图 3.1 给出了一种典型的神经元结构。

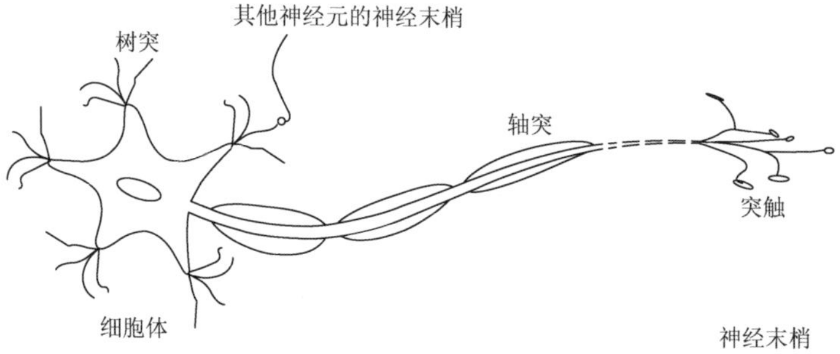

图 3.1　一种典型的神经元结构

1943 年，McCulloch 和 Pitts 将上述情形抽象为如图 3.2 所示的简单模型，这就是一直沿用至今的 M-P 神经元模型。在这个模型中，神经元接收到来自 n 个其他神经元传递过来的输入信号 $x_1, x_2, \cdots, x_n$，这些输入信号通过带权重 $w_i (i=1, 2, \cdots, n)$ 的连接进行传递，神经元接收到的总输入值 z 将与神经元的阈值 θ 进行比较，通过激活函数 $f(\cdot)$ 处理以产生神经元的输出 y。

$$y = f\left(\sum_{i=1}^{n} w_i x_i - \theta\right) \tag{3.1}$$

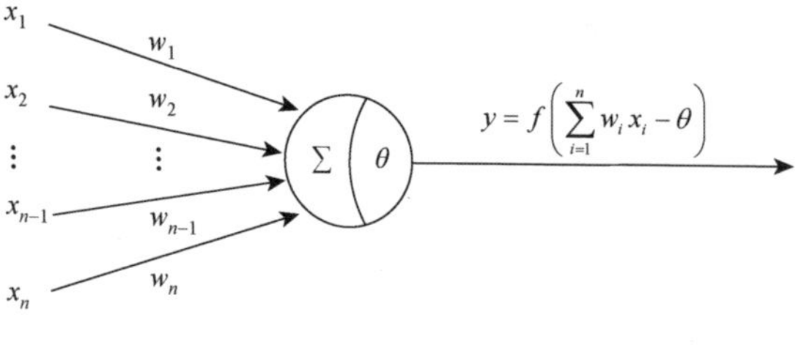

图 3.2　M-P 神经元模型

理想中的激活函数是如图 3.3（a）所示的阶跃函数，它将输入值映射为输出值“0”或“1”，显然“1”对应于神经元兴奋，“0”对应于神经元抑制。然而，阶跃函数具有原点处不连续、不光滑等不太好的性质，因此实际常用 Sigmoid 函数作为激活函数。典型的 Sigmoid 函数如图 3.3（b）所示，它把可能在较大范围内变化的输入值挤压到（0, 1）输出值范围内，因此有时也称为“挤压函数”（squashing function）。

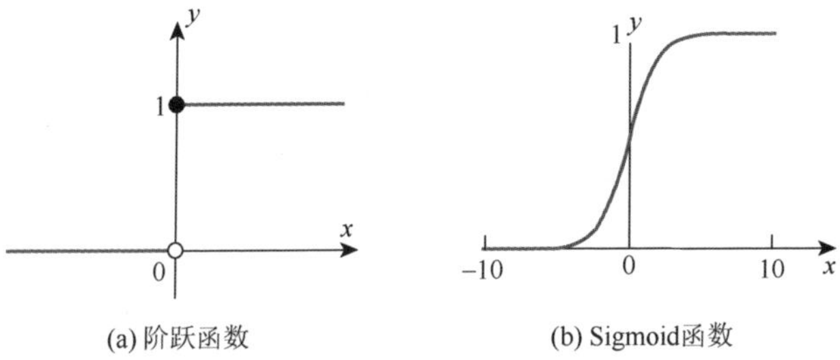

图 3.3　典型的神经元激活函数

一个生物神经细胞的功能相对简单，而人工神经元是对生物神经细胞的理想化和简单实现。为了模拟人脑的复杂功能，单一的神经元是远远不够的，需要通过大量的神经元协同工作来完成复杂的计算任务。人工神经网络通过一定的连接方式和信息传递方式来协同工作，多个人工神经元可以看成一个网络。

3.1.2　多层神经网络

给定一组神经元，可以将神经元作为节点来构建一个网络，不同的神经网络模型有着不同网络连接的拓扑结构。一种比较直接的拓扑结构是前馈神经网络。前馈神经网络（feedforward neural network，FNN）是最早发明的简单人工神经网络，也称为多层感知机（multi-layer perceptron，MLP）。

在前馈神经网络中，各神经元分别属于不同的层。每一层的神经元可以接收前一层神经元的信号，并产生信号输出到下一层。第 0 层称为输入层，最后一层称为输出层，其他中间层称为隐藏层。整个网络中无反馈，信号从输入层向输出层单向传播，可用一个有向无环图表示，如图 3.4 所示。

根据通用近似定理，对于具有线性输出层和至少一个使用具有“挤压”性质的激活函数的隐藏层组成的前馈神经网络，只要其隐藏层神经元的数量足够，它可以以任意的精度来近似任何一个定义在实数空间 $\mathbb{R}^D$ 有界闭集函数。“挤压”性质的函数是指如同 Sigmoid 函数的有界函数，但神经网络的通用近似性质也被证明对于其他类型的激活函数，如 ReLU 函数，也都是适用的。

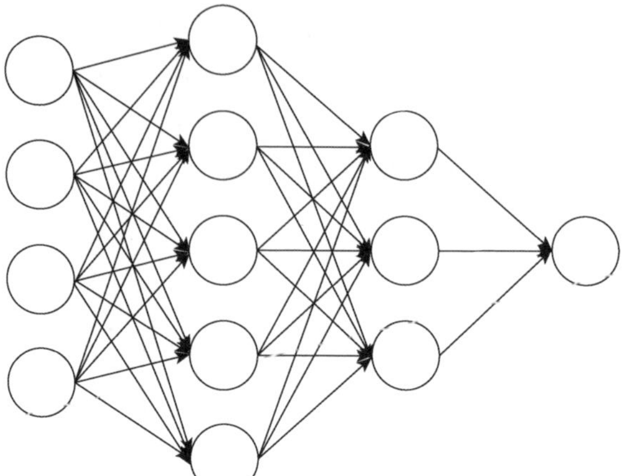

图 3.4　多层感知机模型

通用近似定理说明神经网络计算能力可以近似一个给定的连续函数，但在现实的机器学习任务中，真实的映射函数是不知道的。因此，在将神经网络运用到机器学习中时，可以将神经网络当成一个可学习的函数，通过经验风险最小化和正则化来学习函数中的参数。这便是神经网络的学习过程，即根据训练数据来调整神经元之间的权重以及每个神经元的阈值。为神经网络寻找最好的网络权重和阈值的过程便是神经网络的训练过程。

在模型训练之前，还需要定义损失函数和确定优化方法。损失函数是一种模型质量的度量方式，能够量化目标的实际值和预测值之间的差距，通常为均方误差函数和交叉熵函数。常用的学习模型优化方法是随机梯度下降法，它通过不断在损失函数递减的方向上更新参数来降低误差。梯度下降算法中，最简单的用法是计算损失函数（数据集中所有样本的损失均值）对模型参数的导数（在这里也可以称为梯度）。但实际中的执行可能会非常慢，因为在每一次更新参数之前，必须遍历整个数据集。因此，通常会在每次需要计算更新时随机抽取一小批样本，这种变体称为小批量随机梯度下降（mini-batch stochastic gradient descent）。

使用梯度下降法进行参数学习，需要计算损失函数关于每个参数的导数。在求导过程中，前向传播（forward propagation）和反向传播（backward propagation）相互依赖。前向传播指的是按顺序（从输入层到输出层）计算神经网络中每一层的净输入和激活值，直到最后一层。给定训练集数据 x 和训练标签 y，令 $a^{(0)}=x$，不断迭代式（3.2），便是前馈神经网络的前向传播过程，如式（3.3）所示。

$$
\begin{aligned}
z^{(l)} &= w^{(l)}a^{(l-1)} - \theta^{(l)} \\
a^{(l)} &= f_l(z^{(l)})
\end{aligned}
\tag{3.2}
$$

$$x = a^{(0)} \to z^{(1)} \to a^{(1)} \to z^{(2)} \to a^{(2)} \to \cdots \to a^{(L-1)} \to z^{(L)} \to a^{(L)} \to \hat{y} \quad (3.3)$$

其中，$w^{(l)}$ 为第 $l-1$ 层神经元对第 l 层神经元的权重矩阵；$\theta^{(l)}$ 为第 $l-1$ 层神经元对第 l 层神经元的阈值；$f_l(\cdot)$ 为第 l 层神经元的激活函数；$z^{(l)}$ 为第 l 层神经元的输入值；$a^{(l)}$ 为第 l 层神经元的输出值；$\hat{y}$ 为神经网络的预测值。

反向传播指的是误差的传播方向。在神经网络中，误差的计算是从后往前的，即第 l 层的误差项通过第 $l+1$ 层的误差项计算得到。第 l 层的误差 $\delta^{(l)}$ 可以表示为

$$\delta^{(l)} \overset{\text{def}}{=} \frac{\partial L(y,\hat{y})}{\partial z^{(l)}} = f_l'(z^{(l)}) \odot \left((w^{(l+1)})^{\mathrm{T}} \delta^{(l+1)} \right) \quad (3.4)$$

其中，$\odot$ 是向量的 Hadamard 积。由式（3.4）可以看出，第 l 层一个神经元误差是所有与该神经元相连的第 $l+1$ 层的神经元的误差项的权重和乘以该神经元激活函数的梯度。根据链式法则，得到误差后经过简单计算就能得到损失函数 $L(y,\hat{y})$ 对于模型参数的梯度。

$$\frac{\partial L(y,\hat{y})}{\partial w^{(l)}} = \delta^{(l)} (a^{(l-1)})^{\mathrm{T}}$$

$$\frac{\partial L(y,\hat{y})}{\partial \theta^{(l)}} = -\delta^{(l)} \quad (3.5)$$

获得梯度后，就能够利用梯度下降算法优化模型的参数。总而言之，神经网络的训练就是在初始化模型参数后，通过交替使用前向传播和反向传播完成，先利用前向传播得到网络的预测值，然后利用反向传播得到的梯度来更新模型参数，接着再利用前向传播得到新一轮预测值，如此往复，直至损失收敛。

3.1.3　深度卷积网络模型

虽然一个足够大的单隐藏层网络能学习任何函数，但并不意味着应该尝试使用单隐藏层网络来解决所有问题[3]。事实上，通过使用更深的网络，可以更容易地逼近真实函数。这些具有多个隐藏层和每个隐藏层中的多个节点的神经网络称为深度神经网络（deep neural network，DNN）或者深度学习（deep learning）。

增加隐藏层数不仅增加了拥有激活函数的神经元的数目，还增加了激活函数嵌套的层数，相应的神经元连接权、阈值等参数就会增多，模型复杂度会增加，模型学习能力也会得到提升。然而，多隐藏层神经网络难以直接用经典算法进行训练，因为误差在多隐藏层内反向传播时，往往会“发散”而不能收敛到稳定状态。一种有效的训练手段是无监督逐层训练（unsupervised layer-wise training），其基本思想是每次训练一层隐节点，训练时将上一层隐节点的输出作为输入，而本

层隐节点的输出作为下一层隐节点的输入，称为“预训练”（pre-training）。在预训练全部完成后，再对整个网络进行“微调”训练[4]。

实际上，“预训练 + 微调”的做法可视为将海量参数分组，对每组参数先找到局部较优的设置，再将这些局部较优的结果联合起来进行全局寻优。这样就在利用了模型大量参数所提供的自由度的同时，有效节省了训练开销。例如，Sarikaya 等[5]提出了深度信念网络，通过逐层训练和调整参数可以有效学习。深度信念网络也为深度神经网络提供了一个较好的初始参数，使得训练深度神经网络变得可行。随着深度神经网络在语音识别和图像分类等任务上的巨大成功，以神经网络为基础的深度学习迅速崛起。近年来，大规模并行计算以及图形处理单元（graphy processing unit，GPU）设备的普及，计算机的计算能力得以大幅提高，可供机器学习的数据规模也越来越大。在强大的计算能力和海量的数据规模支持下，计算机已经可以端到端地训练一个大规模神经网络，不再需要借助预训练的方式。

另一种节省训练开销的策略是“权共享”（weight sharing），即让一组神经元使用相同的连接权。这个策略在卷积神经网络（convolutional neural network，CNN）中发挥了重要作用。一个典型的卷积神经网络是由卷积层、汇聚层、全连接层交叉堆叠而成，这些神经层通过不同的权重阈值组合以实现不同的功能[6]。目前常用的卷积神经网络整体结构如图 3.5 所示。一个卷积块（convolution block）为连续 M 个卷积层和 b 个汇聚层。一个卷积神经网络中可以堆叠 N 个连续的卷积块，然后在后面接着 K 个全连接层，最后的结果通过 Softmax 激活函数归一化成一个概率分布向量。

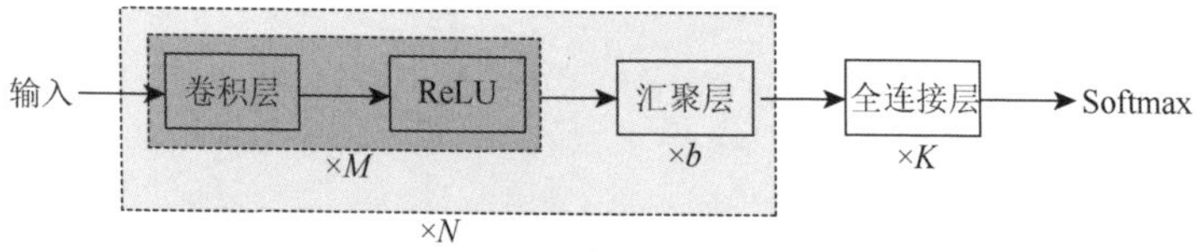

图 3.5　典型的卷积神经网络

凭借“权共享”策略，卷积神经网络可以采用反向传播算法进行训练。其在训练中，无论卷积层还是采样层，每一组神经元都使用相同的连接权，从而大幅减少了需要训练的参数数目。在卷积神经网络中，引入了神经网络块的概念，块可以描述单个层、由多个层组成的组件或整个模型本身，如图 3.6 所示。在计算机视觉中广泛流行的 ResNet-152 架构就有数百层，这些层由基本块以不同的重复模式组成。目前包含块结构的 ResNet 架构仍然是许多视觉任务的首选架构。在其他领域，如自然语言处理和语音识别，块以各种重复模式排列的类似架构也展现了其强大的能力。

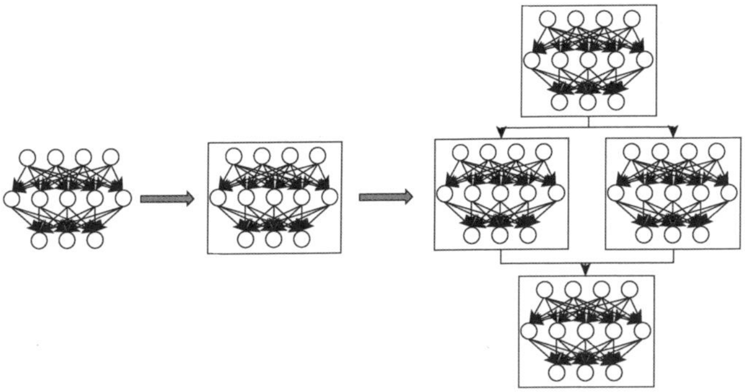

图 3.6　多个层被组合成块，多个块组成更大的神经网络

通过另一个角度来理解深度学习，无论是深度信念网络还是卷积神经网络，其多隐藏层堆叠、每层对上一层的输出进行处理的机制，可看成在对输入信号进行逐层加工，将初始的与输出目标关系不太密切的输入表示，转化成与输出目标联系更密切的表示，使得原来仅基于最后一层输出映射难以完成的任务成为可能。也就是说，通过多层处理，逐渐将初始“低层”特征表示转化为“高层”特征表示后，用“简单模型”即可完成复杂的分类等学习任务。由此可将深度学习理解为进行“特征学习”或“表示学习”。“深度”也可以理解为原始数据进行非线性特征转换次数。

在传统的机器学习中，也有很多关于特征学习的方法，如主成分分析、独立成分分析等。但是，传统的特征学习一般是通过人为地设计一些准则，然后根据这些准则来选取有效的特征。特征的学习和最终预测模型的学习是分开进行的，因此学习到的特征不一定可以提升最终模型的性能。深度学习能克服这些缺点，自动对特征进行排列组合，把简单特征转换成复杂特征以获取数据的高层统计信息和语义特性，特别适用于变化多端的自然数据，具有非常优良的泛化能力和鲁棒性。

3.2　桥梁结构健康监测数据深度神经网络模型构建

3.2.1　深度神经网络模型适用性分析

由于桥梁在运营期间会受到气候、氧化、腐蚀或老化等因素影响，同时长期承受恒载和活载的作用，导致强度和刚度会随时间的推移而降低，这不仅影响了安全行车，更重要的是使得桥梁的使用寿命缩短。由于桥梁监测会获得大量的数据信息，因此处理、分析数据成为当今桥梁安全监测广受关注的问题。而深度神经网络的出现，为监测提供了更多的可能[7]。

深度神经网络方法由于不需要所研究系统的特性信息，具有很好的容错能力。同时不需要具备所研究系统的先验知识，既可以用于线性系统，也可以用于非线性系统。在健康诊断中可使用结构模型或采取试验的方法构建输入和输出之间参数与损伤的映射关系，最终实现桥梁健康诊断[8]。

通过深度神经网络在桥梁结构等级状态评估的应用可以迅速、安全地将桥梁结构等级状态数据远程传输，从而达到对桥梁结构运行状态进行远程监测[9]；进而可更好地帮助了解桥梁的实际状况，及时诊断出局部损伤的位置及损伤程度，就能使维修人员制定出正确的维修策略，及时修复桥梁结构，从而更好地延长桥梁的使用寿命，规避灾难性事件的发生，保证人民的出行安全[10]。

深度神经网络能够模拟人脑的功能和物理机制，使它在某种功能上具备了人脑的一些特征。桥梁结构状况评定中存在大量的不确定因素，如材料的本构关系、结构的边界约束等。深度神经网络在处理这些不确定问题时不需对其做出简化，根据样本或试验数据直接学习和处理就可以得出结果。无论从直觉推理还是从模糊判断的角度来说，人工神经网络都具有可行性。主要做法是基于桥梁结构的构造特点，将桥梁分解成几个子系统，针对每个子系统建立评价指标体系，分析各个评价指标的评分方式，对各个指标进行评估，进而建立完整的桥梁技术状况评价体系和评分标准体系，以此给出桥梁的总体技术等级评估。

3.2.2 卷积神经网络模型

卷积神经网络作为最常使用的深度学习模型之一，其卷积结构可以减少深层模型的运算量[11]。卷积神经网络具有容错能力强、模型训练速度快、可对输入数据进行并行处理等传统机器学习所没有的优势，并且其对复杂的非线性问题具有较为优秀的处理性能[12]。此外，不同维度的卷积神经网络可以解决不同应用场景下的问题[13]。卷积神经网络一般由输入层、卷积层、池化层、全连接层及输出层组成。在卷积神经网络训练的同时，激活函数和损失函数的运用可以大大降低模型的过拟合发生的概率[14]。卷积神经网络结构如图 3.7 所示。

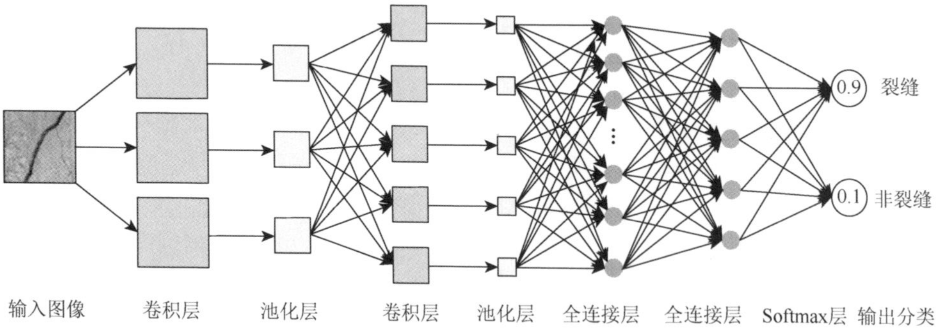

图 3.7　卷积神经网络结构

1. 卷积层

卷积神经网络中的卷积层是进行卷积操作的主要实现部分。在每个卷积层中，多个形状尺寸完全相同的卷积核共同在每个卷积层上完成特征的局部感知，而卷积核作为卷积运算的重要组件，通常具有相同的尺寸大小，一般在输入图像上遵循从左到右、自上而下的移动方式，在滑动的过程中对输入图像进行卷积运算，经卷积运算后会输出一个和卷积核大小相同的特征图，所得到的特征图便是输入图像的抽象表示。步长为 1 的卷积运算的过程如图 3.8 所示。在完成当前一次卷积操作后，卷积核按照设定的步长大小移动至下一位置进行第二次卷积运算，以此类推，直至遍历完所有图像，得到总的卷积运算结果。

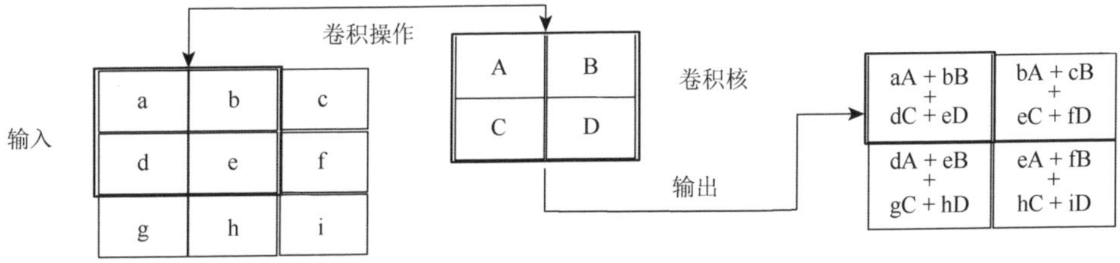

图 3.8　卷积运算

卷积运算在数学表达上定义为

$$(f*g)(n)=\int_{-\infty}^{\infty}f(\tau)g(n-\tau)d \tag{3.6}$$

在数学表达上离散地定义为

$$(f*g)(n)=\sum_{\tau=-\infty}^{+\infty}f(\tau)\,g(n-\tau) \tag{3.7}$$

其中，$(f*g)$ 表示 g 和 f 的卷积。在数学中，计算卷积的过程需要进行卷积核翻转。但在神经网络中使用卷积是为了进行特征抽取，卷积核是否进行翻转和其特征抽取的能力无关。因此，在很多深度学习操作中常用互相关来代替卷积，以减少一些不必要的操作或开销。互相关是一个衡量两个序列相关性的函数，通常是用滑动窗口的点积计算来实现。给定一组特征 $\boldsymbol{X}$ 和卷积核 $\boldsymbol{W}$ ，它们的互相关操作为

$$\boldsymbol{Y}=\boldsymbol{W}\otimes\boldsymbol{X} \tag{3.8}$$

其中，$\otimes$ 表示互相关运算；$\boldsymbol{Y}$ 为输出矩阵。当卷积核是可学习的参数时，卷积和互相关在能力上是等价的。因此，卷积神经网络中第 l 层卷积层的净输入 $\boldsymbol{z}^{(l)}$ 为第 $l-1$ 层活性值 $\boldsymbol{a}^{(l-1)}$ 和卷积核 $\boldsymbol{w}^{(l)}$ 的卷积，可表示为

$$\boldsymbol{z}^{(l)}=\boldsymbol{w}^{(l)}\otimes\boldsymbol{a}^{(l-1)}+b^{(l)} \tag{3.9}$$

其中，卷积核 $\boldsymbol{w}^{(l)}$ 为可学习的权重向量；$b^{(l)}$ 为可学习的偏置。卷积运算有效降低了输入图像运算的复杂度，减少了运算数据量，提高了因图像变化而造成网络变化的适应性[15]。

2. 池化层

基于数据驱动的模型对输入数据的规模大小比较敏感，而卷积神经网络的适应性可以接受任意大小的数据集。为提高卷积神经网络的预测性能，要增加相应网络层数或者神经元节点个数，网络参数的增加无形之中便会使得模型的训练速度稍有减慢，因此池化层的出现便很好地解决了这个问题。池化层，还可以称为下采样层，通过降低卷积输出的特征图的维度以达到提高训练性能的目的。池化层的移动顺序与卷积核一样，由输入数据矩阵的左上角开始，根据事先设定的移动步长从左向右、自上而下遍历全局。池化的方法有很多种，最常用的池化函数是最大池化和平均池化，如图 3.9 所示。

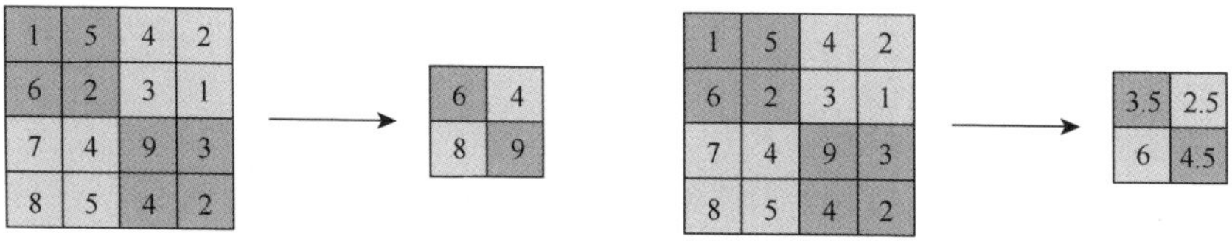

(a) 最大池化　　(b) 平均池化

图 3.9　最大池化和平均池化

3. 激活函数

激活函数（activition function）是卷积神经网络处理复杂非线性问题的重要函数之一。激活函数在模型训练的过程中将神经网络中的某些神经元进行激活，然后把激活信息作为下一个神经网络的输入，激活的神经元可以有效保留样本数据中的有效信息，无效特征将会被舍弃。常见的激活函数主要有 Sigmoid 函数、tanh 函数和 ReLU 函数，三种激活函数的公式和图像列举在表 3.1 中。

表 3.1　激活函数对比

激活函数	计算公式	图像
Sigmoid	$\mathrm{Sigmoid}(x)=\dfrac{1}{1+\mathrm{e}^{-x}}$	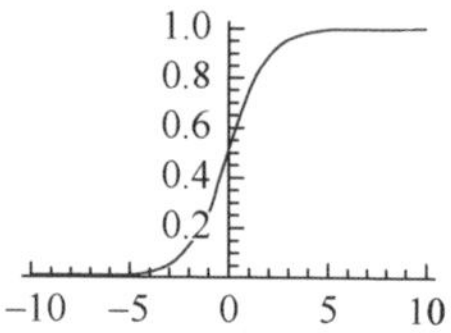

续表

<table>
<tr><th>激活函数</th><th>计算公式</th><th>图像</th></tr>
<tr><td>tanh</td><td>$\tanh(x)=\frac{1-e^{-2x}}{1+e^{-2x}}$</td><td>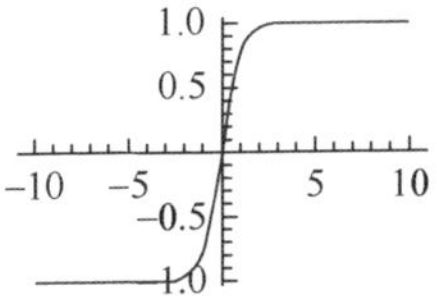
</td></tr>
<tr><td>ReLU</td><td>$\mathrm{ReLU}(x)=\max(0,x)$</td><td>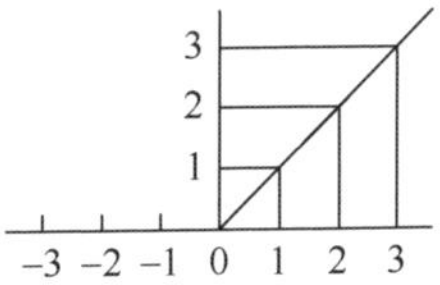
</td></tr>
</table>

对于不同的数据特征，使用不同的激活函数可以达到的效果也存在差异。当提取的特征相差较大时，tanh 函数可以在迭代过程中使特征差异显现，因此 tanh 函数适用于对两个或多个差异较大的特征进行分类。当提取的特征差异较小时，Sigmoid 函数更加具有优势。此外，与前两种激活函数相比，ReLU 激活函数不需要通过规范化来避免激活后的特征进入水平而使原有特征消失的情况发生。激活函数的提出使神经网络在计算过程中更加具有非线性表征能力。

4. 损失函数

损失函数通常用来评估训练样本数据的预测值与实际值之间的差异，损失函数的值越好，代表该模型在预测任务中的预测性能越好[16]。损失函数通常包含平方损失函数、指数损失函数、0-1 损失函数等。

平方损失函数的标准形式为

$$L\big(Y,f(X)\big)=\big(Y-f(X)\big)^2 \tag{3.10}$$

指数损失函数的标准形式为

$$L\big(Y,f(X)\big)=\exp\big(-Yf(X)\big) \tag{3.11}$$

0-1 损失函数的标准形式为

$$L\big(Y,f(X)\big)=\begin{cases}1, & Y\neq f(X)\\ 0, & Y=f(X)\end{cases} \tag{3.12}$$

3.2.3 循环神经网络模型

信息通常在网络内部神经元之间进行单向传递，网络的输出结果仅由之前的输入数据所决定，因此这类前馈神经网络的适用性以及学习能力较强，但是模型的表征能力会有所降低。随着网络技术的进步，每天都有海量的数据产生，在这些结构化和非结构化的数据中，同时也有时间特性的数据。这些时间序列数据之间存在着时间的先后关联性，即当前状态不仅与当前的输入相关，也与过去的某一状态相关，因此仅具有单向传递能力的深度神经网络往往无法胜任这类应用场景。

循环神经网络（recurrent neural network，RNN）是一类可以利用其短期记忆的能力处理和预测时间序列的网络模型，同时循环神经网络可以作为一个环形结构，在接受其余神经元数据的同时还可以将自身信息进行训练[17]。循环神经网络结构如图 3.10 所示，循环神经网络一般包含输入单元、隐藏层单元及输出单元，其中隐藏层单元是循环神经网络的核心部分，循环神经网络结构中的单向箭头通常代表数据的流动方向，当数据流经隐藏层单元时，会有信息从隐藏层单元的内部流向输入单元，再次经过隐藏层单元后到达输出单元。将循环神经网络展开之后得到全神经网络，当输入数据时，网络中每一个时间节点都对应分析一个子数据序列。

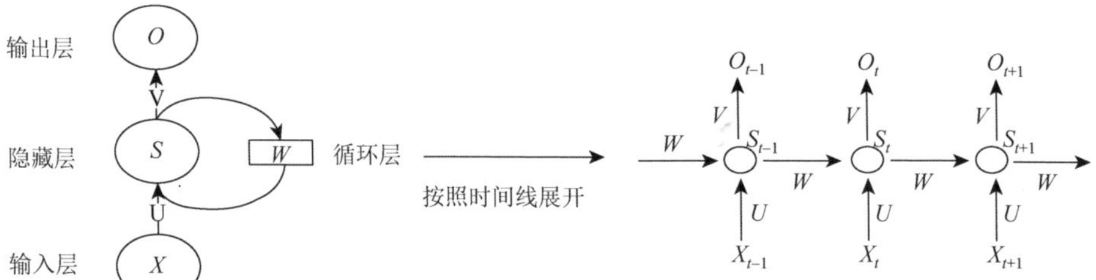

图 3.10　循环神经网络结构

循环神经网络的公式表达为

$$O_t = g(V \cdot S_t)$$
$$S_t = f(U \cdot X_t + W \cdot S_{t-1}) \tag{3.13}$$

其中，O_t 为 t 时刻的输出；S_t 为 t 时刻隐藏层的数值；S_{t-1} 为 $t-1$ 时刻隐藏层的数值；U 为输入层的权重矩阵；V 为网络进行循环时的权重矩阵；X_t 为 t 时刻的输入值；W 为权值矩阵；$g(\cdot)$ 和 $f(\cdot)$ 为激活函数。虽然循环神经网络在解决具有时间前后依赖性的序列数据方面具有很大的优势，但是当时序数据序列较长时，会导致梯度的消失或爆炸，也称为时序数据的长期依赖性问题。为解决序列数据的长期依赖性问题，在循环神经网络的基础上引入了门控机制，如长短期记忆（long short term memory，LSTM）神经网络和门控循环单元（gated recurrent unit，GRU）等。

1. LSTM 神经网络

LSTM 神经网络于 1997 年由 Hochreiter 和 Schmidhuber 提出，2012 年深度学习技术进入各个研究领域，LSTM 神经网络经多年的发展已形成完整的框架结构。

LSTM 神经网络作为循环神经网络的变体之一，它通过学习时序数据的长期依赖关系，在一定程度上解决了序列较长而导致的梯度消失或爆炸问题[18]。如图 3.11 所示，输入门、遗忘门、输出门是 LSTM 神经网络的内部结构单元[19]。引入上述三个门不仅使 LSTM 神经网络对样本数据进行短期依赖关系学习的同时，也可以进行长期时间序列的依赖关系的特征抽取。下面分别介绍输入门、输出门和遗忘门的具体结构。

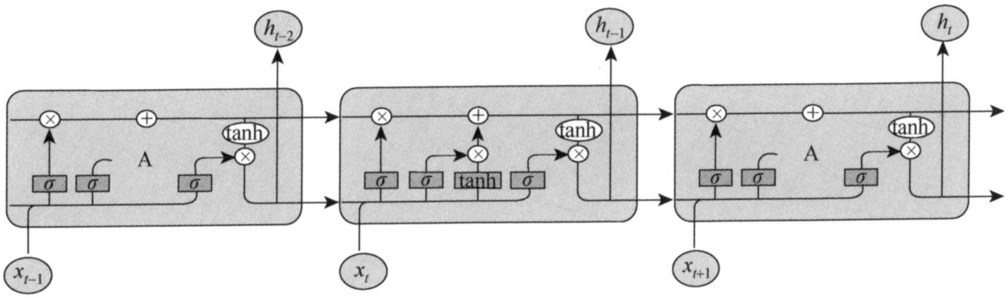

图 3.11　LSTM 神经网络结构图

输入门：控制 t 时刻神经网络输入的 x_t 可以存储进单元状态的比例，使 LSTM 神经网络具备了长期时间学习能力。输入门和单元状态更新的计算方式及使用方法如图 3.12 所示。

$$i_t = \sigma\left(W_i \cdot [h_{t-1}, x_t] + b_i\right)$$

$$\tilde{c}_t = \tanh\left(W_c \cdot [h_{t-1}, x_t] + b_c\right) \tag{3.14}$$

$$c_t = f_t * c_{t-1} + i_t * \tilde{c}_t$$

其中，c_t 为单元状态更新值；x_t 为输入数据；tanh 为激活函数。

遗忘门：可以保存长期信息，遗忘门可以控制 $t-1$ 时刻的单元状态 c_{t-1} 保存进 t 时刻的单元状态 c_t 的比例。输入比例由 σ 决定，结构如图 3.13 所示。

$$f_t = \sigma\left(W_f \cdot [h_{t-1}, x_t] + b_f\right) \tag{3.15}$$

其中，f_t 表示遗忘门；h_{t-1} 为 $t-1$ 时刻的输出；x_t 为 t 时刻的输入。

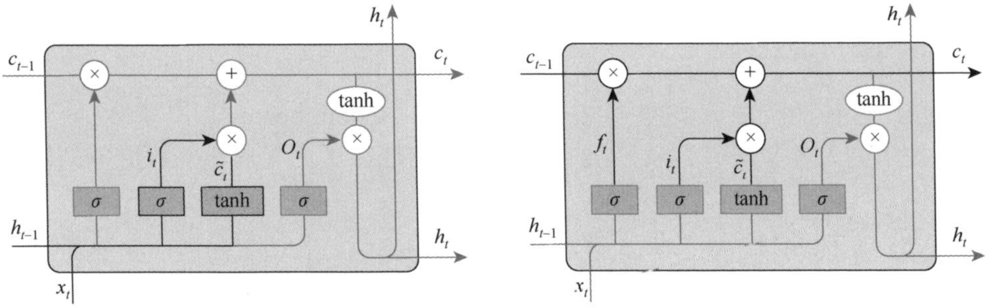

(a) 输入门　　(b) 更新门

图 3.12　输入门和更新门结构

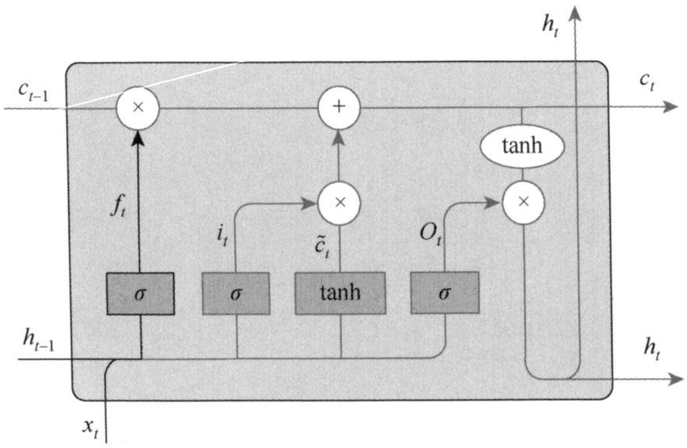

图 3.13　遗忘门结构

输出门：用来控制 t 时刻单元状态 c_t 输出至 LSTM 神经网络当前输出 h_t 的比例，结构如图 3.14 所示。

$$
\begin{aligned}
O_t &= \sigma\left(W_O[h_{t-1}, x_t] + b_O\right) \\
h_t &= O_t * \tanh(c_t)
\end{aligned}
\tag{3.16}
$$

h_t 由输出门 O_t 和 c_t 单元状态求解得到，代表 t 时刻的输出。

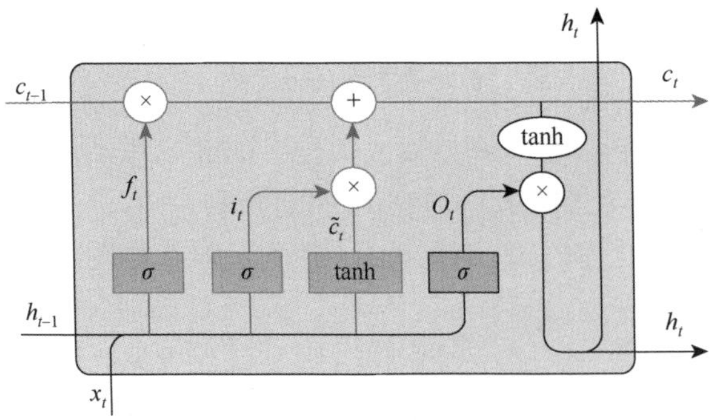

图 3.14　输出门结构

2. GRU

LSTM 神经网络可以有效处理长序列长期时间依赖问题，但序列长度的增加也会导致需要训练的样本数据数量增加，从而导致模型训练速度减慢。GRU 作为一种 LSTM 神经网络的变体，其解释语义信息和时序信息的性能也优于 LSTM 神经网络。以 LSTM 神经网络为基础的 GRU 同样具有解决时序数据的长期依赖性问题的能力。相较于具有三个门结构的 LSTM，同时具有更新门和重置门的两个门的 GRU 网络结构更加简单、模型训练速度也更高效。GRU 结构如图 3.15 所示。

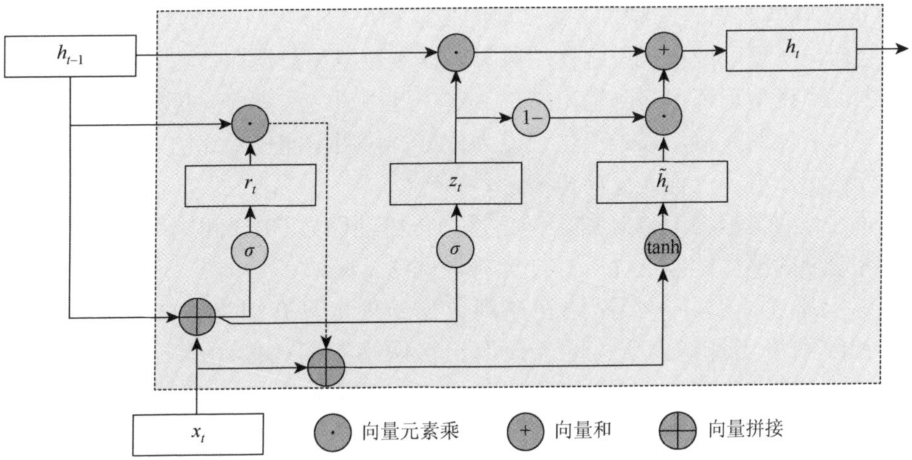

图 3.15　GRU 结构

图 3.15 中的 r_t 代表重置门，z_t 代表更新门，h_{t-1} 代表 t–1 时刻 GRU 结构的输出，$\tilde{h}_t$ 代表 t 时刻 GRU 结构的候选输出，h_t 表示 t 时刻 GRU 结构的输出。

重置门：用于舍弃前一个神经元的无效信息，以决定前一时刻被写入候选集的比例。

$$r_t = \sigma\left(W_r \cdot [h_{t-1}, x_t]\right) \tag{3.17}$$

其中，r_t 代表重置门；x_t 为 t 时刻的输入；σ 为激活函数，这里采用 Sigmoid 函数可控制输出值处于 0～1 的范围；h_{t-1} 为 t–1 时刻的输出；W_r 为权重。此外，重置门的数值越大，前一状态进入后一状态的信息越多，反之就越少。

更新门：用于控制上次的状态信息进入当前状态的比例，更新门的值越小，代表输入的上次状态信息越少。

$$z_t = \sigma\left(W_r \cdot [h_{t-1}, x_t]\right) \tag{3.18}$$

其中，z_t代表更新门；x_t为t时刻的输入；h_{t-1}为$t-1$时刻的输出；σ为激活函数，这里采用 Sigmoid 函数可控制输出值处于 0～1 的范围。

此外，在 GRU 的前向传播中还包括候选集隐含状态和当前隐含状态。

$$\tilde{h}_t = \tanh\left(W_{\tilde{h}} \cdot [r_t * h_{t-1}, x_t]\right) \tag{3.19}$$

其中，$\tilde{h}_t$代表更新门；h_{t-1}为$t-1$时刻的隐藏层状态。

因此，在 GRU 中更新门具有捕捉长期时间关系的能力，而重置门则具有捕捉时序数据短期记忆的能力。

GRU 模型训练的过程通常包括前向传播和反向传播两个阶段。有监督方法通常在结构损伤识别或模式识别使用频繁，样本数据和数据标签被一同输入神经网络当中，经模型训练后得到输出结果，这一过程通常称为前向传播。通过计算真实值与预测值的差值，以最小化误差为依据，采用反向传播算法对权值矩阵和偏置进行校正，这一过程为反向传播。

通过查阅文献将 LSTM 神经网络反向传播过程与 GRU 相比可以发现，GRU 在训练速度的整体性能上优于 LSTM 神经网络。

综上所述，循环神经网络在序列数据处理上具有很优秀的性能，不论是循环神经网络还是作为变体的长短期记忆网络和门控循环单元，都可以把序列信息中的时序信息和语义信息充分解读，正因如此，循环神经网络在多年的发展探索中为语音识别、机器翻译或是自然语言处理等领域提供了新的技术解决方案[20]。

3.3 应用案例

本节以三跨连续刚构桥缩尺模型数据作为研究对象，进一步验证深度神经网络模型应用于桥梁结构健康监测中的有效性。

3.3.1 案例数据介绍

位于云南省东部的某特大桥全长 85km，设计路基宽约 24m，分为左右两幅。以左幅桥为研究目标，特大桥左幅总长为 377.30m，为三跨预应力混凝土连续刚构桥，即边跨 98m＋中跨 180m＋边跨 98m，采用竖直腹板的单箱单室结构，箱梁顶板宽为 12.5m，底板宽为 6.5m，如图 3.16 所示。

(a) 特大桥原图

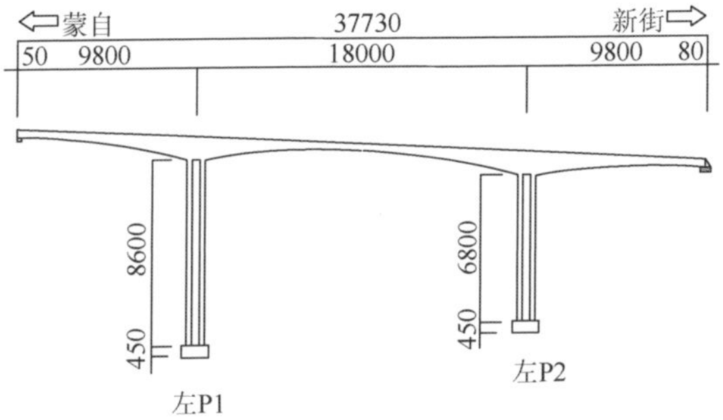

(b) 特大桥左幅立面图(单位：cm)

图 3.16　云南东部某特大桥及左幅立面图

以该三跨连续刚构桥为原型，按照相似比原理，即缩尺比 = 模型常量/原型常量，确定了特大桥原型与实验室缩尺模型的缩尺比为 1∶20，即在实验室中采用支架法浇筑，将主梁、墩柱、承台等结构构件按照原型尺寸缩小为原来的 1/20，构建起试验所需的三跨连续刚构桥缩尺模型（以下统称为缩尺模型）。图 3.17 为实验室所建缩尺模型，图 3.18 为模型总体布置图，图 3.19 为模型截面图。

图 3.17　实验室缩尺模型

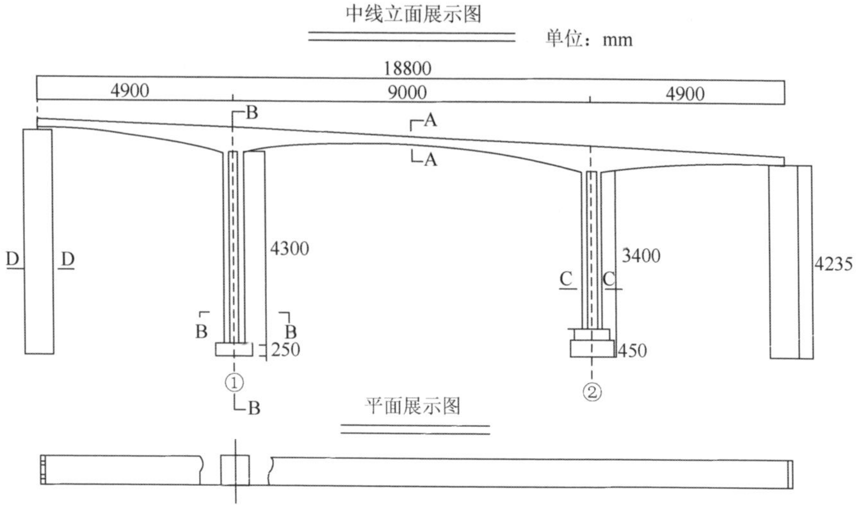

图 3.18　模型总体布置图

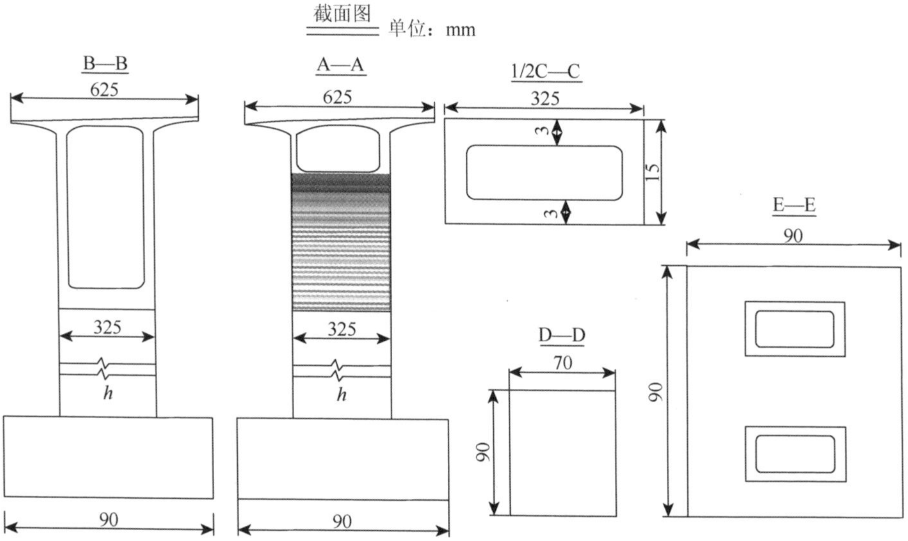

图 3.19　模型截面图

通过模拟特大桥原型的结构损伤和劣化，依据桥梁结构的受力特点，在缩尺模型的中跨位置施加激励，在集中激励下使缩尺模型中跨跨中底板产生裂缝。在对缩尺模型跨中处施加三次不同的静力荷载时，缩尺模型结构会产生不同程度的裂缝，如图 3.20 所示。第一次静力加载，在缩尺模型跨中施加 2.889kg 外力后，跨中底板出现 1 条宽度为 0.06mm 的横向裂缝，长度为 14.3cm。第二次静力加载，为缩尺模型跨中在施加 6.097kg 外力后，跨中底板出现 2 条横向裂缝，其裂缝宽度分别为 0.11～0.13mm 和 0.02～0.04mm，裂缝长度未变。第三次静力加载，为跨中施加 8.519kg 外力后，跨中 2 条横向裂缝宽度增加，分别发展为 0.12mm 和 0.06～0.08mm，裂缝长度未变。

(a) 第一次静力加载

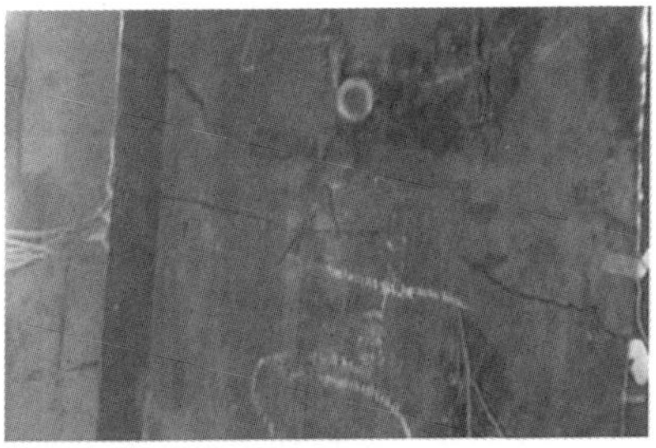

(b) 第二次静力加载

(c) 第三次静力加载

图 3.20　三次静力加载产生的裂缝图

以三次不同的静力荷载所产生的裂缝的宽度作为评估缩尺模型损伤程度的依据，可将上述情况划分为一种初始工况和三种损伤工况，各工况结构状态说明如表 3.2 所示。

表 3.2　结构损伤状态说明

结构状态	损伤状态说明
工况一（DC1）	缩尺模型结构无损伤
工况二（DC2）	向底板施加 2.889kg 作用力后，出现一条宽度为 0.06mm 的横向裂缝，标记为 1 号裂缝
工况三（DC3）	向底板施加 6.097kg 作用力后，出现两条宽度分别为 0.11～0.13mm 和 0.02～0.04mm 的横向裂缝，分别标记为 2 号裂缝和 3 号裂缝
工况四（DC4）	向底板施加 8.519kg 的作用力后，2 号裂缝和 3 号裂缝分别发展成宽度为 0.12mm 和 0.06～0.08mm 的裂缝

通过在缩尺模型上施加不同的激励使结构产生裂缝，模拟缩尺模型刚度变化。为了监测刚度变化引起的桥梁结构状态变化，如图 3.21 和图 3.22 所示，分别在缩尺模型的不同位置布置 18 个加速度计进行振动响应加速度数据的采集，其中 12 个传感器布置在竖向位置，6 个传感器布置在水平位置，位于缩尺模型底板 12 个，腹板 6 个，其中表 3.3 中列举了测点的具体位置和传感器总数。

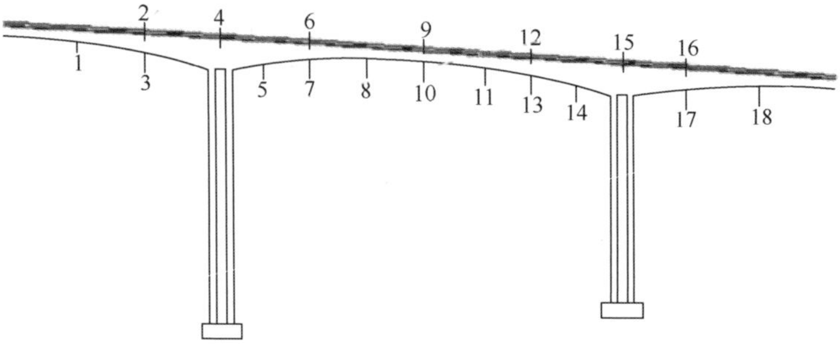

图 3.21　缩尺模型传感器布局示意图

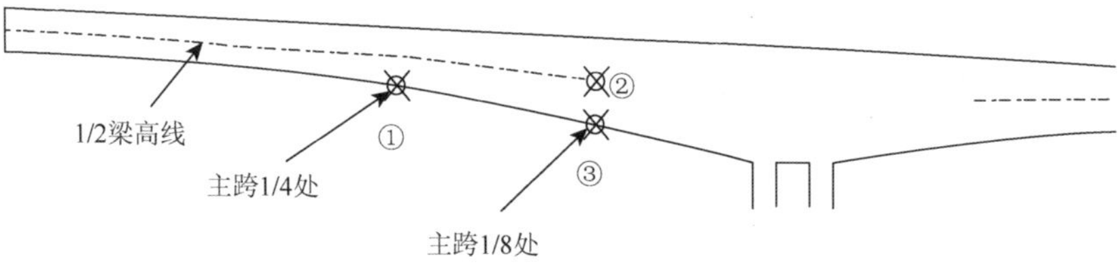

(a) 1～3号测点

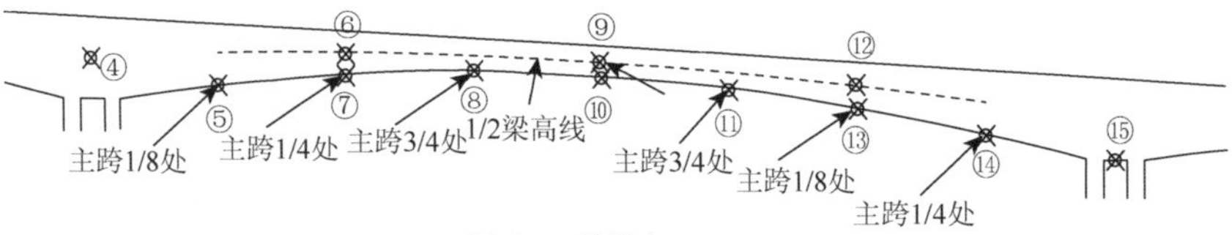

(b) 4～15号测点

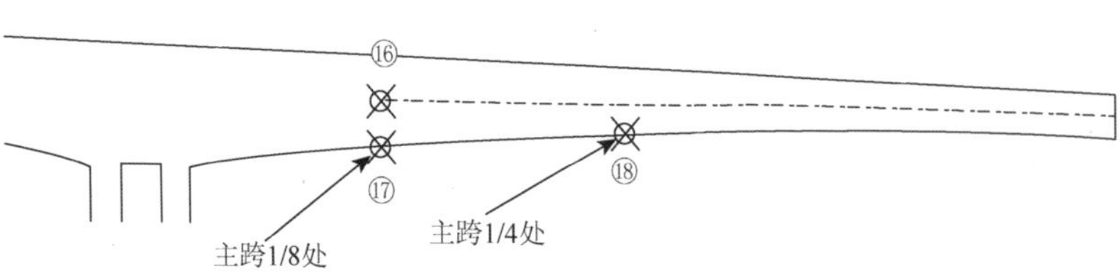

(c) 16～18号测点

图 3.22　缩尺模型传感器细节布点图

ⓝ 代表测点编号；⊗代表加速度传感器

表 3.3　测点布置

仪器	测点布置区域		测试部位	传感器数量	传感器总数
加速度传感器	模型边跨	1/8*L* 处	腹板外侧、底板底面	2×（1＋1）	18
		1/4*L* 处	底板底面	1＋1	
		墩顶处	底板顶面、腹板外侧	1＋1	
	模型中跨	1/8*L* 处	底板底面板外侧	1＋1	
		1/4*L* 处	底板顶面、腹板外侧	2×（1＋1）	
		3/8*L* 处	底板底面	1＋1	
		1/2*L* 处	底板顶面、腹板外侧	1＋1	

注：*L* 代表主跨长度。

基于不同的结构损伤情况，采用高频和低频两种信号采集方式，其采样频率分别为 8192Hz 和 200Hz。如图 3.23 所示，分别使用质量为 0.15kg、0.3kg 以及 0.45kg 的小车充当移动荷载，设置三种不同的速度使每种小车在缩尺模型的桥面上从边跨经中跨移动至另一边跨。其中速度 V_1 为 10～20m/s，速度 V_2 为 20～30m/s，速度 V_3 为 30～40m/s。不同质量的小车以不同速度在不同工况下试验的同时，采用培训管理系统对振动响应加速度数据进行采集，并保存至数据库中，采集装置如图 3.24 所示。

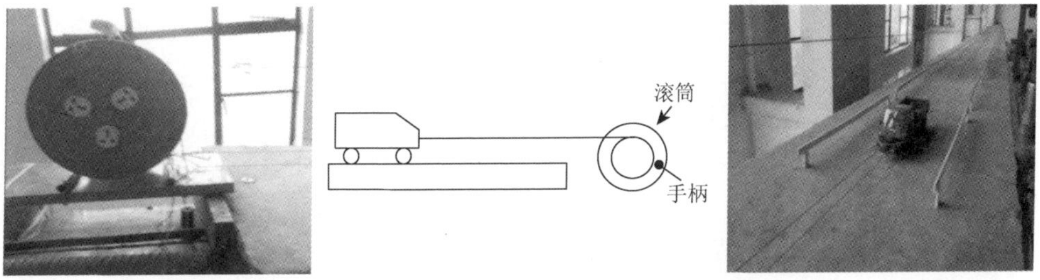

图 3.23　移动荷载设备

图 3.24　数据采集设备

3.3.2　监测性能评估

本书采用公认的分类问题评价指标对模型综合性能进行评估，包括准确率（accuracy）、召回率、精确率（precision）和 F1 值等。其中，准确率作为最常见的评价指标，指的是模型分类正确的样本数量占数据总样本数量的百分比，通常来说准确率越高，分类效果越好。召回率又称查全率，指的是模型分类正确的样本中被预测为正样本的数量占数据总样本中真实标签为正样本的数量的百分比。精确率又称查准率，指的是模型分类正确的样本中被预测为正样本的数量占被模型预测为正样本的样本数量的百分比。以算术平均数作为被除数，几何平均数作为除数得出来的商便是 F1 值。混淆矩阵（confusion matrix）作为一种性能评价的方式，从不同方面反映了时间序列分类的精度。以二分类问题为例，通常由 TP、TN、FP、FN 分别代表真正、真负、假正、假负，P 代表精确率，R 代表召回率。其矩阵表现形式如图 3.25 所示。

<table>
<tr><td colspan="2" rowspan="2">混淆矩阵</td><td colspan="2">预测值</td></tr>
<tr><td>正</td><td>负</td></tr>
<tr><td rowspan="2">真实值</td><td>正</td><td>TP</td><td>FN</td></tr>
<tr><td>负</td><td>FP</td><td>TN</td></tr>
</table>

图 3.25　混淆矩阵的矩阵表示

评价指标的具体表示为

$$\text{Accuracy} = \frac{\text{TP} + \text{TN}}{\text{TP} + \text{TN} + \text{FP} + \text{FN}} \tag{3.20}$$

$$\text{Precision} = \frac{\text{TP}}{\text{TP} + \text{FP}} \tag{3.21}$$

$$\text{Recall} = \frac{\text{TP}}{\text{TP} + \text{FN}} \tag{3.22}$$

$$\text{F1} = \frac{2\text{PR}}{P + R} = \frac{2\text{TP}}{2\text{TP} + \text{FP} + \text{FN}} \tag{3.23}$$

选用当下主流 HOG（有向梯度直方图）、卷积神经网络（CNN）、LSTM 神经网络、LSTM-FCN（长短期记忆网络-全卷积网络）模型进行综合性能比较，对上述基于深度学习的神经网络模型层数和隐藏层单元进行适当的调整，使各个模型训练参数保持一致。在训练过程中使用 Adam 优化器对各个模型进行优化，初始学习率为 0.001，批处理大小设置为 128。以缩尺模型为例，各个模型的缩尺模型网络参数如图 3.26 所示。

图 3.26　各个对比模型网络结构

PCBG 模型指双通道数据输入的并行卷积与双向循环神经网络的时空特征提取模型

3.3.3　多模型的对比分析

各个对比模型在缩尺模型验证集上的准确率和损失率随迭代次数的变化曲线如图 3.27 所示。为验证提出模型的损伤识别效果，选取了现有的 CNN、LSTM、LSTM-FCN 以及 HOG 模型进行对比分析。由图 3.27 中曲线可知，PCBG 模型准确率和损失率均优于其他对比模型。同时，相较于其他对比模型能更快收敛，模型的拟合效果也更好。

为使模型对比效果更具有说服力，表 3.4 直观给出了各个对比模型在缩尺模型验证集上的具体指标数值。分析其结果可得出，PCBG 模型在各个指标上均优于现有主流方法。其中，作为综合识别效果评价指标的 F1 值分别高于 CNN 模型 2.19 个百分点，优于 LSTM 神经网络模型 3.12 个百分点，优于 LSTM-FCN 模型 1.13 个百分点，优于 HOG 模型 1.01 个百分点。

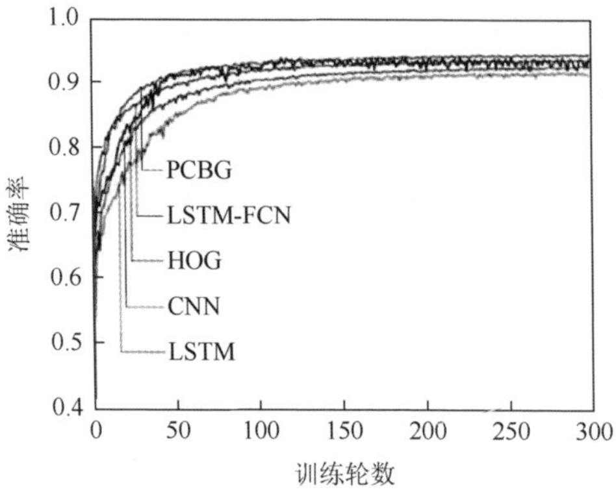

(a) 准确率曲线

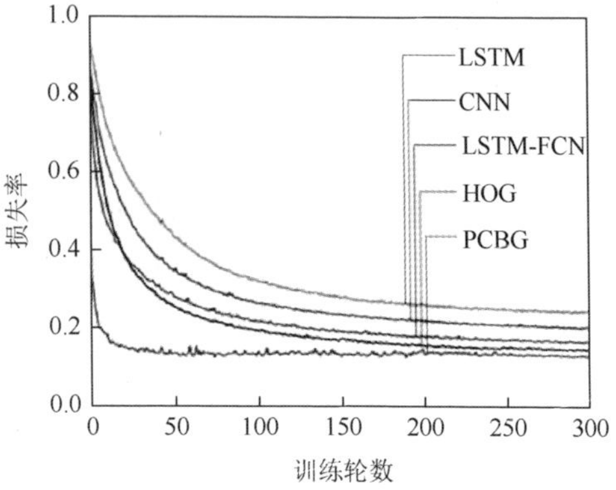

(b) 损失率曲线

图 3.27　各个对比模型准确率和损失率曲线

表 3.4　评价指标

模型	准确率	精确率	召回率	F1 值
CNN	0.9275	0.9219	0.9275	0.9245
LSTM	0.9190	0.9113	0.9192	0.9152
LSTM-FCN	0.9371	0.9333	0.9302	0.9351
HOG	0.9404	0.9330	0.9398	0.9363
PCBG	**0.9492**	**0.9474**	**0.9455**	**0.9464**

注：图中加粗字体代表最优结果。

为了更直观地分析各个对比模型在不同工况下的损伤识别性能，分别绘制了各个对比模型四种类型工况下的分类准确率，如图 3.28 所示，PCBG 模型在结构工况一（DC1）、工况二（DC2）和工况四（DC4）上的识别准确率分别为 95.17%、99.99%和 92.80%，比其他对比模型识别效果好。但是，与 HOG 模型相比，PCBG 模型在结构损伤工况三（DC3）上的识别精度稍有不足。分析其原因主要在于，前三种工况分别体现了结构从健康状态到产生两条裂缝的损伤变化，而工况四与工况三相同，均存在两条裂缝，仅是损伤程度的细微差异。值得一提的是，在对工况三的识别精度中，HOG 和 LSTM-FCN 分别达到了 96.67%和 92.80%。由此可见，PCBG 模型在特大桥缩尺模型的验证集上具有更优的综合损伤识别效果，并更适应于结构出现较明显状态改变时的损伤识别任务。

选择连续刚构缩尺模型作为试验对象，通过神经网络模型对数据采集进行处理分析，由试验结果分析可知，深度神经网络模型在桥梁结构健康监测中应用具有有效性及适用性。

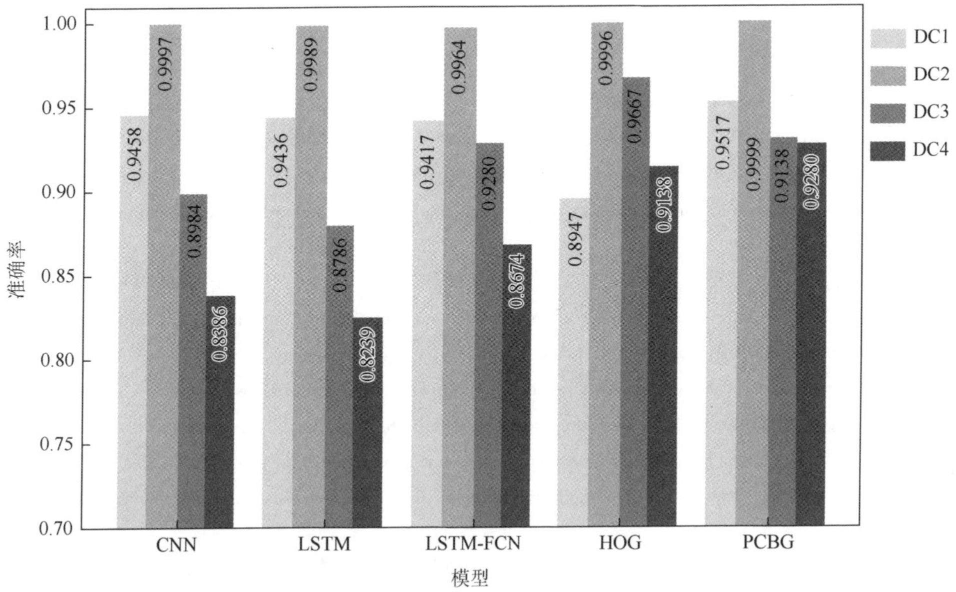

图 3.28　模型在四种损伤工况下的比较

参 考 文 献

[1] 任普, 丁幼亮, 李亚东, 等. 基于大数据的桥梁健康监测数据存储及预警方法[J]. 科学技术与工程, 2019, 19(12): 266-270.

[2] 胡越, 罗东阳, 花奎, 等. 关于深度学习的综述与讨论[J]. 智能系统学报, 2019, 14(1): 1-19.

[3] 樊继慧, 滕少华, 金弘林. 基于改进 Sigmoid 卷积神经网络的手写体数字识别[J]. 计算机科学, 2022, 49(12): 244-249.

[4] Hinton G E, Salakhutdinov R R. Reducing the dimensionality of data with neural networks[J]. Science, 2006, 313(5786): 504-507.

[5] Sarikaya R, Hinton G E, Deoras A. Application of deep belief networks for natural language understanding[J]. IEEE/ACM Transactions on Audio, Speech, and Language Processing, 2014, 22(4): 778-784.

[6] 吴磊, 纪国宜. 卷积神经网络在在线结构健康监测中的应用[J]. 噪声与振动控制, 2019, 39(4): 200-204.

[7] Yu Y, Wang C Y, Gu X Y, et al. A novel deep learning-based method for damage identification of smart building structures[J]. Structural Health Monitoring, 2019, 18(1): 143-163.

[8] Farrar C R, Worden K. Structural Health Monitoring: A Machine Learning Perspective[M]. New York: John Wiley & Sons, 2012.

[9] 张利凯. 基于联合神经网络的结构状态模式识别研究[D]. 重庆: 重庆交通大学, 2020.

[10] 包龙生, 曹悦, 赵宁, 等. BP 神经网络和曲率模态理论在桥梁损伤识别中的应用[J]. 沈阳建筑大学学报(自然科学版), 2021, 37(2): 296-302.

[11] Gulgec N S, Takáč M, Pakzad S N. Structural damage detection using convolutional neural networks[C]. The 35th IMAC, Berlin, 2017.

[12] Abdeljaber O, Avci O, Kiranyaz M S, et al. 1-D CNNs for structural damage detection: Verification on a structural health monitoring benchmark data[J]. Neurocomputing, 2018, 275: 1308-1317.

[13] Abdeljaber O, Avci O, Kiranyaz S, et al. Real-time vibration-based structural damage detection using one-dimensional convolutional neural networks[J]. Journal of Sound and Vibration, 2017, 388: 154-170.

[14] Tang Z Y, Chen Z C, Bao Y Q, et al. Convolutional neural network-based data anomaly detection method using multiple information for structural health monitoring[J]. Structural Control and Health Monitoring, 2019, 26(1): e2296.

[15] 李雪松, 马宏伟, 林逸洲. 基于卷积神经网络的结构损伤识别[J]. 振动与冲击, 2019, 38(1): 159-167.

[16] Tian Y J, Su D, Lauria S, et al. Recent advances on loss functions in deep learning for computer vision[J]. Neurocomputing, 2022, 497: 129-158.

[17] Cho K, van Merrienboer B, Gulcehre C, et al. Learning phrase representations using RNN encoder-decoder for statistical machine translation[J]. arXiv preprin arXiv: 1406.1078, 2014.

[18] Li S W, Li S C, Laima S, et al. Data-driven modeling of bridge buffeting in the time domain using long short-term memory network based on structural health monitoring[J]. Structural Control and Health Monitoring, 2021, 28(8): e2772.

[19] 赵倩, 吴悦, 刘宗田. 基于关键 n-grams 和门控循环神经网络的文本分类模型[J]. 上海大学学报(自然科学版), 2021, 27(3): 544-552.

[20] 杨建喜, 张利凯, 李韧, 等. 联合卷积与长短记忆神经网络的桥梁结构损伤识别研究[J]. 铁道科学与工程学报, 2020, 17(8): 1893-1902.

第 4 章　融合神经网络在桥梁结构健康监测中的应用

在桥梁结构健康监测数据处理中，机器学习和深度学习被广泛应用。但考虑到网络单个模型各自的优势和适用范围的局限性，国内外专家和学者尝试使用多个模型融合[1]，以提高模型的整体性能。

本章论述神经网络融合的类型及原理，针对目前单一网络的局限性，提出三种融合神经网络的融合思路，即卷积神经网络与门控循环单元融合（CNN-GRU）、回声状态网络与多尺度卷积神经网络融合（ESN-MSCNN）[2]、经验模态分解与循环神经网络融合（EMD-BiGRU）[3]，并结合应用场景，验证融合模型在准确率、召回率和 F1 值等性能指标上的表现都明显优于单一模型[4]。

4.1　神经网络的融合

4.1.1　数据级融合

数据级融合又称物理级融合或者底层融合，是数据融合的首要阶段。在此阶段，原始数据从传感器中收集并进行融合，也称为多传感器信息融合。数据级别的融合把多个原始数据集融合成为一个具有多种特征的特征向量，采用人工智能方法送入分类器中进行模式识别[5]。数据在采集过程中由于传感器自身的问题，或是环境噪声因素的影响，会存在一定的错误和冗余信息，而基于数据级的多模态数据融合在利用多源监测数据的互补性进行模型训练时，往往不能充分发挥作用，这使得数据级融合方法违背了数据融合的初衷。数据级融合对数据的分类能力最好，但这种融合方法也是三种数据融合方法中最困难的一种。主要的数据级融合方法有主成分分析、自动编码器等。数据级融合结构如图 4.1 所示。

基于神经网络的数据级传感器数据融合，原始数据的种类不同（如气象数据、遥感数据、加速度传感器数据、应变计数据等），其数据的组织形式不一样，为了统一神经网络的输入，可以采用嵌入的方式将各种数据编码成若干维度的向量，之后通过向量拼接的方式将各类经过嵌入处理的数据组织在一起，形成维度统一的张量作为神经网络的输入。最后，这些输入将会被送入神经网络中做综合的模式识别或预测[6]。

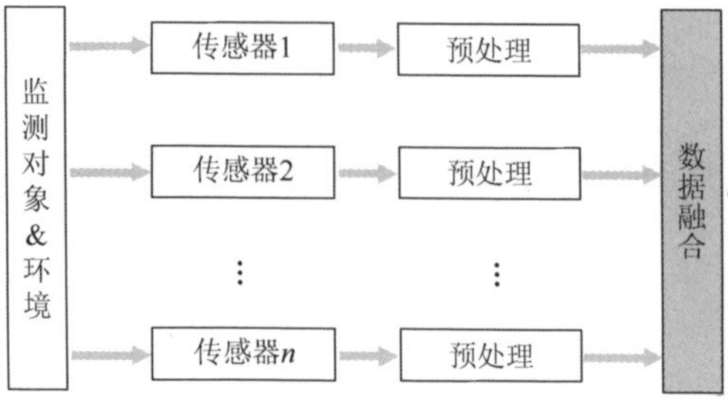

图 4.1　数据级融合结构

4.1.2　特征级融合

特征级融合作为三种数据融合方法之一，在信息损失、信息融合的可实施性、对传感器的依赖性等性能表现方面最为稳定[7]，被国内外专家学者用于各个领域的科学研究。特征级融合将各个单源数据各自利用神经网络进行特征提取，将样本数据抽象为高维表达，再利用特征融合技术对高维特征进行融合，以获取各个独立数据源在高维空间上表达的共性。特征级融合结构如图 4.2 所示。

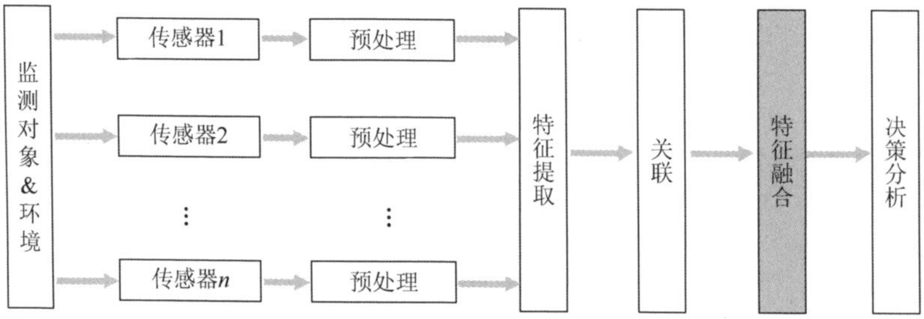

图 4.2　特征级融合结构

基于神经网络的特征级传感器数据融合与数据级融合方式类似，它们都需要将输入数据转换为维度一致的神经网络输入。不同的是，特征级融合通常通过人工运用相应算法手工提取[8]。例如，对加速度信号使用特征提取算法（快速傅里叶变换、功率谱、小波包变换、经验模态分解等），提取的特征经过人为手工筛选以及人为组织成统一的格式作为神经网络的输入，之后这些输入将被送入神经网络中做进一步特征提取，辅助后续决策。

4.1.3　决策级融合

决策级融合又称后端融合。如图 4.3 所示，决策级融合对来自单源数据决策结果进行整合，来自每个单一数据源的特征分别进行独立操作，最后整合为一个完整的向量。决策级融合对样本数据的预处理要求较高，因此决策级的数据融合具有很好的稳定性。同样，来自单源数据中不同分类器的误差往往相互独立，在进行决策向量融合时不会造成误差的叠加，因此基于决策级的数据融合容错能力较好。此外，正因决策级融合信息损失率较低、抗干扰性最好、对传感器质量依赖性最低，因此决策级融合常被用来和数据级融合、特征级融合联合使用，组成混合融合方法。常用决策级融合方法有最大值融合（max fusion）、均值融合（averaged fusion）及集成学习（ensemble learning）等。

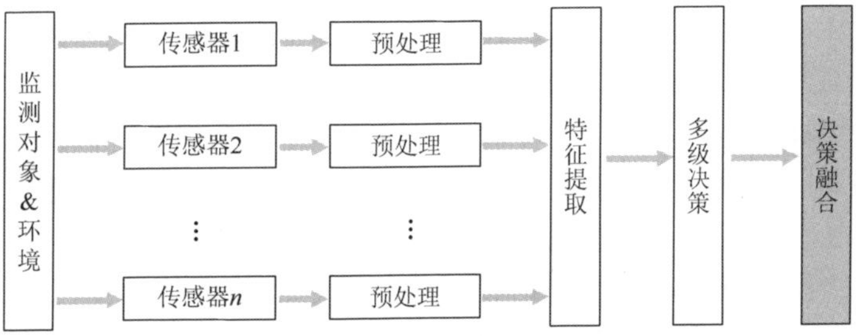

图 4.3　决策级融合结构

对于基于神经网络的决策级传感器数据融合，同样，原始数据很多是来自不同的类型传感器的时间序列数据，这些数据需要进行对齐以作为神经网络的输入。这些传感器的固有频率不一致，导致时钟不统一，进一步导致在相同的时钟周期内，传感器采集的数据点数量不一致，这就需要使用插值法、原始数据嵌入同一空间、修改传感器固有频率等方法来使得输入数据的维度一致，这是与前面两种融合方式不同的数据维度对齐的方式。在网络方面，可以使用多个网络来得到多个输出，由这些输出得到多个决策，并通过最大值融合、均值融合、集成学习等方式对这些决策进行融合。然而，由于同时进行大量计算所需的计算资源较多，可以采用神经网络的知识蒸馏方法，将若干个网络的决策能力蒸馏进一个网络中，以提高整个算法的运行速度并保证精度。

4.2　桥梁结构健康监测融合神经网络模型的构建

4.2.1　融合神经网络模型

融合神经网络的搭建，可以提高目标研究的准确性，相比于单个神经网络更可靠。

1. 卷积神经网络与门控循环单元融合神经网络模型

作为一种经典的前馈神经网络，卷积神经网络具有传统机器学习方法不能达到的泛化能力，卷积神经网络在面对不同应用场景时具有较强的适应性[9]，与生物神经元网络相似的权值共享结构，使得卷积神经网络在计算过程中具有较少的网络参数，在捕捉样本数据的局部特征和分类问题上具有极大的优势，目前在模式识别、模式分类、车辆检测等研究领域中取得了巨大的成功。但是需要将数据集归一化，不同的尺寸混合在一起难以训练；同时卷积神经网络没有记忆功能；对图像处理很友善，但对视频语音自然语言处理能力较差[10]。

门控循环神经网络的提出，是为了更好地捕捉时间序列中时间步距较大的依赖关系。它通过可以学习的门来控制信息的流动。其中，门控循环单元是一种常用的门控循环神经网络。门控循环神经网络可以更好地捕获时间步距很长的序列上的依赖关系，其中重置门有助于捕获序列中的短期依赖关系，更新门有助于捕获序列中的长期依赖关系，但是在门控循环单元中，含有较多的门，因此控制信息流动的能力比较低，并且门控循环单元相比长短期记忆神经网络，后者可以捕获更长的依赖关系。因此，提出了融合神经网络的搭建，即卷积神经网络与门控循环单元融合神经网络模型[11]。

由于桥梁结构的复杂性和服役环境的不确定性，在面向健康监测感知数据的时序性和多变量空间相关性特征联合抽取方面的研究还存在特征提取效率低、模式识别精度低等问题[12]。同时，对多变量时间序列进行时空特征提取的融合模型也有待构建，部署在桥梁关键构件位置的多类型传感器所采集的监测感知数据尚未被有效利用。鉴于上述问题，提出一种具有双通道数据输入的卷积神经网络和双向门控循环单元（bidirectional gated recurrent unit，BiGRU）的融合模型[13]，该模型对监测感知数据在时间和空间两个维度上进行特征提取，提出自适应张量融合网络进行特征级信息融合，通过多源异构数据的联合表征来提高模型决策的鲁棒性和准确率。

2. 回声状态网络与多尺度卷积神经网络模型

回声状态网络（echo state network，ESN）由 Jaeger 于 2001 年提出，在模型构建与学习算法方面较传统的循环神经网络有较大差别，凭借不同于循环神经网络反向传播的形式进行学习，其相应的学习算法为递归神经网络的研究开启了新纪元。回声状态网络又称储备池计算（reservoir computing，RC），采用由随机生成稀疏连接固定不变的内部权重矩阵得到神经元组成的储备池作为隐藏层，用以将输入进行投射到高维、非线性的表示。ESN 将神经网络的隐藏层权值预先生成而非训练生成，与隐藏层至输出层的权值训练分开进行，其基本思想是生成的储备池具有某种良好的属性，往往能够保证仅采用线性方法训练储备池至输出层的权值即可获得优良的性能，但是对基于梯度下降的模糊递归神经网络具有训练效率低、容易陷入局部极小的缺点。同时，由于数据之间具有时序前后依赖性和空间相关性特点，损伤识别的核心就是有效地提取数据之间的依赖性和相关性。

虽然深层网络可以通过挖掘更深的特征来获取更多的信息，但随着模型层数的增加，很多有用的特征会丢失，最终导致复杂的图像识别变得困难；同时特征挖掘直接受卷积核尺度的影响，有时单个卷积核不能充分挖掘复杂图像中的关键特征，导致一些关键特征的丢失。为了解决上述问题，提出了一种多尺度卷积（multi-scale convolution，MSC）神经网络运算方法，在整个网络中同时对每个模块提取不同尺度的卷积特征。该算法能较好地挖掘复杂图像的特征，较好地保留关键特征，并且具有较好的收敛效果。尽管多尺度卷积神经网络对特征检测的效果较好，但是对特定检测位置的理解较差，而且过于冗余低效。

基于上述两者的特性，本节提出一种基于回声状态网络与多尺度卷积神经网络（multi-scale convolutional neural network，MSCNN）模型的结构损伤识别方法，该模型明确了振动响应信息同时存在时空两个维度的相关性，优化了融合模型的储备池超参数，提出了改进的泛函回声状态网络（functional echo state network，FESN）模型。

3. 经验模态分解与循环神经网络融合模型

经验模态分解（empirical mode decomposition，EMD）是一种新型自适应信号时频处理方法，也是一种具有自适应能力的数据处理或挖掘方法，其依据数据自身的时间尺度特征来对信号进行分解，不需要预设任何基函数。它与建立在先验性的谐波基函数和小波基函数上的傅里叶分解与小波分解具有本质的差别。经验模态分解非常适合处理非线性、非平稳的时间序列，其本质是对数据序列或信号的平稳化处理，但是经验模态分解解释性较差、模态混叠现象非常严重。

循环神经网络是一种具有记忆功能的神经网络，适用于序列数据的建模，因此在语音识别和自然语言处理等领域有着广泛的应用。循环神经网络的设计初衷是捕获长距离输入之间的依赖关系，但是实践发现循环神经网络并不能成功地捕捉到长距离的依赖关系，原因在于深度神经网络中的梯度消失和梯度爆炸现象。由于预测误差会按照网络进行反向传播，这会依赖于激活函数和网络参数，如果参数矩阵中的值太大或者激活函数为 ReLU 等，会产生梯度爆炸。如果参数矩阵中的值太小或使用 Sigmoid/tanh 等激活函数，会产生梯度消失。针对上述问题，提出了一种新的融合神经网络模型，即经验模态分解与循环神经网络融合模型。与单一模型 BiGRU、GRU 相比，其预测效果更好且鲁棒性更强。基于经验模态分解的混合模型如 EMD-BiGRU、EMD-GRU 鲁棒性强并且预测效果较好，但是 EMD-BiGRU 相比于 EMD-GRU 具有更低的均方误差、均方根误差、平均绝对误差，其性能更加优越。

另外，随着预测样本点的增加，EMD-BiGRU 的精度下降较少，因此在实际应用中具有较强的推广价值。

4. 卷积神经网络与门控循环单元融合模型

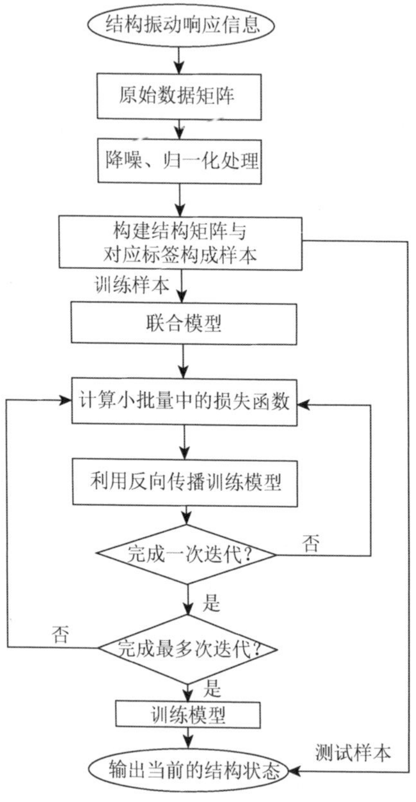

图 4.4　基于卷积神经网络和门控循环单元融合模型的模式识别流程图

为了获取当前结构的运营状态，在结构构件关键位置安装了以加速度传感器、静力水准仪、温湿度计、应变仪等为典型代表的大量监测传感器，以实现结构动静力响应及运营环境信息的实时感知与分析。在移动荷载作用下结构发生受力变形，距离荷载位置越近的加速度传感器、应变传感器等，获取的数据具有越强的关联特征，即传感器具有相互依赖的关系。每个传感器在采集数据过程中，按一定时间顺序获取一系列观察值，在这个过程中传感器 i 在 t–1 时刻会影响接下来 t 时刻的信号值，时间序列数据的本质特征就是相邻观察值存在依赖性。由于数据之间具有相关性和时间维度前后具有依赖性特性，所提出的卷积神经网络和门控循环单元融合神经网络模型，利用卷积神经网络自动提取数据之间相关性特征和多变量时间序列的局部依赖关系，考虑到长短期记忆神经网络存在梯度消失和计算效率低等缺陷，将门控循环单元的优势与卷积神经网络相结合，构建了融合神经网络模型，以实现时序数据特征提取和对结构状态的判断。基于卷积神经网络和门控循环单元融合模型的模式识别流程如图 4.4 所示。

首先，对结构响应的加速度试验数据集进行归一化、降噪等预处理。然后利用数据增强技术获取更多的训练样本，对采集的时间序列进行划分，形成训练和测试数据集，其中每个样本包含时间窗内的时间序列信息。构建融合模型并确定其关键参数如激活函数、交叉熵、卷积神经网络的隐藏层神经元、循环网络的神经元等。将预处理过后的数据作为融合网络模型输入，通过反向传播学习更新网络的权值矩阵、偏置矩阵，每个周期迭代时，把样本进行小批量地分解、训练。根据每次小批量的训练计算损失函数通过反向传播优化每次的权重，基于每个小批量的平均损失函数来优化网络信息即每层中的权重。当完成规定迭代次数时，模型完成整个网络训练。最后将测试加速度数据输送到训练的网络中得到当前结构的状态。

4.2.2　回声状态网络与多尺度卷积神经网络融合模型

回声状态网络与多尺度卷积神经网络融合模型的整体结构以及网络参数确定之后，训练此模型可用于判别当前结构所处的状态。图 4.5 展示了基于该融合模型的结构损伤识别流程。

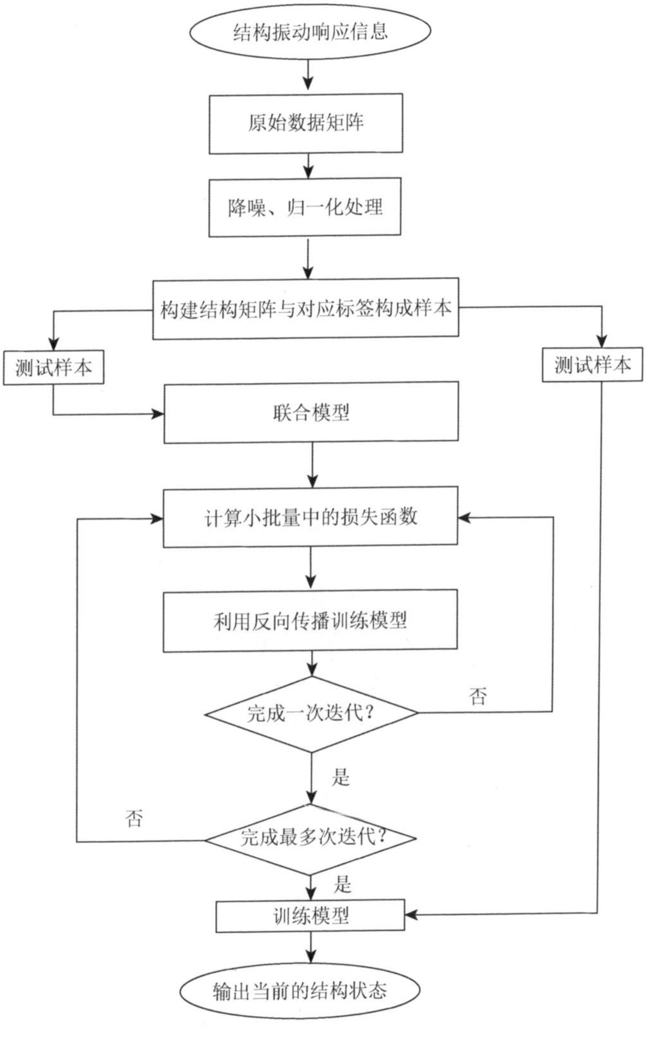

图 4.5　回声状态网络与多尺度卷积神经网络融合模型损伤识别流程

由图 4.5 可知，首先获取结构振动响应信息，构建其原始数据矩阵，对矩阵进行降噪、归一化处理。对预处理后的矩阵进一步构建结构矩阵与其对应标签，划分训练测试所需的样本。然后将训练样本输入融合模型中，并使用优化值初始化融合模型的参数。再通过反向传播训练模型，每次迭代训练的样本划分为若干个小批量样本进行训练，每个小批量样本计算其损失函数，并使用验证集的小批量样本进行验证。每一轮迭代完成，计算每个小批量样本的平均损失函数，利用其不断学习更新网络中的权值。一旦达到预先设定的迭代次数，则融合模型的训练过程结束，得到最终的训练模型[14]。最后，将测试样本输入训练模型中，输出当前的结构损伤状态。回声状态网络与多尺度卷积神经网络融合模型的损伤识别过程如算法 4.1 所示。

算法 4.1 回声状态网络与多尺度卷积神经网络融合模型的损伤识别过程

输入：有标签的训练样本 M_{train}，验证样本 $M_{\text{validation}}$，测试样本 M_{test}，储备池规模 NR，储备池稀疏度 SD、输入单元尺度 IS，谱半径 SR，不同尺度卷积核 h_1、h_2、h_3，最大迭代次数 Max

输出：当前的结构损伤状态

1. 用 NR、SD、IS、SR、W、W^{in}、h_1、h_2、h_3 初始化 ESN-MSCNN
2. for 最大迭代 in[1, Max] do
3. 　计算 M_{train} 中小批量样本的损失函数
4. 　执行反向传播算法
5. 　使用 $M_{\text{validation}}$ 中小批量样本进行验证
6. end for
7. 得到 ESN-MSCNN 训练模型
8. 将测试样本 M_{test} 载入训练模型

4.2.3 经验模态分解与循环神经网络融合模型

由于受到刚度、阻尼、温度等诸多因素作用，结构振动响应具有波动特征，因此结构响应序列存在一定程度的非线性与非平稳特性，使用常规学习预测方法对预测精度的提升较为有限[15]。考虑到经验模态分解技术可以获取数据更多的模态特征以及双向门控循环单元在时序数据建模中的优异表现，提出一种经验模态分解与循环神经网络融合模型，其具体预测流程如图 4.6 所示：

（1）用经验模态分解方法将原始结构响应数据 $X(t)$ 分解为几个固有模态函数（intrinsic mode function，IMF）和残差；

（2）将所有 IMF 和残差 RES 作为特征集合，作为经验模态分解与循环神经网络融合模型的输入层；

（3）将（2）中的特性集合与原始结构响应数据 $X(t)$ 结合，形成一个组合数据集 $\text{Con}(t)$。然后，$\text{Con}(t)$ 划分为训练集和测试集，其中训练集输入双向门控循环单元模型中进行预测模型训练，然后将测试集输入预测模型评估预测的结果。

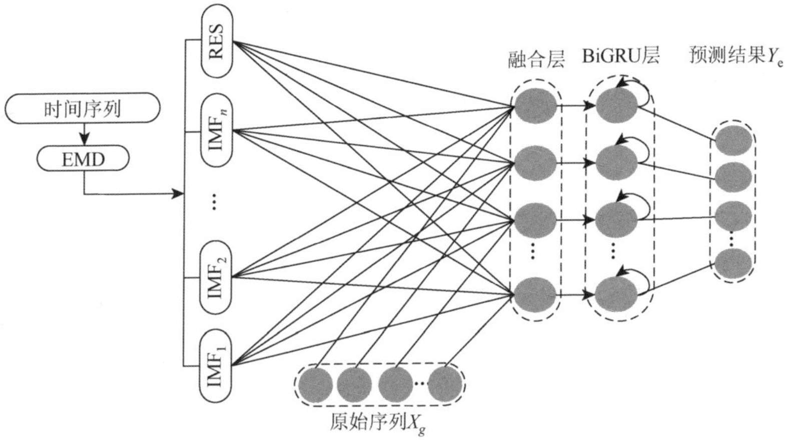

图 4.6　经验模态分解与循环神经网络融合模型预测流程图

4.3　应 用 案 例

4.3.1　案例模型介绍

特大桥位于海南省，总长 204m，宽 9m。利用有限元软件 Midas Civil 建立了变截面三跨连续梁的有限元仿真模型。特大桥上部结构为边跨 42m＋中跨 70m＋边跨 42m 的变截面预应力混凝土箱梁，上部结构为单箱双室的横截面，大桥中支点梁高为 4.2m，跨中及端支点的梁高为 2m。此外，箱梁的横截面悬臂长 3.5m，悬臂梁端部和根部分别厚 0.18m 和 0.7m，箱梁底部宽为 12.5m。位于中支点的横隔梁厚 2.5m，位于边支点的横隔梁厚约 1.5m，位于中跨跨中的横隔梁厚 0.3m。54 个单元和 63 个节点分布于模型之上，各个节点的分布如图 4.7 所示。

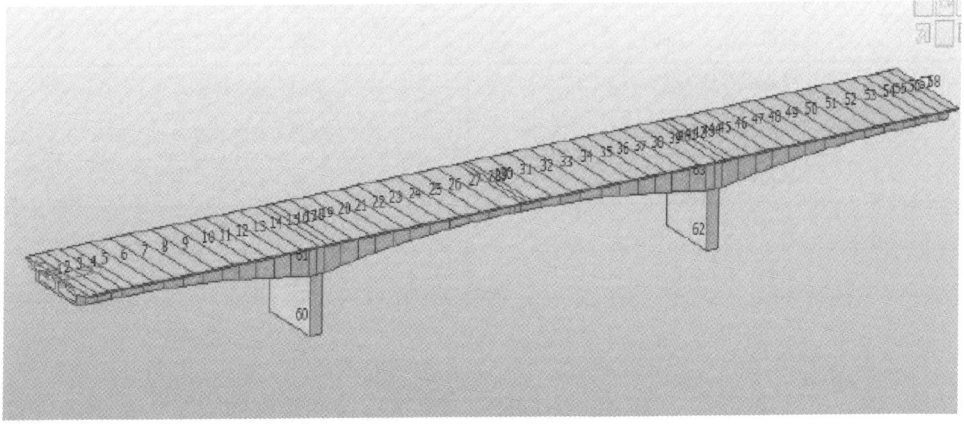

图 4.7　特大桥有限元模型

为模拟桥梁损伤，利用一移动集中力来模拟移动荷载，当集中力经过某节点时，力的大小随时间变化如图 4.8 所示，是一个最大集中力为 F_{max} 的三角形移动荷载。其中时刻 t_1、t_2 由车速决定，取车速 V 分别为 20km/h 和 30km/h，因此有

$$t_1 = \frac{S_L}{V}, \quad t_2 = \frac{S_R}{V} \tag{4.1}$$

式中，V 为车速；S_L 为节点左侧距离；S_R 为节点右侧距离。

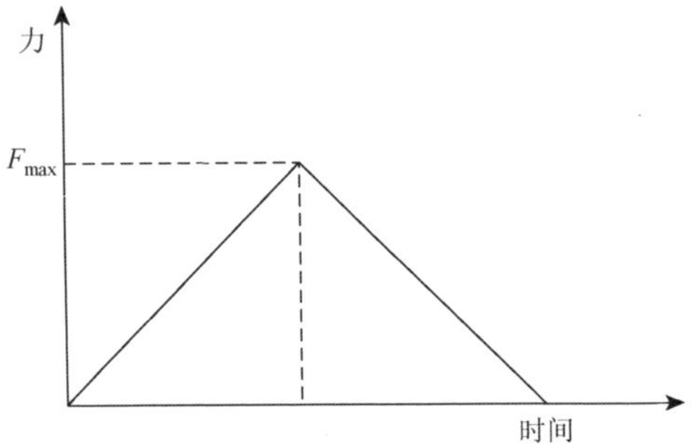

图 4.8　移动荷载变化

混凝土强度退化的过程可以看成一个刚构桥强度退化的过程，因此通过软件模拟混凝土强度的退化，来表示桥梁结构的损伤工况。具体结构损伤工况如表 4.1 所示。

表 4.1　特大桥结构损伤工况

名称	结构状态
结构状态一（C60）	混凝土强度等级为 60
结构状态二（C55）	混凝土强度等级为 55
结构状态三（C50）	混凝土强度等级为 50
结构状态四（C45）	混凝土强度等级为 45
结构状态五（C40）	混凝土强度等级为 40
结构状态六（C30）	混凝土强度等级为 30

各类传感器分布于模型的单元上，分别选取边跨跨中、中跨 1/4、中跨 1/2、中跨 3/4 以及边跨跨中等关键位置上的传感器进行监测数据的采集。传感器位置与测点编号意义对应如表 4.2 所示，采样频率为 500Hz。

表 4.2　特大桥测点分布

测点号	位置
9 号	边跨跨中
23 号	中跨 1/4
29 号	中跨 1/2
35 号	中跨 3/4
50 号	边跨跨中

4.3.2　采集数据分析处理

当提供激励的小车在到达 5 号测点之前，数据已开始有明显变化，这一阶段属于环境激励阶段，这部分数据也称为“白噪声”数据段。类似于这种环境激励的数据在整个样本集中存在很多，这类无效数据增加了模型训练的数据量，使计算资源开销变高，干扰数据增加误差的同时造成模型决策准确率的下降。鉴于此，需要对来自传感器的原始数据进行数据清洗，去除无效信息对模型训练效率的影响。错误信息一般包括数据缺失、数据冗余、数据冲突及数据错误四种。本书数据清洗过程主要包括数据缺失值处理、数据降噪两部分。

1. 数据缺失值处理

早期的数据预处理主要采用删除缺失值的记录来解决数据缺失的问题。此外，还有均值插补、回归插补、极大似然估计等方法来处理数据缺失值。本书主要采用均值插补的方法解决样本数据缺失的问题。当缺失信息为数值类型时，均值插补将已有数据平均值代替缺失值进行缺失位置的插补。因此，$\overline{y}$ 表示样本方差，$\overline{y}_o$ 表示原样本数据均值，y_{oj} 表示第 j 个原样本数据的数值，y_{mj} 表示第 j 个现有数据的缺失值，s^2 表示原有样本方差，s_1^2 表示现有数据的样本方差，n 表示原数据样本总数，n_0 表示实际数据样本总数，则有

$$s^2 = \Sigma\left(y_i - \overline{y}\right)^2 / \left(n-1\right) = \left[\Sigma\left(y_{oj} - \overline{y}_o\right)^2 + \Sigma\left(y_{mj} - \overline{y}_o\right)^2\right] \Big/ (n-1) \quad (4.2)$$

以均值插补的方式进行缺失值的增补，以 $\overline{y}_o$ 代替 y_{mj}，因此有

$$s^2 = \Sigma(y_i - \overline{y})^2 / (n-1) = \left[\Sigma\left(y_{oj} - \overline{y}_o\right)^2\right] \Big/ (n-1) = s_1^2(n_0 - 1) / (n-1) \quad (4.3)$$

当系统检测到数据序列中存在缺失值时，便有$n > n_0$，因此$s_1^2 > s^2$，利用数据均值代替缺失值，可使系统决策准确率稍有提高。

2. 数据降噪

在数据采集系统运行过程中，设备自身原因或数据在传输过程中发生错误等因素，都可能导致被测变量中存在随机误差，从而影响模型的鲁棒性。因此，对数据噪声进行过滤也是数据预处理过程中的重要一环。常用降噪方法主要包括小波降噪、回归法、均值滤波、中值滤波等。小波降噪具有不错的时频特性，在对数据进行降噪后，对数据特征损伤较少。回归法利用函数进行回归操作后取代原函数，样本数据和噪声数据之间互不干扰。均值滤波通过计算噪声点相邻数据的均值来替换噪声点的值，降噪效果较好，但是均值滤波不能很好地保护边缘特征，并且容易使图像变模糊。中值滤波与均值滤波相似，通过选取样本数据中的中值来代替噪声值。中值滤波具有很好的平滑性，本书选取中值滤波作为数据降噪方法。

将结构上的传感器数量设为n，则以X_i表示结构上第i个传感器所收集的数据矩阵，则在时刻t内收集的数据总量为$X=[X_1,X_2,\cdots,X_n]$。

对第j个传感器收集的数据X_j降噪时，首先定义时间窗口大小为$L=2N+1$，$N \subseteq N^*$，依据公式对选定窗口内的数据即$x(i-N),\cdots,x(i),\cdots,x(i+N)$进行中值滤波处理：

$$y(i)=\mathrm{Med}\left[x(i-N),\cdots,x(i),\cdots,x(i+N)\right] \tag{4.4}$$

为验证上述张量特征融合网络结构的性能，以特大桥有限元模型的加速度和应变数据作为两种输入数据源，并利用经过缩尺模型数据集和 Benchmark 数据集验证且具有高效时空特征提取能力的 PCBG 模型为基础架构来完成初级损伤特征的提取工作，由此提取的单源损伤特征输入自适应张量融合网络中进行特征级多源信息融合，输出蕴含损伤特征的张量，再经过多尺度卷积神经网络的整合后，利用 Softmax 分类器进行结构损伤模式分类。

4.3.3 融合神经网络模型的对比分析

为验证特征融合模型的有效性，根据特大桥有限元模型数据集和模型参数设置情况，选取可以反映整体结构损伤的加速度数据和反映局部结构损伤的应变数据，对网络进行训练并得到试验结果，图 4.9 为 PCBG + ATFN（ATFN 指自适应张量融合网络）在训练集和验证集上的准确率曲线和损失率曲线。依托性能较高的 PCBG 时空特征提取器，使得整个张量特征融合网络可以在损失率逐渐降低的同时达到较快的收敛效果，并且具有较好的模型拟合能力。

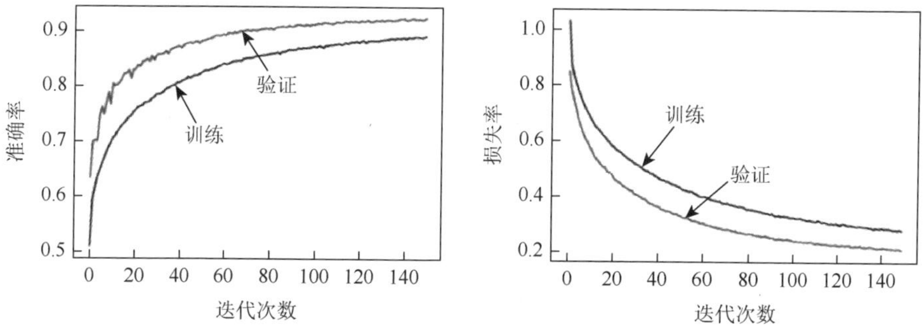

(a) 准确率　　(b) 损失率

图 4.9　准确率和损失率曲线

为验证本章提出的自适应张量特征融合网络在特征级多源数据融合问题上的表达性能，以 PCBG 网络为基准，将 Add 方法、Concatenate 特征连接方法及 LSTM 方法与自适应张量融合网络进行对比分析，为更加直观地展示 PCBG + ATFN 的模型分类能力，对四种特征融合结构，即 PCBG + Add、PCBG + Concat、PCBG + LSTM 和 PCBG + ATFN 进行对比试验，并将各个融合结构在特大桥有限元模型验证集上的准确率和损失率随迭代次数的变化曲线绘制在同一坐标系内，如图 4.10 所示。依托 PCBG 模型较好的鲁棒性和时空特征提取能力，准确率在模型训练的过程中具有较好的拟合能力，相较于 Add 方法、Concatenate 特征连接方法和 LSTM 融合方法，本章提出的 PCBG + ATFN 特征融合架构在准确率上的表现分别优于 PCBG + Add 结构 5.34%、PCBG + Concat 结构 4.15%、PCBG + LSTM 结构 2.34%。因此，PCBG + ATFN 结构收敛性能和准确率均优于其他结构，同时也具有较低的损失率。

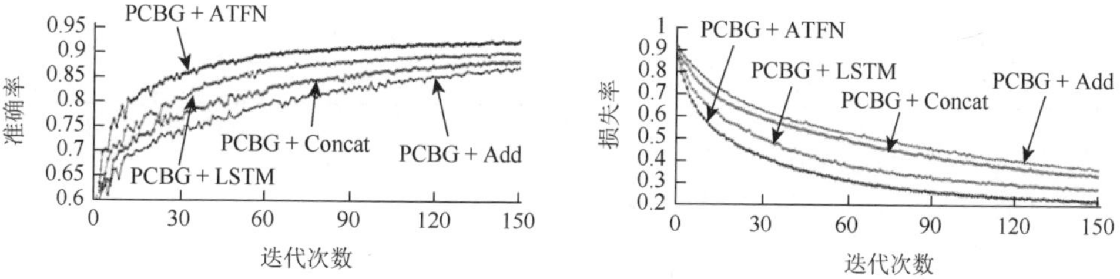

(a) 准确率　　(b) 损失率

图 4.10　对比结构准确率曲线和损失率曲线

为使模型对比效果更加具有说服力，表 4.3 直观给出了各个对比模型在特大桥有限元模型验证集上的具体指标数值。除了准确率指标，本书还采用了分类问题中常用的三种评价指标精确率、召回率和 F1 值进行统计。分析其结果可得出，提出的 PCBG + ATFN 特征联合结构在各个指标上均优于或等于 PCBG + Add、PCBG + Concat、PCBG + LSTM 结构。其中，作为综合识别效果评价指标的 F1 值分别优于 PCBG + Add 模型 5.12%、PCBG + Concat 模型 4.16%和 PCBG + LSTM 模型 2.41%。

表 4.3　对比结构不同工况下的损伤识别效果

对比结构	结构状态一（C60）			结构状态二（C55）		
	精确率	召回率	F1 值	精确率	召回率	F1 值
PCBG + Add	0.9098	0.8452	0.8763	0.9993	0.9995	0.9994
PCBG + Concat	0.9242	0.8542	0.8878	0.9993	0.9985	0.9989
PCBG + LSTM	0.9302	0.8795	0.9041	0.9993	0.9998	0.9995
PCBG + ATFN	0.9467	0.8998	0.9227	0.9993	0.9998	0.9995
对比结构	结构状态三（C50）			结构状态四（C45）		
	精确率	召回率	F1 值	精确率	召回率	F1 值
PCBG + Add	0.8827	0.8443	0.8631	0.8655	0.8700	0.8677
PCBG + Concat	0.8576	0.8993	0.8780	0.8800	0.8858	0.8829
PCBG + LSTM	0.9244	0.8808	0.9021	0.9073	0.8999	0.9035
PCBG + ATFN	0.9419	0.9355	0.9387	0.9520	0.9432	0.9476
对比结构	结构状态五（C40）			结构状态六（C30）		
	精确率	召回率	F1 值	精确率	召回率	F1 值
PCBG + Add	0.7910	0.8126	0.8017	0.8846	0.8702	0.8773
PCBG + Concat	0.7912	0.7693	0.7801	0.8821	0.8809	0.8814
PCBG + LSTM	0.8111	0.8422	0.8264	0.8997	0.9003	0.9000
PCBG + ATFN	0.8316	0.8573	0.8443	0.9494	0.9089	0.9287

参考文献

[1] 杨飞. 基于多模态监测数据融合的桥梁结构异常诊断方法研究[D]. 重庆: 重庆交通大学, 2021.

[2] 何盈盈. 基于回声状态与多尺度卷积联合模型的结构损伤识别方法研究[D]. 重庆: 重庆交通大学, 2020.

[3] Liu D, Bao Y, He Y, et al. A data loss recovery technique using EMD-BiGRU algorithm for structural health monitoring[J]. Applied Sciences, 2021, 11(21): 10072.

[4] 姜绍飞, 王留生, 殷晓志, 等. 结构健康监测中的数据融合技术[J]. 沈阳建筑大学学报(自然科学版), 2005, 21(1): 18-22.

[5] Alamdari M M, Dang Khoa N L, Wang Y, et al. A multi-way data analysis approach for structural health

monitoring of a cable-stayed bridge[J]. Structural Health Monitoring, 2019, 18(1): 35-48.

[6] 李贵风. 基于深度学习的桥梁健康监测数据分析关键技术研究[D]. 重庆: 重庆交通大学, 2018.

[7] Rui T, Zou J, Zhou Y, et al. Pedestrian detection based on multi-convolutional features by feature maps pruning[J]. Multimedia Tools and Applications, 2017, 76(23): 25079-25089.

[8] Lu W, Wang X, Yang C, et al. A novel feature extraction method using deep neural network for rolling bearing fault diagnosis[C]. The 27th Chinese Control and Decision Conference, Qingdao, 2015.

[9] 周飞燕, 金林鹏, 董军. 卷积神经网络研究综述[J]. 计算机学报, 2017, 40(6): 1229-1251.

[10] Yang J X, Zhang L K, Chen C, et al. A hierarchical deep convolutional neural network and gated recurrent unit framework for structural damage detection[J]. Information Sciences, 2020, 53(22): 117-130.

[11] Fan G, Li J, Hao H. Lost data recovery for structural health monitoring based on convolutional neural networks[J]. Structural Control and Health Monitoring, 2019, 26(10): e2433.

[12] Neves A C, González I, Leander J, et al. Structural health monitoring of bridges: A model-free ANN-based approach to damage detection[J]. Journal of Civil Structural Health Monitoring, 2017, 7(5): 689-702.

[13] 杨威, 蒲彩霞, 杨坤, 等. 基于 CNN-GRU 组合神经网络的变压器短期故障预测方法[J]. 电力系统保护与控制, 2022, 50(6): 107-116.

[14] Manjunath G, Jaeger H. Echo state property linked to an input: Exploring a fundamental characteristic of recurrent neural networks[J]. Neural Computation, 2013, 25(3): 671-696.

[15] 李宁, 何复兴, 马文涛, 等. 基于经验模态分解的门控循环单元神经网络的锂离子电池荷电状态估计[J]. 电工技术学报, 2022, 37(17): 4528-4536.

第5章　自然语言处理技术在桥梁管养领域的应用

桥梁作为重要的交通基础设施，在国家经济建设与社会发展中具有重要的地位。由于桥梁在长期运营过程中受到交通荷载、环境激励、突发事件以及桥梁结构材料属性退化等内外因素的共同影响，桥梁结构逐渐产生损伤，从而使桥梁的承载能力降低，极大地增加了桥梁垮塌的风险，严重威胁着人民的生命安全，给国家的公共财产带来巨大损失。为保障桥梁服役安全，延长服役寿命，桥梁工程界已形成了由日常巡检养护、经常性检测、定期检测、荷载试验及结构健康监测等组成的运营期桥梁管养业务体系，积累了海量的桥梁管养数据，并呈现出显著的数据多源异构、数据量高速增长等“大数据”特性。

多年来，自然语言处理（natural language processing，NLP）作为人工智能领域的重要研究方向受到了国内外学者的广泛关注。随着以循环神经网络和卷积神经网络为典型代表的深度学习理论方法的不断成熟，以及基于海量无标记语料的预训练语言模型快速发展，多种自然语言处理任务取得显著性提升，并在众多行业领域开展了广泛应用。对于桥梁管养领域，以自然语言处理技术为基础，开展面向桥梁检测文本的信息抽取方法研究，进而为领域信息检索、智能问答及辅助决策支持等下游应用奠定基础，已成为大数据、人工智能时代背景下桥梁管养领域的迫切需求、发展趋势和亟须解决的问题。

本章在分析当前桥梁管养领域文本特性的基础上，结合自然语言处理技术，给出领域语料库构建方法，实现桥梁管养领域命名实体识别、关系抽取和机器阅读理解（machine reading comprehension，MRC），进而促进桥梁管养智能化创新发展。

5.1　自然语言处理

自然语言处理是计算机科学与人工智能领域中的一个重要方向，旨在用计算机对自然语言的形、音、义等信息进行处理，即对字、词、句、篇章的输入、输出、识别、分析、理解、生成等的操作和加工，实现人与计算机之间用自然语言进行有效交互[1]。自然语言处理分为自然语言理解（natural language understanding，NLU）和自然语言生成（natural language generation，NLG）两个核心任务。自然语言理解旨在理解和分析人类语言，重点关注对文本数据的理解，通过对其进行处理来提取相关信息；自然语言生成是生成包含意义和结构的短语、句子和段落的过程。自然语言处理框架如图 5.1 所示，自然语言处理的关键技术包括词法分析、句法分析和语义分析，主要应用包括信息抽取、文本生成、问答系统、机器翻译等。

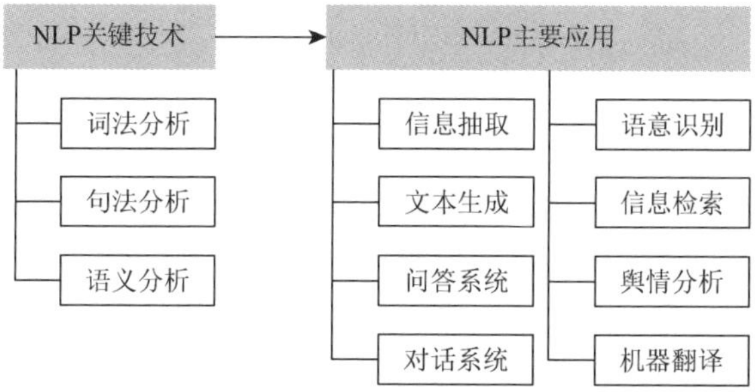

图 5.1　自然语言处理框架

5.1.1　命名实体识别

命名实体识别（named entity recognition，NER）任务从文本中识别出包含丰富语义的实体，是自然语言处理领域众多任务的基础性工作[2]。命名实体识别是实体关系抽取、知识图谱构建等任务的前序工作，是实现高效实体关系抽取的前提。早期的命名实体识别任务主要采用基于规则的方法和基于统计的方法。基于规则的方法通常采用人工的方式，由语言学家根据数据集的特征制定相应的规则模板或者构建相应的识别规则和特殊辞典，规则包括关键词、位置词、方位词、中心词、指示词、统计信息、标点符号等，辞典由外部词典和特征词典共同构成。在制定好规则和特征词典的基础上，采用匹配的方式对待识别文本进行处理，以实现命名实体识别。基于规则的方法能够准确地识别命名实体，易于实现和维护，但仍存在以下缺点[3]：

（1）固定的规则存在很大局限性，无法适应动态变化的语境。此外，大多数匹配规则的制定都需要大量的领域知识支持，这使得当前领域的规则用于另一个领域的命名实体识别时效果不佳，因此规则的泛化性能较差。

（2）规则的构造通过人工的方式，其需要消耗巨大的人力劳动。不仅如此，基于规则的方法和基于统计的方法很难甚至无法总结出有效的规则或者提取出相应的特征。

为解决基于规则的方法中存在的不足，基于机器学习的方法进一步发展，并成功地应用到命名实体识别任务中，获得了较好的效果。在基于机器学习的方法中，命名实体识别通常被视为序列标注问题。在序列标注任务中，当前的预测结果不仅取决于当前输入特征信息，还受到之前预测标签的影响，它们之间存在着较强的依赖关系。有代表性的机器学习方法主要有隐马尔可夫模型（hidden Markov model，HMM）、最大熵（maximum entropy，ME）模型、条件随机场（conditional random field，CRF）模型和支持向量机（support vector machine，SVM）等。基于统计的方法虽然识别效果较好，但仍然存在以下不足：

（1）文本数据的统计和处理耗费大量时间和人力资源。首先，基于机器学习的方法需要大量预先标记的数据作为模型训练的基础，并且标记语料的分配必须合理，覆盖范围需涵盖所有目标类型。其次，为保证模型效果，需要进行详尽的特征工程，即利用领域知识从原始数据中提取特征。因此，数据集的数量和质量对模型效果起着决定性作用。若想得到一个效果较好的机器学习模型，必须满足以上两点，否则训练得到的模型效果将难以达到预期要求。

（2）文本上下文表示复杂，特征工程表达有限，识别效果受制约。其原因在于不同任务需要设计出符合该任务特性的上下文特征工程，并且不同的特征组合所训练出来的模型效果均有所差异，难以确定具体的特征模板组合。不仅如此，模型在训练过程中也需要不断地人为调整和优化，投入大量的人工精力和先验性知识作为支撑，难以满足自动化特征表示的需求。

因此，近年来以深度学习为代表的“端到端”文本特征表示和命名实体识别方法成为国内外研究的重点。BERT 预训练模型在 11 项下游文本分析任务中取得了当时的最佳效果，使得预训练模型逐渐成为自然语言处理领域的主流方法，并衍生出了 GPT、XLNet、MPNet 等预训练语言模型。在预训练语言模型和深度神经网络模型支撑下，命名实体识别任务进一步扩展到嵌套命名实体识别[4]。通常所提到的命名实体识别任务是对非嵌套实体的识别，但是在实际应用中，嵌套实体非常普遍，若忽略了嵌套实体，则无法获取深层次文本理解中更加细粒度的语义信息。

与英文命名实体识别和嵌套命名实体识别不同，中文语境下命名实体识别任务的特殊性和复杂性更高，其难点主要体现在以下几个方面：

（1）中文词汇边界模糊。与英文语句中每个单词间存在分隔符来标识词边界不同，中文字符之间没有清晰的分隔符，这会导致词边界在不同场景下有所区别，增加了中文命名实体识别的难度。

（2）中文形式表达与英文存在较大差别。在英文中，英文单词存在大小写和词性变换，变换后的单词一定程度上可以看成一个新的单词进行处理。然而，中文字在不同意思上的表达是通过音调或者不同的拼音来实现的，在字形上不会发生任何变化。不仅如此，中文的表达经常还借助各种标点符号作为辅助，而英文中并不存在这些标点符号。

（3）中文需要预先分词，且组合表达意思完全不同。在英文中，单个单词就是一个词，且有固定的表达意思。然而，中文是以字为基本单位，要形成一个词语需要先对文本进行分词。同时，由于中文实体可能存在嵌套、别名、缩写词等情况，其组合表达意思存在差异。

（4）中文语料相对缺乏。由于中文领域的特殊性和复杂性，目前为研究者所公认的命名实体识别数据集仅有人民日报命名实体识别数据集等极个别语料库，语料较为匮乏。不仅如此，随着社会的进步，不断有新的流行词汇出现，使得现有语料难以满足新需求，导致命名实体识别任务更加困难。

由于中文词汇存在边界模糊等研究难点，近年来，针对中文嵌套命名实体识别还尚未取得较为有效的研究进展。通用领域实体识别任务取得了较为令人满意的效果后，开始转向特定领域的命名实体识别任务。针对桥梁管养领域的命名实体识别研究很有限，因此有待进一步探讨。

5.1.2　实体关系抽取

实体关系抽取是自然语言处理领域信息抽取的另一重要子任务。关系抽取是指在命名实体识别的基础上，从非结构化的文本数据中识别出两种实体之间的预定义关系类型，通常将其形式化地描述为关系三元组 $\{E_1,R,E_2\}$， E_1 和 E_2 是相应类型的实体，R 为预定义的关系描述类型[5]。目前关系抽取方法主要分为四大类，分别是基于模式匹配的抽取方法、基于机器学习的抽取方法、基于深度学习的抽取方法和基于开放领域的抽取方法，下面将以该四大类的发展历程为主线进行阐述。

基于模式匹配的抽取方法存在较强的领域特性，适用于待识别目标易区分的领域。该方法通过领域专家的先验知识人工构造符合各种实体关系的规则，然后将规则与文本进行匹配从而得出关系类型。基于模式匹配的抽取方法在制定该类规则的领域效果较好，但规则的制定强烈依赖于领域专家，且仅限于识别出符合已构建好规则的关系类型，对于不符合该规则的实体关系则不能有效识别，需要构建大量规则才可提高准确率。然而，制定出所有符合该领域实体关系抽取任务的规则可行性较低，且人力资源和时间成本高。此外，基于规则的方法迁移性差，将某一领域的规则应用到其他领域时，识别效果会显著降低。为改进基于规则方法的诸多缺点，研究者开始向基于数据驱动的机器学习方向研究[6]。

基于机器学习的抽取方法通过对有标签语料进行训练，能够有效预测文本中包含的实体关系。与基于规则和词典的方法不同，机器学习模型的识别效果主要依赖于语料的质量和模型参数的设定，不需制定大量依赖领域知识的规则。语料的标注只需明确标注目标，模型参数的设定可以通过多次调试来完成。当面向不同文本进行实体关系抽取时，不需对模型进行重构，只需要利用新的文本语料对模型重新进行训练。基于机器学习的抽取方法核心是判断两个实体属于哪一种关系类型，通过选择合适的模型与分类器，将文本信息进行向量化表达，然后应用在关系类别的预测中。该类模型需要解决三个问题：特征选择、特征权重设置和分类器选择。基于机器学习的抽取方法不需要提前制定大量的关系规则，不依赖于相关领域经验，对比基于模式匹配的抽取方法有显著的优势。但是基于机器学习的抽取方法也存在不足之处，例如，机器学习依赖大量的人工标注的训练语料数据，语料的质量直接决定了模型的识别效果。其次特征的选取对基于机器学习的抽取方法同样重要，在相同的机器学习算法下不同的特征对模型的效果有极大的影响。但是从众多特征中选择适合特定任务的特征需要进行大量的试验，消耗时间精力。因此，特征选择成为制约机器学习方法的关键问题。

随着深度学习的发展，深度神经网络在图像处理、自然语言处理等领域展现出了强大的特征提取能力。在有监督模式下的实体关系抽取任务中，深度神经网络不需要进行特征工程，而是直接从已标记的语料中自动提取特征以满足模型的训练，并使用训练好的网络模型对需要判断实体关系类型的文本进行分类。深度学习利用深度神经网络自动提取特征的能力，在解决了匹配规则方法需要制定识别规则的问题的同时，也避免了实体关系抽取任务过于依赖特征工程的问题。此外，深度神经网络能够自动学习多方位、多角度的抽象特征，使得在实体关系抽取任务中，模型的识别准确性得到提升。

尽管实体关系抽取在通用领域已经取得了不错的效果，尤其是在英文语料库中，但将已有的研究成果直接应用到特定领域，特别是中文特定领域，其效果有待提升。相比于命名实体识别任务，关系抽取任务的评估准确率较低，性能有较大的提升空间。为了满足对海量文本的自动化处理、特定领域知识图谱的构建和特定工业应用领域的需求，特定领域命名实体及其嵌套实体的识别和实体关系抽取亟待深入研究。

5.1.3 机器阅读理解

作为自然语言处理领域的研究热点之一，机器阅读理解主要包含了完形填空、多项选择、抽取式、会话式、生成式、多跳推理问答等类型[7]。其中，抽取式机器阅读理解任务根据给定的文章段落文本和相关问题文本，通过建立模型预测答案在段落中的开始位置和结束位置以获得问题对应的答案，在国内外学术界已经开展了广泛的研究。随着大量阅读理解数据集的相继发布，计算资源以及深度学习的快速发展实现了从欧氏空间数据中有效提取数据的潜在特征，抽取式机器阅读理解任务进入井喷式发展的阶段，各种神经网络方法被提出并在该领域取得了重大进展。典型的范式有基于浅层静态词嵌入的神经网络方法和基于大规模预训练模型的方法。图 5.2 展示了基于传统神经网络模型的抽取式机器阅读理解架构。

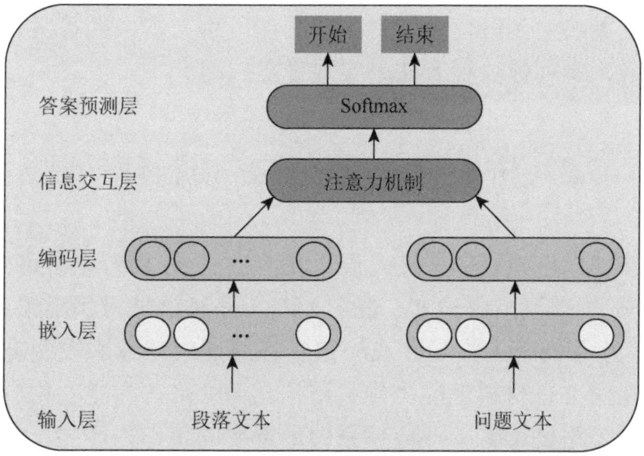

图 5.2 基于传统神经网络模型的抽取式机器阅读理解架构

基于传统神经网络模型的抽取式机器阅读理解架构主要由输入层、嵌入层、编码层、信息交互层、答案预测层构成。

（1）输入层：基于传统神经网络模型的抽取式机器阅读理解任务通常将问题文本和段落文本分开进行输入，输入的粒度通常有字粒度、词粒度、句子粒度等多种形式，为了得到词粒度，英文领域常用的分词工具有 spacy、StanfordCoreNLP、nltk，中文领域常用的分词工具有 jieba、LTP、Hanlp。

（2）嵌入层：该层的主要任务是通过映射的方式得到段落和问题中的词粒度或者字粒度在向量空间中的表示。一般采用多阶段、多层级的方式获取原文不同粒度的文本信息表示，在这一领域比较经典的做法是利用传统预训练算法，如 Word2vec、Glove、ELMO 等，生成关于问题文本和段落文本的静态词向量作为输入。

（3）编码层：该层对段落和问题进行编码表示，将得到的嵌入表示通过神经网络或函数获取相应的上下文特征信息。常用的神经网络有卷积神经网络、长短期记忆神经网络、循环神经网络等，它们可分别对问题和段落的语义进行建模并捕捉其内部特征及相互关联关系。

（4）信息交互层：该层通过将段落与问题的信息进行交互，得到它们相互匹配的特征，从而定位段落中与问题相关度高的部分，找出段落与问题相关的线索。引入注意力机制进一步提升了神经网络模型对问题和段落交互联合的能力，使得模型可以更深层次地提取相互之间的上下文语义关系、关注度、语序信息等隐藏的信息。

（5）答案预测层：该层是生成机器阅读理解任务答案对应位置的解码器，其复杂度根据不同的网络结构选择而变化。通过打分函数预测答案的起始和结束位置，输出时将位置映射到段落中，得到问题在段落文本中的答案。通常采用全连接层、指针网络、序列标注等方法来实现答案预测。

5.2 桥梁管养领域文本语料库构建

随着交通基础设施建设的快速发展，我国已有80余万座公路桥梁建成服役。以《公路桥涵养护规范》(JTG 5120—2021)和《公路桥梁技术状况评定标准》(JTG/T H21—2011）等行业规范为指导，在一定实施周期或特殊服役状态条件下，开展以结构构件表观病害、材料性能劣化和结构几何变形等为主要内容的桥梁检测，已成为当前我国公路桥梁管养业务体系中最重要的工作内容之一。目前，业界已积累了大量桥梁检测文本数据，其中蕴含了丰富的桥梁结构参数、结构病害检测结论及养护维修处置建议等重要信息。对桥梁检测文本开展命名实体识别、实体关系抽取、问答数据集等桥梁管养领域语料库构建，可为科学化、智能化的桥梁管养决策及领域知识共享奠定基础，也是人工智能时代桥梁工程领域的迫切需求和发展趋势[8]。

5.2.1 桥梁管养领域文本特性分析

为构建符合桥梁管养领域特点的命名实体及实体关系语料库，需要充分了解桥梁管养领域文本的特点，从桥梁检测文本领域业务特性、文档内容特性、领域术语特性和文本描述特性进行分析，并结合各神经网络模型的输入数据形式和训练优势，为桥梁管养领域信息抽取研究提供正确的参考和合理的优化。

1. 领域业务特性

在领域业务特性方面，公路桥梁检测任务可视为是在一定周期内，由桥梁业主单位委托某一检测机构对辖区内桥梁实施的“体检”，其检测报告是该项业务的产物。桥梁检测报告可以分为经常性检查报告、定期检测报告、特殊检测报告等，其中，经常性检查由桥梁巡检人员负责实施，周期不超过一个月，主要是以人工目测方式检查桥梁是否存在明显的结构变形，是否出现严重结构损伤或病害等。经常性检查报告通常描述简单，各部分内容有字数限制，只对桥梁的相关情况做出简单结论。另外，特殊检测一般是指在桥梁存在突发自然灾害或桥梁定期检测后存在重大结构缺陷时所进行的专项检查。特殊检测报告往往由于其特殊性，包含了大量桥梁在特定情况下的受损情况，并且检测频率低，因此其数据体量相对较小。为对桥梁结构技术状况实施评估，桥梁定期检测通常由具有相应检测资质的专业研究机构实施[9]。定期检测报告较为详细地记录了桥梁工程概况、检测目的与内容、检测结果、技术状况评定、病害分析及处置建议等，包含了丰富的桥梁构件信息和桥梁结构病害信息，是进行后续管养的重要基础性数据，对于桥梁智能管养领域知识图谱构建和知识服务具有十分重要的价值。

2. 文档内容特性

在文档内容特性方面，公路桥梁定期检测报告主要包含以自然语言文本描述的桥梁结构病害、现场采集的病害图像或统计图表等为代表的非结构化数据，以及病害详细或汇总信息表格等半结构化数据，并蕴含了大量不同时间、不同粒度、不同维度的桥梁基本信息、结构构件关联信息、检测病害记录、管养处置建议等关键信息。然而，通过广泛收集和仔细分析多个省市地区的公路桥梁定期检测报告发现，目前业界尚未完全统一规范化的标准模板。同一检测机构通常采用自定义文档模板进行检测报告的撰写，而不同检测机构在报告文档结构方法上具有一定的差异，但各个检测机构的核心仍是围绕《公路桥涵养护规范》（JTG 5120—2021）、《公路桥梁技术状况评定标准》（JTG/T H21—2011）等相关行业规范记录桥梁基本信息、检测内容、检测工具、检测结果和后续管养处置建议等内容。公路桥梁定期检测报告的主要结构如图 5.3 所示。

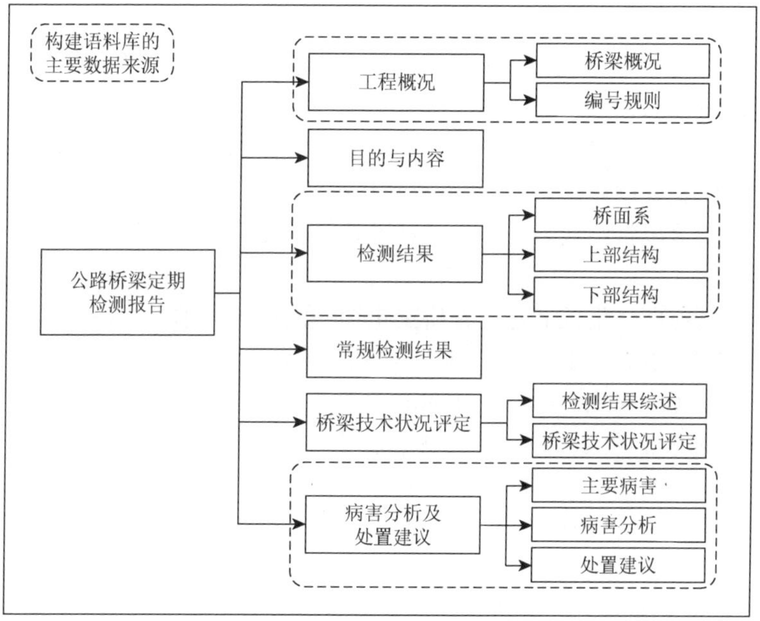

图 5.3　公路桥梁定期检测报告主要结构

其中，桥梁基本信息、检测结果和管养处置建议是桥梁工程业界最关心的问题。在公路桥梁定期检测报告中，工程概况阐述了桥梁的基本信息，如桥梁名称、坐落地点、结构体系等。检查结果和常规检查结果按照桥梁结构，详细描述桥梁各个构件技术状态，分别按桥面系、上部结构、下部结构进行划分，详细介绍各个部分的健康信息情况。病害分析及处置建议中描述桥梁的主要病害以及病害形成的原因，同时给出相应的处置建议。以上桥梁定期检测报告文本中的三部分内容对于桥梁管养领域数据挖掘任务来说十分重要，为进行高效、准确的桥梁管养领域文本信息抽取研究和开展自动化、智能化桥梁健康管养工作提供了有力的保障。本书选择桥梁定期检测报告中的工程概况、检测结果、病害分析及处理建议三个模块作为构建桥梁管养领域命名实体及关系抽取语料库的主要数据。

3. 领域术语特性

在领域术语特性方面，通过对桥梁管养领域文本进行调研分析，以及经过与通用领域文本语言表达的对比发现，桥梁定期检测报告文本存在以下术语特点：

（1）我国公路桥梁的名称通常根据地点、形状、人文、设施编号等进行命名，因此桥梁名称常常嵌套有城市地名、路线桩号等信息，以及存在英文或数字的联合表达和不同风格的缩写形式，如，“赵州桥”“重庆大佛寺长江大桥”“放生桥”“断桥”“X655 线李渡长江大桥”等。其中，“重庆大佛寺长江大桥”包含了“重庆”“大佛寺”两个地名和“长江”一个河流名称，并且可将其简称为“大佛寺大桥”。“X655 线李渡长江大桥”更是同时包含了英文和数字所组成的路线及地名信息。然而，这样的领域术语特性在通用领域文本中不常见。

（2）部分特殊符号的使用。在桥梁定期检测报告文本中存在使用特殊符号来表达特定的含义。例如，“3#桥面铺装网状裂缝，总面积 10m^2。”其中“#”在公路桥梁定期检测报告中代表“号”，该特殊符号的使用在其他领域并不存在或者表达的含义不同。

（3）领域专业词汇的表达。在桥梁定期检测报告文本中存在大量专业词汇的表达，在没有相关领域知识背景下将很难准确识别出相应的目标实体。例如，“6-1#梁梁底距离 6#墩柱 0.5m 处，横向裂缝。”其中“6-1#梁”“梁底”“6#墩柱”等都是桥梁领域的专业词汇，每个都可以划分成单独的个体，均是一个命名实体，与此同时，还存在两个专业词汇所组成的嵌套命名实体，如例子中的“6-1#梁梁底”就可以整体看成一个专业词汇，但其包含了“6-1#梁”和“梁底”两个实体。不仅如此，还存在部分词汇在通用领域中的表达与桥梁管养领域表达有所差异，同样如例子中的“横向裂缝”，其在桥梁管养领域中是一个病害名称表达的专业词汇，不能将其拆分表达，而在通用领域中，“横向”和“裂缝”均是一个单独的词汇。同理还有“纵向裂缝”“网状裂缝”“裂缝泛白”等。因此，在没有相关领域背景知识下很难识别出相应的病害实体，这使得桥梁管养领域文本信息表达不能通过简单的词汇字面意思进行理解，也给桥梁管养领域文本信息抽取研究带来了困难[10]。

（4）同一字符可能因其上下文位置和顺序相关性，表达的语义有所差异。例如，“桥”字在桥梁检测报告文本中就存在多义性，通常“桥”字作为桥梁名称的最后一个字，如“XXX 人行天桥”“XXX 大桥”，但其也可能是某一类型桥梁结构实体的起始字，如“桥墩”“桥面系”等，不仅如此，“桥”字还可能是某一具体桥梁构件实体的中间字，如“1#桥台”“3#桥面铺装”等。因此，在进行文本信息抽取时，应充分考虑上下文位置和顺序关系，以解决部分文字的多义性问题。

（5）术语表达模式较为固定。在桥梁检测报告文本中，对构件病害的描述基本上是“桥梁结构构件 + 病害描述”“桥梁结构构件 + 位置描述 + 病害描述”，对文本中的否定描述也通常是“否定描述 + 桥梁结构构件”或“否定描述 + 病害描述”。然而，在通用领域文本中并不存在较为固定的搭配表达模式。

综上所述，中文桥梁定期检测报告文本术语与通用领域文本术语内容存在较大的差别，将现有的通用领域文本信息抽取内容和目标直接迁移到桥梁管养领域通常不能取得较好的效果，需充分结合桥梁管养领域文本术语的特性制定合适的信息抽取目标。与此同时，也正是桥梁检测文本存在较强的领域文本特性，为桥梁管养领域信息抽取研究提供了较明显的约束条件。

4. 文本描述特性

在文本描述特性方面，桥梁管养领域的文本内容与通用语料具有很大的差别，尤其是在桥梁检测报告中的检测结果部分，其通常是针对不同结构构件描述检测到的各类型病害检测结果。例如，“对 XXX 大桥左幅引桥进行检测发现，主梁底板存在多条横向裂缝，且有渗水泛碱现象，2#伸缩缝锚固区左侧混凝土破损，5-3#板式橡胶支座开裂，桥墩未见明显病害”。参考桥梁工程领域相关规范中关于桥梁结构构件和病害的常见划分策略，示例中“XXX 大桥左幅引桥”为单独进行检测和技术状况评定的桥梁名称，“5-3#板式橡胶支座”“桥墩”是指定的桥梁构件实体，“横向裂缝”“渗水泛碱”“混凝土破损”“开裂”定义为病害实体，“未见明显病害”是对病害的否定描述表达。与此同时，“主梁底板”和“2#伸缩缝锚固区”描述的是相对于桥梁构件实体（“主梁”和“伸缩缝”）更加细粒度的构件元素信息，“2#伸缩缝锚固区左侧”则是描述了观测到的病害相对于构件的空间位置信息。

除此之外，文本还具有一定的句子成分缺失和实体嵌套特性。例如，分析“4-2#组合箱梁腹板竖向裂缝”可以发现，句子缺少谓语动词，正常的表述应为“4-2#组合箱梁腹板存在竖向裂缝”；与此同时，“4-2#组合箱梁腹板”描述的是“4-2#组合箱梁”下更加细粒度的构件信息，其本身也是桥梁结构构件，那么，“4-2#组合箱梁腹板”构件元素实体包含了“4-2#组合箱梁”构件实体。

因此，桥梁管养领域文本比通用领域语料具有更多的专业描述词和未登录词，通用领域的文本信息抽取目标技术方案难以使用。不仅如此，桥梁管养领域的文本句子存在成分缺少和实体嵌套的情况，面向的信息抽取任务难度更大，更加需要在充分分析领域特性的基础上，开展对桥梁管养领域的信息抽取技术研究。

5.2.2 桥梁管养领域命名实体识别语料库构建

1. 数据收集

本书收集了 2011～2018 年部分公路桥梁定期检测报告，共计 1227 份。同时，从相关网站上抓取了桥梁检测及管养领域的中文网页 5482 份，共计 1400 余万字。图 5.4 描述了公路桥梁定期检测报告数据分布情况。

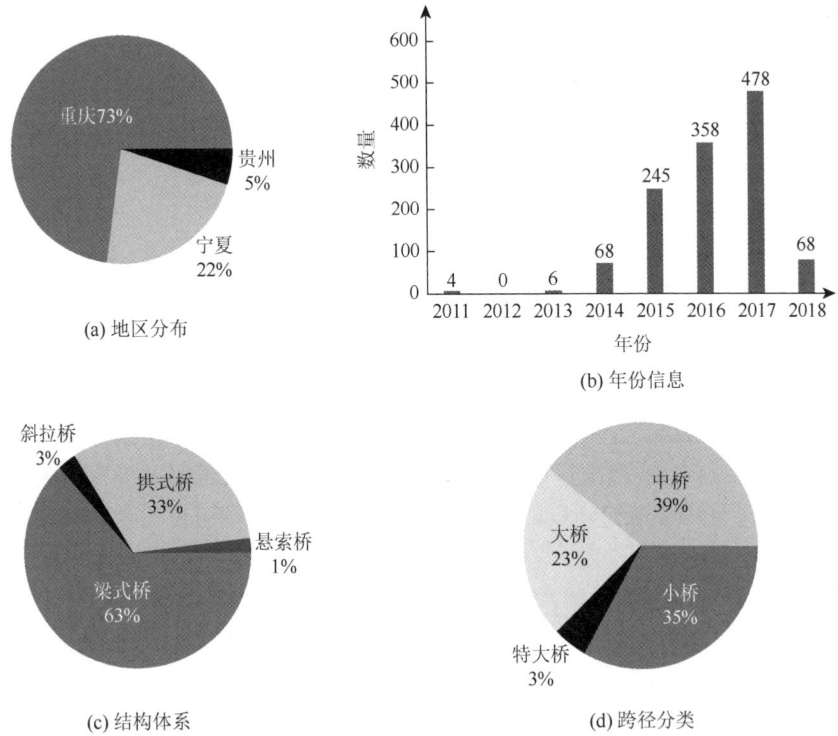

图 5.4 公路桥梁定期检测报告数据分布情况统计

一方面，由于公路桥梁定期检测报告数据分布情况不均匀，为保证数据准备的合理性和全面性，在满足数据量的前提下，从搜集的公路桥梁定期检测报告中按比例随机选取了共计 150 份报告作为标记语料，其余检测报告和网页文本数据则作为大规模无标记语料，用于后续的无监督模型预训练、半监督环境下信息抽取任务等。另一方面，因为桥梁定期检测报告中通常包含大量图片及表格信息且描述篇幅相对较长，在数据准备和预处理过程中，主要提取检测报告中的桥梁基本概况、检测结果、病害分析及处置建议等重点章节的相关文本，以及部分表格中描述桥梁结构构件病害的短文本。

2. 外层实体标注体系与规范

在分析了地区真实的公路桥梁定期检测报告特性和充分考虑我国公路桥梁业主需求的基础之上，参照各类型桥梁结构划分、结构病害表征及技术状况评定方法，将所构建的文本语料库中命名实体定义为六大类别，分别是桥梁实体（Bridge，BRI）、桥梁结构实体（Entity，ENT）、结构元素实体（Entity Element，ENTE）、结构位置实体（Entity Location，ENTL）、病害实体（Disease，DIS）、否定修饰描述实体（Uncertain or Negative Description，UND）[11]。在标注方式上，本书语料标注过程中采用基于 BIO 策略的字标注方式，其中 B 表示实体的开始，I 表示实体的非开始部分，O 表示非实体。桥梁管养领域语料库中的标签类型一共有 13 种，如表 5.1 所示。

表 5.1　语料库中实体类型和标签设置情况统计

实体类型	标签
桥梁实体（BRI）	B-BRI，I-BRI
桥梁结构实体（ENT）	B-ENT，I-ENT
结构元素实体（ELATE）	B-ENTE，I-ENTE
结构位置实体（ENTL）	B-ENTL，I-ENTL
病害实体（DIS）	B-DIS，I-DIS
否定修饰描述实体（UND）	B-UND，I-UND
非实体	O

需要说明的是，在参照“不标注重叠、嵌套、含停顿标点的符号”的总体标注规则的基础上，对具有嵌套性的实体只标注最外层实体，对于由顿号等标点符号描述的两个及以上的实体只标注最外层实体，对于有顿号等标点符号描述的两个或多个实体只标注最后一个实体。所制定的标注规范如下：

（1）桥梁实体。桥梁实体是桥梁管养过程中单独进行技术状况评定，且结构相对独立的物理对象。例如，“重庆长江大桥”“六广河特大桥右幅主桥”等，均为桥梁实体类型。

（2）桥梁结构实体。桥梁结构实体由桥梁实体所包含的上部结构、桥面系、下部结构、部件、构件多个层级组成，其最小粒度按《公路桥梁技术状况评定标准》（JTG/T H21—2011）中所标度的结构单元进行划分。BRI 与 ENT 是整体和部分的关系，若出现“BRI + ENT”和“ENT + ENT”的情况，仅标注最外层实体，即将其视为整体进行标注。例如，“1-2#支座”“重庆长江大桥上部结构”“第 1 跨桥面系”等均标注为桥梁结构实体。

（3）结构元素实体。结构元素实体为桥梁某一构件的逻辑或物理组成元素，是桥梁结构划分的最细粒度单元。当出现“BRI + ENT + ENTE”或者“ENT + ENTE”的情况，仅标注最外层实体，即将其整体均视为 ENTE 进行标注。例如，“重庆长江大桥第 3 跨主梁底板”“箱梁腹板”等均标注为结构元素实体。

（4）结构位置实体。结构位置实体是某一个 ENT 或者 ENTE 的空间位置描述信息，通常表述为某构件或其元素的“上方”“下方”“周围”等，同理遵循最外层实体的标注策略。例如，“3-3#箱梁上方”“3-3#箱梁左腹板距 1#桥墩 3m 处”、“2#桥台周围”等均标记为结构位置实体。

（5）病害实体。病害实体为检测出的结构病害、缺陷或应被养护处置的描述。在待标注的桥梁定期检测报告文本中，存在“DIS + DIS”的情况，也遵循最外层实体的标注策略，将其看为一个整体标注为 DIS，如“横向裂缝”“破损”“露筋”“渗水”“破损露筋”等。不仅如此，通常存在“ENT + DIS”“ENTE + DIS”“ENTL + DIS”等不同组合形式，表示病害被发现于不同粒度的构件或位置信息。例如，“5#支座横向裂缝”中“5#支座”标注为 ENT，“横向裂缝”标注为 DIS；“6#墩上方破损露筋”中“6#墩上方”标注为 ENTL，“破损露筋”标注为 DIS；当出现中间间隔字符或者其他修饰词时，分别进行标注，如“7-3#横隔板大面积渗水”中分别标注“7-3#横隔板”为 ENT，“渗水”标注为 DIS。

（6）否定修饰描述实体。否定修饰描述实体用于描述构件设置或者构件病害的否定信息，其与电子病历中关于疾病的否定修饰词类似，对信息抽取任务的研究具有非常重要的意义。在具体的文本描述方法方面，UND 可以与结构构件、病害实体等组合进行表达。例如，“未设置伸缩缝”中“未设置”标注为 UND，“伸缩缝”标注为 ENT；“支座未发现老化开裂”中“支座”标注为 ENT，“未发现”标注为 UND，“老化开裂”标注为 DIS。如果否定词与正常现象描述词进行组合描述，如“不正常”“不均匀”等一同标注为 UND。若否定词后接非具体构件名或病害名，也一同标注为 UND，如“不存在病害”“未见明显病害”等均标注为 UND。

（7）表连接的词和标点符号的处理。桥梁定期检测报告文本中存在多个实体由表连接的词语或标点符号进行连接来组合描述的情况，此种情况下，仅标注组合表达中的最后一个实体，其余实体描述删除，如“1#和 2#桥台”中仅标注“2#桥台”为 ENT、“3#、5#桥墩底板”中仅标注“5#桥墩底板”为 ENTE。

3. 嵌套实体标注体系与规范

嵌套实体即在已标注的实体中可能存在其他类型的实体。桥梁管养领域文本嵌套实体的标注体系参考《公路桥梁技术状况评定标准》（JTG/T H21—2011）等行业规范中的桥梁结构划分、病害表述等信息，将其实体类型定义为桥梁实体（BRI）、桥梁结构实体（ENT）、结构元素实体（ENTE）、结构位置实体（ENTL）、病害实体（DIS）和否定修饰描述实体（UND）六大类别。除此之外，嵌套实体的标注方式同样是基于 BIO 策略的子标注方式，与表 5.1 中的标签保持一致。桥梁管养领域文本嵌套命名实体示例如图 5.5 所示。

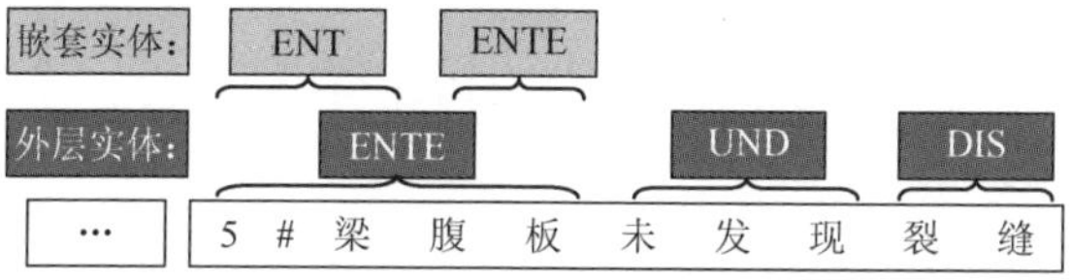

图 5.5　桥梁管养领域文本嵌套命名实体示例

示例文本“5#梁腹板未发现裂缝”中的外层实体包含“5#梁腹板”“未发现”“裂缝”，分别对应实体类型 ENTE、UND 和 DIS，其中，结构元素实体“5#梁腹板”嵌套有桥梁结构实体“5#梁”和结构元素实体“腹板”。由于桥梁管养领域文本嵌套实体的标注体系和方式与外层实体的标注体系和方式实质上是一致的，嵌套实体的标注规范与外层实体的标注规范基本上一致，在此不做赘述。但嵌套实体的标注规范与外层实体的标注规范仍存在差异，其差异在于外层实体的标注基础是对具有嵌套性的实体只标注最外层实体，而嵌套实体的标注基础需要对文本中的嵌套实体进行标注，并且以桥梁结构划分的最细粒度单元进行标注。值得一提的是，在标注语料库的形式上，桥梁管养领域文本外层命名实体语料库的标签列为一列，而桥梁管养领域文本嵌套命名实体语料库的标签列为两列，其第一列为外层实体的标签，第二列为嵌套实体的标签。

4. 标注方法与过程

在搜集的桥梁检测报告数据和制定的标注规范基础之上，考虑到桥梁管养领域文本描述的专业性，本书所构建的桥梁管养领域文本外层和嵌套命名实体语料库采用以人工标注为主、文本预处理和分词工具为辅的半自动方法。为了确保标注规范的准确性，以及实体标注的一致性，2 名从事桥梁养护工作的专业人员参与了标注体系和规范的建立、完善及一致性评价工作。与此同时，标注人员还包括 2 名桥梁工程专业硕士研究生、2 名计算机专业硕士研究生以及 8 名本科生，将 12 名标注人员平均分为两组进行语料的标注。整个标注过程分为如图 5.6 所示的四个阶段。

第一阶段主要完成数据收集工作，包括检测报告中关键章节文本抽取、相关网页内容抓取与整理、领域特性和问题分析、标注体系和规范的初稿制定等工作。

第二阶段主要完成检测报告文本预处理工作。首先，针对检测机构在报告撰写过程中存在的部分内容重复，以及部分原始检测文本中含有明显拼写错误、专业符号误用等实际问题，对相似性较高的部分内容进行了筛选，选择了具有代表性的文本作为标注语料数据，并修改了相应明显错误。然后，采用北京大学开源的 pkuseg 分词工具，在自定义领域词典的基础上，对筛选后文本进行了分词。标注人员只需在分词后文本的基础上进行人工修正和标注，可大幅度减少后续的工作量并提高标注的准确性，进而提升了标注语料库的构建效率。

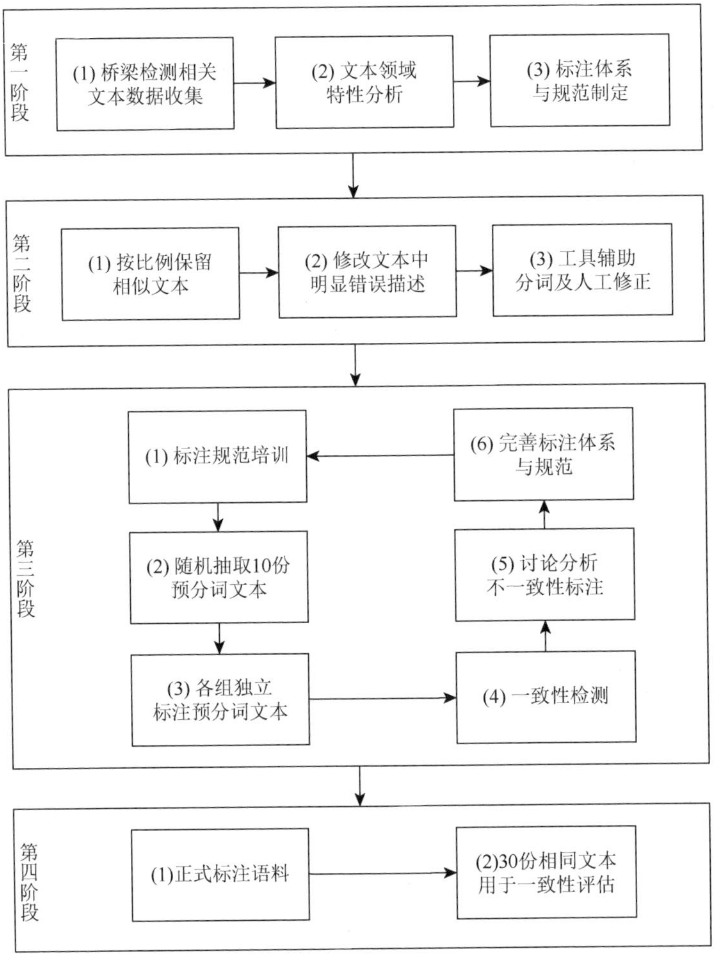

图 5.6　桥梁管养领域文本嵌套命名实体语料标注过程

第三阶段采用多次迭代的预标注模式，其原因是标注人员通过初始的培训并不能很好地掌握标注规范，在标注过程中难免会出现标注错误的情况。为了提升最终标注语料的一致性，在每轮迭代过程中，首先对两组成员进行培训，使得标注人员不断熟悉领域知识并逐渐掌握标注规范，然后从预处理好的文本中以无放回策略随机抽取 10 份，由两组标注人员分别标注相同文本数据并评测其标注结果的一致性。其次，通过对标注不一致问题的集中分析和研讨，不断完善标注体系与规范，并及时进行下一轮的预标注工作。在多轮预标注过程中，各实体类型的标注一致性不断提升，标注体系与规范逐渐完善，标注人员对标注体系与规范的理解和掌握程度也越来越高。最后，预标注语料中各实体类型的一致性 F1 值均超过 80%，表明标注数据具有较高的质量，可进行正式的语料库标注工作。

在第四阶段中，两个标注小组以所有预处理后的 150 份文本为基础，并按第三阶段所完善后的标注规范正式开展标注。最后选取了 30 份文本让两个小组共同标注，并以此为基准，评测最终的语料标注一致性。

1）标注一致性评价与分析

在对所构建语料库的一致性评价过程中，参照文献的标注一致性评价方法，对语料构建过程的第三阶段预标注结果和第四阶段最终标注语料的一致性进行评价。其一致性评价结果如表 5.2 所示。

表 5.2　语料库构建过程中各类型实体标注一致性评价

类型	第三阶段预标注轮数					最终
	1	2	3	4	5	
BRI	0.333	0.381	0.654	0.730	0.806	0.852
ENT	0.843	0.926	0.967	0.985	0.987	0.976
ENTE	0.789	0.920	0.956	0.963	0.971	0.972
ENTL	0.751	0.915	0.950	0.957	0.960	0.963
DIS	0.945	0.977	0.987	0.984	0.985	0.985
UND	0.750	0.915	0.950	0.946	0.953	0.952

在第三阶段预标注的多轮标注过程中，绝大部分实体类型的标注一致性逐轮提升，说明标注规范的迭代完善和对标注人员的培训起到了应有的效果。其中，BRI 类型的预标注一致性在一开始较低，主要是因为我国绝大多数桥梁名称是根据地点、结构形式、人文风景、设施编号等命名的，如“重庆长江大桥”“断桥”“放生桥”等，使得对实体边界的辨别带来较大的影响。不仅如此，在标注的检测报告文本数据中存在多种桥型，一定程度上对标注人员存在干扰。根据预标注第三轮标注结果的反馈，前三轮标注的 BRI 类型仅包含中文字符，而在预标注第四轮中出现了结合道路桩号命名的桥梁名称，如“K499 + 200 人行天桥”“K500 + 000

人行天桥”等，但部分标注人员忽视了道路桩号部分。ENT 和 DIS 类型的标注一致性在预标注的第一轮就达到了 0.843 和 0.945，是由于各个检测机构所撰写的定期检测报告均以《公路桥梁技术状况评定标准》（JTG/T H21—2011）等相关行业规范标准为基础，在结构构件和结构病害等方面具有较强的规范性。剩下的 ENTE、ENTL 和 UND 类型在预标注的第一轮到第二轮有明显的提升，是因为在首轮标注时，标注人员对这三类实体标注规范的理解有所欠缺，通过迭代方式对标注人员进行标注培训，该三类实体的标注一致性在预标注的第二轮就有了很大的提升。在最终形成的正式标注语料中，各实体类型一致性 F1 值均超过 80%的可信赖标注验证标准，表明语料库具有较高的标注质量。

2）标注语料库统计

在正式标注后桥梁管养领域命名实体语料库包含句子数为 13413，句子最长字数为 138 字。桥梁管养领域文本外层命名实体语料库中标注实体 173172 字，非实体 156636 字，同一句子中最多包含外层实体数为 28 个，最外层实体数为 0 个。标注总量上，所构建的外层语料库与中文电子病历语料库相当，具有较大规模性。桥梁管养领域外层命名实体各类型分布情况统计如表 5.3 所示。

表 5.3　公路桥梁定期检测命名实体语料库实体分布情况

类型	实体		实体首字符标签数量		实体其他字符标签数量	
	数量	占比/%	数量	占比/%	数量	占比/%
BRI	537	1.45	537	1.45	1570	1.15
ENT	13953	37.65	13953	37.65	60366	44.35
ENTE	6304	17.01	6304	17.01	31274	22.98
ENTL	1941	5.24	1941	5.24	13879	10.20
DIS	13134	35.44	13134	35.44	25251	18.55
UND	1192	3.22	1192	3.22	3778	2.78
全部	37061	—	37061	—	136118	—

注：占比数据总和不等于 100%，是因为对数据进行了舍入修约。

在桥梁管养领域文本外层命名实体语料库中，实体数量排在前三位的分别是 ENT、DIS 和 ENTE，各占实体总量的 37.65%、35.44%和 17.01%，BRI 的实体数量最少，仅占实体总量的 1.45%。结合数据准备阶段和检测报告文本特性分析发现，出现该情况的主要原因是数据准备阶段主要抽取了检测报告文本中的桥梁基本概况、检测结果和处置建议等内容，其中检测结构文本占文本抽取总量的比重较高，而检测结果基本上是在描述桥梁某构件是否存在某种病害情况。例如，“0#桥台前墙水渍，面积占 50%”“左侧护栏锈蚀”“2#板梁混凝土破损，面积 0.09m^2”“3-1-12#板式橡胶支座未见钢板外露”等。

由于所构建语料库在不考虑重叠性、嵌套性的前提下仅标注了最外层实体，而各类型实体长度等因素对实体边界和类型的识别有着重要的影响。因此，表 5.4 统计了各实体类型的最长字符数、最短字符数、平均字符数和最高频字。

表 5.4　所构建语料库各类型实体文本描述特点统计

类型	最长字符数	最短字符数	平均字符数	最高频字
BRI	11	2	4	桥
ENT	20	1	5	#
ENTE	19	2	6	#
ENTL	26	2	8	#
DIS	11	2	3	裂
UND	9	1	4	未

各类型实体的最长字符数和最短字符数相差较大，是由于语料库在标注的过程中不考虑重叠性、嵌套性，仅标注最外层实体。值得说明的是，在最短字符数方面，ENT 类型会存现“梁”“墩”等单字作为单独实体的情况，UND 类型中存在“未”单字单独标注的情况。在平均字符数方面，因 ENTL 类型最长字符数是所有实体类型中最大的，故其平均字符数也是最大的，长度达 8 个字符。在最高频字方面，BRI 类型是“桥”，其主要原因是 BRI 基本上以“桥”字作为结束字。ENT、ENTE 和 ENTL 的最高频字均为“#”，是由于“#”在公路桥梁定期检测报告中代表“号”，而报告中描述某构件时通常包含“#”，如“0#桥台”“2#墩”“3-4#空心板梁”等。DIS 和 UND 的最高频字分别是“裂”和“未”，是因为桥梁定期检测报告中的结构病害以“裂缝”“开裂”等包含“裂”字的病害词语为主，而标注为 UND 的最高文本为“未见明显病害”。

桥梁检测文本嵌套命名实体语料库中标注嵌套实体 66957 字，占标注外层实体字数的 38.7%，在同一句子中，最多包含 28 个嵌套实体，最少 0 个。如表 5.5 所示，嵌套实体的占比为桥梁检测文本的总实体数的 34.4%。此外，嵌套实体占外层实体数的比例高达 52.4%。这表明在整个桥梁管养领域文本中，超过一半的文本都包含嵌套实体。实体嵌套性在桥梁管养领域文本中非常普遍，具有重要的研究意义。

表 5.5　桥梁管养领域命名实体语料库中外层和嵌套实体的数量统计

实体类型	最外层实体数量	嵌套实体数量	总计
BRI	537	357	894
ENT	13953	8731	22684
ENTE	6304	6329	12633

续表

实体类型	最外层实体数量	嵌套实体数量	总计
ENTL	1941	446	2387
DIS	13134	3558	16692
UND	1192	0	1192
全部	37061	19420	56481

另外，统计桥梁管养领域文本外层和嵌套实体的最长字符数、最短字符数和平均字符数，以比较桥梁管养领域文本外层和嵌套实体在字符级别的差异，如表 5.6 所示。最后，将桥梁管养领域文本嵌套实体语料库按 8∶1∶1 的比例将其划分为训练集、验证集和测试集，并分别统计所含的外层实体数量和嵌套实体数量，统计结果如表 5.7 所示。从统计结果可以看出，仅 ENTL 和 DIS 两类实体的嵌套数量占比没有超过外层实体的 30%，其余实体的数量均超过 50%，ENTE 嵌套实体的占比更是超 90%，进一步说明在桥梁管养领域文本中，大量嵌套实体的类型是 ENT 或 ENTE，符合桥梁检测文本的领域特性。

表 5.6 桥梁管养领域命名实体语料库中外层和嵌套实体的属性统计

实体类型	最长字符数		最短字符数		平均字符数	
	外层	嵌套	外层	嵌套	外层	嵌套
BRI	11	7	2	2	4	3
ENT	20	14	1	1	5	4
ENTE	19	10	2	2	6	3
ENTL	26	9	2	2	8	4
DIS	11	7	2	2	3	2
UND	9	0	1	0	4	0

表 5.7 桥梁管养领域命名实体语料库的训练集、验证集和测试集中的实体数量统计

实体类型	训练集		验证集		测试集		总数
	外层	嵌套	外层	嵌套	外层	嵌套	
BRI	470	337	51	16	16	4	894
ENT	11101	6497	1176	1110	1676	1124	22684
ENTE	5199	5191	473	574	632	564	12633
ENTL	1483	331	294	77	164	38	2387
DIS	10286	2971	1333	343	1515	243	16691
UND	1032	0	120	0	40	0	1192
全部	29571	15327	3447	2120	4043	1973	56481

综上所述，桥梁管养领域文本外层和嵌套命名实体语料库符合业界文本信息抽取语料构建的标准，在桥梁管养智能化管理文本信息抽取领域具有适用性，可为相关研究提供数据支撑。

5.2.3 桥梁管养领域实体关系抽取语料库构建

1. 数据收集

桥梁管养领域文本实体关系数据集是在已构建的桥梁管养领域文本命名实体语料库基础之上进一步标注形成的。由于实体关系的标注工作是逐次递进的，只有保证了命名实体无误，才能确保其相应关系标注的准确性，而在桥梁管养领域文本命名实体语料构建环节，每类及其每个实体都得到了较为准确的划分，也进一步为构造实体关系抽取语料库提供了可靠的保证。

2. 标注体系及过程

在分析了桥梁检测报告文本特性和参照已构建的桥梁管养领域文本嵌套命名实体语料库的基础上，将桥梁管养领域文本实体关系分为五种，分别是包含实体关系（has_entity）、包含实体元素关系（has_element）、存在病害关系（has_damage）、位于关系（located）和否定关系（negative）。由于目前主流的文本实体关系抽取数据集以三元组（[头实体，关系，尾实体]）的形式来进行描述，可较为方便地区分实体是头部实体还是尾部实体，然而，已构建的桥梁管养领域文本嵌套命名实体语料库是基于序列标注的，为总体上统一标注体系和过程，以桥梁管养领域文本嵌套实体标注相同的过程，采用序列标注的方式进行实体关系的标注。同时，为有效区分实体是头部实体还是尾部实体，在标注的各关系前加上 H（Head）或 T（Tail），分别表示该实体是头部实体还是尾部实体[12]。桥梁管养领域实体的关系标签设置如表 5.8 所示。

表 5.8　桥梁管养领域实体的关系标签设置

关系类型	标签
has_entity	H-has_entity，T-has_entity
has_element	H-has_element，T-has_element
has_damage	H-has_damage，T-has_damage
located	H-located，T-located
negative	H-negative，T-negative

需要说明的是，桥梁管养领域文本实体关系语料库是在桥梁管养领域文本嵌套实体语料库的基础上进行标注的，分析其句子发现，同一句子中所有实体之间的关系层数最多是 4。为尽可能标注出同一句子中的所有关系，将所要构建的桥梁管养领域文本实体关系语料库的标签层数设置为4，同时规定同一句话的每一层标签仅能包含一组实体关系，即头部实体、关系和尾部实体，其余文本均标注为“O”。除此之外，不再标注包含 ENTL 类型实体的关系，主要原因是 ENTL 描述的结构位置实体是某一个 ENT 或者 ENTE 的空间位置描述信息，而实体关系主要表达的是实体与实体之间的强关联关系，不表达空间位置关系，具体标注规范如下。

1）包含实体关系（has_entity）

包含实体关系是针对 BRI 和 ENT 实体而言，按桥梁结构层次中的“整体-部分”关系来进行定义。例如，“XXX 大桥共计 120 片板梁”中，头部实体“XXX 大桥”和尾部实体“板梁”之间存在“has_entity”的关系；“上部结构包含空心板梁和支座”中，头实体“上部结构”和两个尾实体“空心板梁”“支座”分别有“has_entity”的关系。

2）包含实体元素关系（has_element）

包含实体元素关系是指在桥梁管养领域文本实体关系三元组中以 ENTE 为尾实体的关系，通常其头部实体是 ENT 或 ENTE。例如，“3-1#空心板梁右侧腹板存在 1 条纵向裂缝”中的尾部实体“右侧腹板”就是 ENTE 类型，它与 ENT 类型的头实体“3-1#空心板梁”之间有“has_element”的关系。

3）存在病害关系（has_damage）

存在病害关系是桥梁检测报告文本中描述桥梁及其构件与结构病害、缺陷等之间存在的一种关系。例如，示例“3-1#空心板梁右侧腹板存在 1 条纵向裂缝”中，头实体“右侧腹板”与尾实体“纵向裂缝”就有“has_damage”关系；又如，“3-2#空心板梁距离 3#墩柱 2m 处，横向裂缝，长 0.5m，宽 0.5cm”中，实际表达的是头部实体“3-2#空心板梁”与尾部实体“横向裂缝”之间的“has_damage”关系。

4）位于关系（located）

位于关系主要描述的是 DIS 实体位于桥梁及其构件上，一定程度上可看成与 has_damage 关系互为逆关系，located 关系的头部实体为 DIS，而 has_damage 关系的尾部实体是 DIS。例如，“经检查，渗水出现在 2#梁下方裂缝处”中，头部实体“渗水”和尾部实体“2#梁”就描述为“[渗水，located，2#梁]”。

5）否定关系（negative）

否定关系是描述构件设置或者构件病害的否定关系。例如，“XXX 大桥未设置防护栏”和“桥台未见明显病害”中的实体关系表示为“[XXX 大桥，negative，防护栏]”和“[桥台，negative，未见明显病害]”。

3. 标注语料库统计

在桥梁管养领域文本实体关系语料正式标注完成后，对其各关系类型的数量进行了统计，具体统计情况如表 5.9 所示。

表 5.9　桥梁管养领域实体关系语料库的关系数量统计

关系类型	标签
has_entity	1149
has_element	2395
has_damage	8614
located	2438
negative	192
总计	14788

在桥梁管养领域文本实体关系语料中，has_damage 关系的数量最多，达到了 8614，占到了关系总数量的 58%，而 negative 关系的数量最少，仅超过关系总数量的 1%，结合桥梁管养领域文本特性和数据准备可知，在桥梁管养领域文本中大部分内容均在表述桥梁及其各构件是否存在病害，对不存在病害的桥梁构件描述较少，并且大部分桥梁的构件较为完整，因此实体关系数据集中描述病害关系的数量最多，而否定描述关系最少，比较符合实际情况。除此之外，has_entity 和 has_element 关系数量分别是 1149 和 2395，是因为在标注数据中描述桥梁包含结构实体的句子相对较少，并且结构实体之间的嵌套也明显少于结构实体与结构元素实体之间的嵌套，进而导致 has_element 关系的数量是 has_entity 关系数量的近两倍。还可以发现，located 关系与 has_element 关系数量相当，分析数据集后发现，绝大部分 located 的关系均描述病害发生在某结构元素实体上。综上所述，实体关系语料库中各关系数量的统计结果符合实际情况，可为桥梁管养领域文本实体关系抽取研究做数据支撑。

5.2.4　桥梁管养领域问答数据构建

1. 标注规范

拟构建的桥梁管养领域数据集中的问题由桥梁工程专家完全注释，在注释之前，首先需要评估段落的适当性，对文本片段标注时应用了以下规则：

（1）为了进一步清理数据，标注员仅采集桥梁管养报告中的文字内容，忽略图片、表格、项目符号和链接等内容。段落内容主要从桥梁基础状况、桥梁结构病害以及桥梁结构病害原因和建议中抽取。

（2）每座桥梁的检测报告可以抽取 5～10 个有效段落，篇章长度适中，一般要求高于 50 字低于 500 字，文本数据过长需要人工进行分段处理，过短可人为进行段落组合。

（3）必须满足语言通顺、句子完整。段落内容有桥梁管养领域实用价值，即有提取意义。统一和替换许多特殊字符，如“$w=$”“$L=$”分别替换成“宽度为”“长度为”等术语，删除明显错误以及重复的段落。在提取出段落文本之后就可以根据段落文本内容对问题和答案进行标注，标注者将阅读该段落并根据段落内容和篇幅询问问题并在标注系统中提交初级答案。在问题答案标注期间，应用以下规则：①标注员被要求阅读整篇文章然后生成 5～15 个问题。答案必须是段落中的一个连续跨度以满足任务定义，过长答案的问题（如超过 100 个字符）将直接被丢弃。②鼓励问题询问的多样性，包括询问方式和询问内容以接近人类在桥梁管养领域真实问答的场景，避免使用原文内容进行提问，尽量使用自己的话转述，且尽量满足桥梁工程实际需求。③标记答案时要求选择段落中可回答问题的最短跨度。为了防止一个段落中出现多次正确答案，要求标注员进行标注时对答案出现的确切位置进行标记，本书只需记录答案的起始位置。

2. 标注过程

在获得大量桥梁检测报告电子文本数据的基础上，根据不同的任务大致可以分为三个不同的构建阶段。由于该语料涉及许多专业词汇和行文规范，为了确保标注质量，标注人员包括 2 名从事桥梁管养的专业人员全程参与本书数据集的构建工作。与此同时，2 名桥梁工程专业硕士研究生、6 名计算机硕士研究生也参与了标注规范的制定和标注系统的构建，将 10 名标注人员平均分为两组进行数据标注任务[13]。标注工作以人工为主，标注系统为辅。面向桥梁管养领域的机器阅读理解数据集的构建流程如图 5.7 所示。

从图 5.7 中可以看出，本书数据集构建过程总共分为三个阶段，其中第一阶段主要为数据的准备工作，从桥梁管养单位搜集可用的桥梁检测报告，对其中可能存在的重复内容以及明显错误的内容进行修改和筛选，最后对可用的桥梁检测报告进行领域文本特性分析。根据前几个步骤对该数据集的标注工作进行相应规范的制定。第二阶段主要为标注的预准备工作，按照抽取任务目标和要求构建及完善标注系统，设置相应的系统提示规则。对标注人员进行专业培训以及独立分组进行预标注任务。第三阶段若发现不同的标注人员对同一标注文本存在较大的标注分歧，则需要对标注规范重新进行讨论并修改，实际标注时每隔一段时间随机抽取 5 份数据由不同的组进行独立标注，并对其进行一致性检验，直到后期随着标注人员的熟练掌握，标注一致性也得到提升，逐渐减少一致性检验次数，从而提高标注效率。通过分析预标注阶段存在的问题分析原因，对标注规范和系统进行补充完善等。然后开始进行正式标注，直到数据集构建完成。

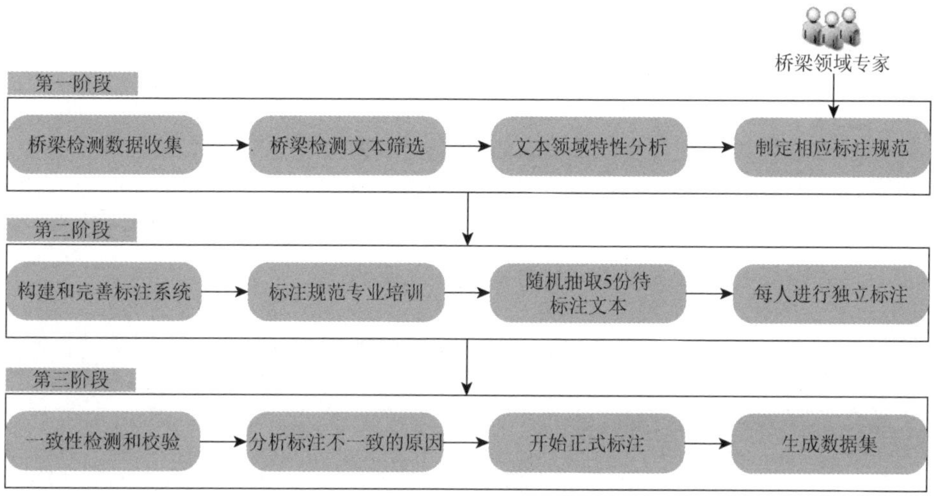

图 5.7　桥梁管养领域机器阅读理解数据集构建过程

3. 标注结果

本研究最终构建的桥梁管养领域机器阅读理解数据集参照中文公共领域数据集 CMRC2018 格式，数据集以 json 分层格式存储。数据集内容框架如图 5.8 所示。

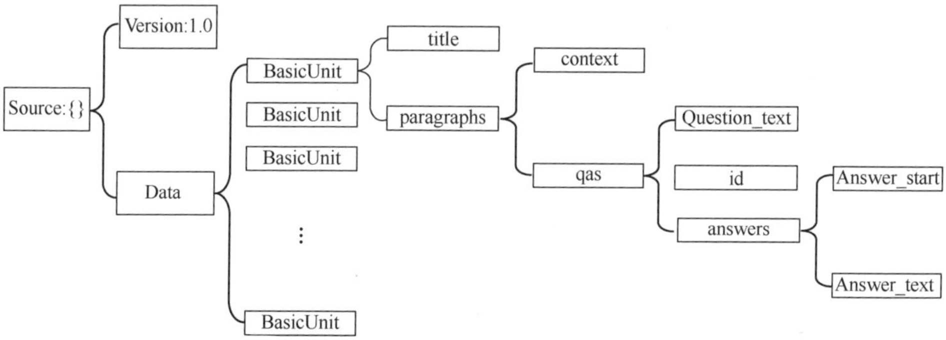

图 5.8　桥梁管养领域机器阅读理解数据集内容框架

数据集首先分为两个单元，分别记录了版本号（Version）和所有的桥梁管养领域文本基本单元（BasicUnit），每个基本单元包括桥梁名称（title）和每个篇章的基本信息（paragraphs），包括文本篇章（context）以及问答信息（qas）。其中，qas 里包含了问题文本（Question_text）、每个问题的 ID 号（id），以及问题对应的答案在篇章中的开始位置（Answer_start）和答案文本（Answer_text）。

表 5.10 展示了桥梁管养问答数据集内容中的某一个段落的片段文本内容以及部分的问题和答案。出于对隐私的保护，展示的部分关键信息用 x 进行脱敏处理。抽取的答案为原文中横向标记的文本片段。表中内容展示的是桥梁管养领域阅读理解数据集中的基础概况和病害建议类文本问题答案设置示例，通常基础概况的问题设置与公共领域有较多的重合，在本书结合桥梁管养领域实际需求可能会涉及桥梁修建、检测时间，桥梁长度等客观的事实性问题，且需要推理的内容比较少。但是对于病害原因或者维修建议等问题，在桥梁检测报告中的形式多样，内容复杂，是桥梁管养领域机器阅读理解的一大难点。

表 5.10　BIQA　数据集示例

段落文本题目：xxx 桥
xxx 桥位于 xx 市 xx 县，地处 xxx 路段，桥梁中心桩号 K1977 + 248，建于 1975 年。该桥全长 19m，全宽 8.5m，其横向布置为 0.7m（护栏）+ 7.6m（行车道）+ 0.7m（护栏），上部构造净跨为 8m 的半圆石拱桥。下部结构为 U 形重力式桥台，桥面铺装采用沥青混凝土，在两侧栏杆内侧新增防撞护栏。设计荷载：汽车-15 级。主拱圈石料纵斜向开裂 18 条，集中在两侧拱座，拱脚附近。纵向裂缝的产生原因可能是：①横向弯曲应力较大，石砌拱桥横向整体性不好；②基础不均匀沉降，墩台变位，会造成拱圈受力不均产生裂缝；③砌缝强度比石料强度低，更易开裂。建议：综合主拱圈石料开裂和勾缝开裂病害，本桥纵向裂缝数量多，病害较为严重，建议在拱脚附近采用套箍梁方法加固。建议对病害进行专门检查，并委托专业设计单位尽快进行维修处置。加固前对现有交通进行控制。
Q1：“xxx 桥修建于哪年？” A1：“1975 年” Q2：“主拱圈有什么病害？” A2：“石料纵斜向开裂 18 条” Q3：“对主拱圈石料开裂和勾缝开裂的维修建议？” A3：“建议在拱脚附近采用套箍梁方法加固”

5.3　应用案例

5.3.1　桥梁管养领域命名实体识别

1. 模型总体架构

面向桥梁管养领域文本信息抽取中的命名实体识别任务，提出以 BERT-MRC 模型为主干的先验信息增强的机器阅读理解（MRC）模型，模型的总体架构如图 5.9 所示。

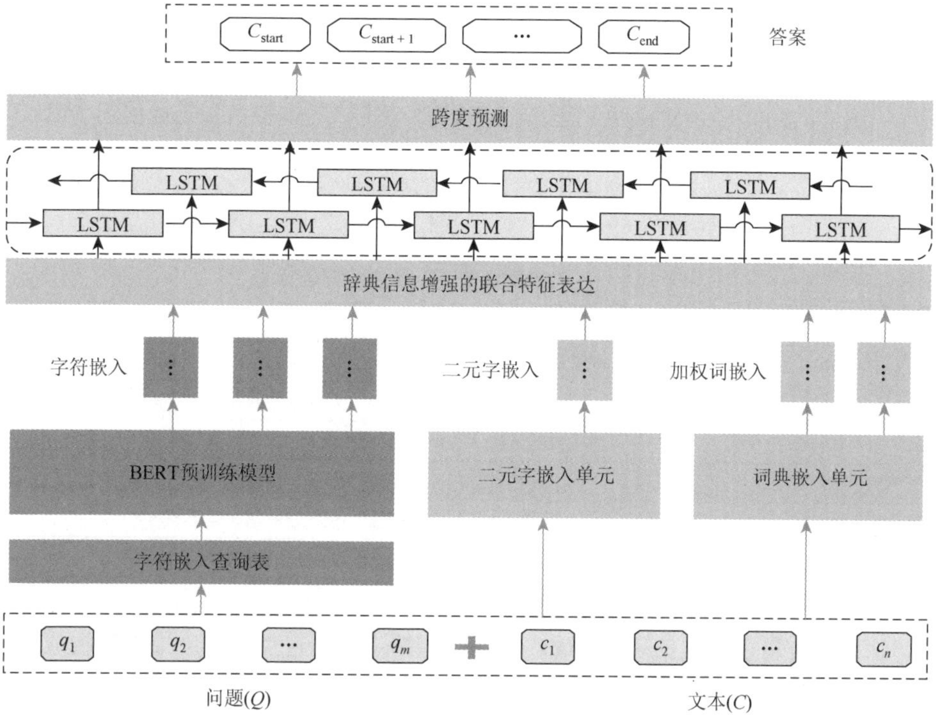

图 5.9　先验信息增强的 MRC 式桥梁管养领域命名实体识别模型总体架构

首先，该模型以桥梁管养领域文本的字符作为基本输入单元，同时还将包含先验信息的预定义问题文本内容一同作为模型的输入，并通过预训练好的 BERT 模型将输入的每个字符转换成模型可编码的向量。接着，从模型的二元字嵌入（bigram embedding）单元和词嵌入单元分别引入由大量文本数据所训练的包含先验信息的二元字嵌入和词嵌入，形成以 BERT 模型的输出、二元字嵌入和词嵌入的辞典信息增强联合特征表达。针对领域性强的桥梁检测报告文本而言，二元字嵌入和词嵌入的引入，增强了原 BERT-MRC 模型的特性学习能力。然后，将辞典信息增强的联合特征表达进一步输入 BiLSTM 模型进行编码，提取更加丰富的上下文双向特征信息。最后，对 BiLSTM 模型的输出进行跨度预测，即计算字符作为开始索引和结束索引的概率，以及整个实体跨度的概率，进而得到最后的预测输出[14]。

2. 数据生成

为了使模型能够提取到更加丰富的语义信息，将包含先验信息的 MRC 问题内容和桥梁检测报告文本内容共同作为模型的输入，其中，先验信息是指样本试验之前获得的经验或历史资料。简单来说，以人类本身举例，当某人试着去理解某事物时，若在此之前有了解过该事物的介绍或描述，那么其将在提高对该事物的理解速度的同时提升对该事物理解的准确性。针对具体的包含先验信息 MRC 问题的设置，在桥梁管养领域命名实体识别语料库基础之上，面向六大实体类别，设置包含先验信息的 MRC 问题，如表 5.11 所示。

表 5.11　各实体类别的 MRC 先验问题设置

实体类型	问题
BRI	根据地点、形状、风水、人文、设施编号等所命名的桥梁名称
ENT	桥梁上部结构、下部结构、桥面系中的各结构形式部件
ENTE	桥梁上部结构、下部结构、桥面系中各结构形式部件的子部件
ENTL	由桥梁结构中各结构部件与其子部件所定位的位置
DIS	桥梁各构件出现的裂缝、侵蚀、变形、露筋等病害
UND	否定描述或者不存在桥梁病害

除了设置包含先验信息的 MRC 问题是数据生成的重点之外，数据的构成形式同样十分重要。通常来说，MRC 的数据构成形式是包含文本、问题和答案的三元组，即（文本，问题，答案），但值得一提的是，这样的三元组一般其文本、问题或答案都不尽相同，三元组中的问题设置范围较大。而对于桥梁管养领域，由于其领域特性定义出了六大实体类别，各类别均对应唯一一个包含该类别先验信息的 MRC 问题。因此，桥梁管养领域的 MRC 文本数据集中只会存在预定义的六个 MRC 问题。

对于命名实体识别模型，输入的一个样本就是桥梁检测报告文本中的一句话和对应的问题，但一句话可能提及了多个不同类型的实体。为解决这个问题，在数据生成阶段，将 5.2.2 节已构建的桥梁管养领域文本外层和嵌套命名实体识别语料库中的每一句话分别与六个预定义先验信息问题进行逐一配对，并同时标注出相应的实体类别、实体开始位置、实体结束位置和实体跨度，形式如（文本，问题，实体类别，实体开始位置，实体结束位置，实体跨度）。值得说明的是，该种数据构成形式不仅解决了同一句话提及多个不同类型实体的问题，还同时产生了较多答案为空的样本数据，扩充了试验数据样本，并且由于存在实体开始位置、实体结束位置和实体跨度，模型能对编码层输出的特征信息进行充分的解码，提高了模型训练的各项指标。

3. 先验信息增强的模型输入

模型的输入包含先验信息的 MRC 问题和数据文本两部分。首先，将 MRC 问题序列化表示为$Q=[q_1,q_2,\cdots,q_m]$，其中q_i表示 MRC 问题文本中的第i个字符。同理，将数据文本序列化表示为$C=[c_1,c_2,\cdots,c_n]$，其中c_i表示数据文本中的第i个字符。然后，将 MRC 问题和数据文本串联起来，以$X=[x_1,x_2,\cdots,x_l]$表示，其中$x_i\in Q\cup C$且$l=m+n$。最后，在输入 BERT 文本预训练模型之前，通过查找字符嵌入表(w^c)操作，得到可输入 BERT 模型的向量矩阵$E=\left[x_1^c,x_2^c,\cdots,x_l^c\right]\in\mathbb{R}^{l\times d}$，其中$x_i^c=w^c(x_i)$表示字符$x_i$在字符嵌入表中的向量表示，$d$表示字符嵌入表中的每个字符向量的维度。

由于 BERT 预训练模型针对中文而言仅支持字符级别的输入，将得到的初始向量矩阵E作为 BERT 预训练模型的输入，BERT 模型可对其进行位置编码的同时采用多头注意力（multi-head attention）机制提取更加准确的上下文相关语义信息，通过如此微小的调整，使得通过 BERT 预训练模型训练调整输出的字符级向量表征更加适用于桥梁检测报告文本的语境。通过公式输出 BERT 预训练模型训练字符级向量表征：

$$x_i^{\text{bert}}=w^{\text{bert}}\left(x_i^c\right)\tag{5.1}$$

由于对x_i^{bert}仅提取上下文字符级别的特征，为了模型能提取到更加丰富的语义特征，有针对性地引入了外部辞典信息以增强模型输入的特征表达，即引入由大规模语料训练的二元字嵌入单元和加权词嵌入（weighted word embedding）单元。

二元字嵌入单元的引入很好地应对了由同一字符所组成的不同实体的语义表征问题。在桥梁管养领域中，存在大量由两个字符组成的实体表达，如“桥墩”“桥台”“墩台”“台帽”“台身”等，并且不难发现大部分由两个字符组成的实体中通常包含同一个字符，如“桥”“墩”“台”等，虽然是同一个字符，但在不同实体中所表达的语义信息不尽相同。因此，通过式（5.2）将输入的字符嵌入转换为二元字嵌入表达，以增强输入数据在实体和非实体上的语义表达，其中w^b表示二元字嵌入表。

$$x_i^b=w^b(x_i,x_{i+1})\tag{5.2}$$

加权词嵌入单元与二元字嵌入单元有所不同，其与 SoftLexicon 方法一致，对于模型输入序列中的每一个字符x_i，在所给定的外部辞典$\mathbb{D}$的基础之上，分别构造B、M、E、S四个集合，具体构造规则如式（5.3）所示：

$$\begin{gathered}B(x_i)=\{w_{i,k},\forall w_{i,k}\in\mathbb{D},i<k\leqslant n\}\\M(x_i)=\{w_{j,k},\forall w_{j,k}\in\mathbb{D},1\leqslant j<i<k\leqslant n\}\\E(x_i)=\{w_{j,i},\forall w_{j,i}\in\mathbb{D},1\leqslant j<i\}\\S(x_i)=\{x_i,\exists x_i\in\mathbb{D}\}\end{gathered}\tag{5.3}$$

其中，$w_{i,k}$为输入序列X中的一个子序列$[x_i,x_{i+1},\cdots,x_k]$；$B(x_i)$表示辞典$\mathbb{D}$匹配出

的子序列 $w_{i,k}$ 的开始字符；$M(x_i)$ 表示辞典 $\mathbb{D}$ 匹配出的子序列 $w_{i,k}$ 的中间字符；$E(x_i)$ 表示辞典 $\mathbb{D}$ 匹配出的子序列 $w_{i,k}$ 的结束字符；$S(x_i)$ 为在辞典 $\mathbb{D}$ 中匹配到的当前字符。若四个集合中存在匹配为空的情况，则使用单词“NONE”进行填充。匹配示例如图 5.10 所示。值得一提的是，该方法不仅可以很好地引入辞典中的词嵌入，还因其匹配结果可以从四个字符集合中准确地复原，因此不存在上下文信息丢失。

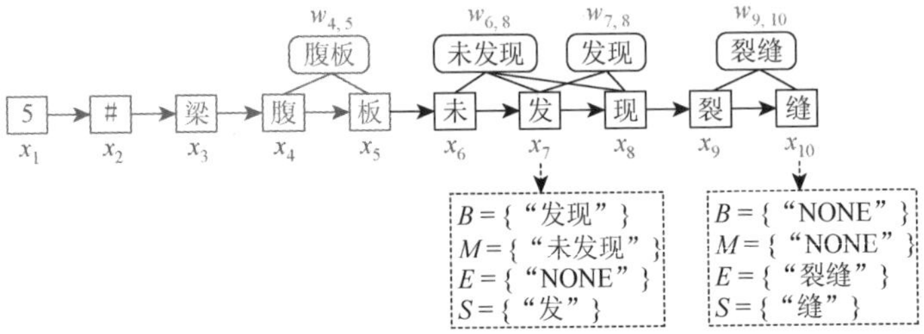

图 5.10　SoftLexicon 方法匹配示例

为了有效利用更多的词信息，引入一种加权算法来计算得到词集合 D 的加权表示，如式（5.4）所示：

$$v^s(D)=\frac{4}{z}\sum_{w\in\mathbb{D}}z(w)\omega^{\text{word}}(w) \tag{5.4}$$

其中，$z(w)$ 为词汇 w 在辞典 $\mathbb{D}$ 中出现的频率；$\omega^{\text{word}}(w)$ 为在词嵌入表中找到的词汇 w 的词嵌入表示；z 为词频的集合，即 $z=\sum_{w\in B\cup M\cup E\cup S}z(w)$。需要说明的是，加权算法并没有采用像注意力机制这样的动态加权算法，而采用词汇出现的频率这一静态值，是因为词汇出现的频率可以预先进行统计得到，可大大加快计算每个词汇的权重速度。

为尽可能多地保留词汇的表示信息，通过公式，将四个词汇集合的嵌入表示串联起来组合表示成一个联合表示：

$$x_i^{\text{lex}}=[V^s(B);V^s(M);V^s(E);V^s(S)] \tag{5.5}$$

最后，将 BERT 模型训练调整的字符级输出 x_i^{bert}、二元字嵌入单元输出 x_i^b 和加权词嵌入单元输出 x_i^{lex} 拼接起来，形成最终的模型输入 x_i^{emb}，如下所示：

$$x_i^{\text{emb}}=\left[x_i^{\text{bert}},x_i^b,x_i^{\text{lex}}\right] \tag{5.6}$$

4. 特征编码

LSTM 神经网络在 20 世纪末被提出，它是在 RNN 的基础上改进的模型，通过添加“门”机制较好地优化了 RNN 在传播过程中由于信息累积所导致的梯度消失或梯度爆炸问题，可对上下文中的重要信息进行长期“记忆”。LSTM 神经网络在每一时间步长 t 具体的计算过程如下所示：

$$
\begin{aligned}
f_t &= \sigma(w_f x_t + w_f h_{t-1} + b_f) \\
i_t &= \sigma(w_i x_t + w_i h_{t-1} + b_i) \\
o_t &= \sigma(w_o x_t + w_o h_{t-1} + b_o) \\
\tilde{c}_t &= \tanh(w_c x_t + w_c h_{t-1} + b_c) \\
c_t &= f_t \odot c_{t-1} + i_t \odot \tilde{c}_t \\
h_t &= o_t \odot \tanh(c_t)
\end{aligned}
\tag{5.7}
$$

其中，$\odot$ 代表 Hadamard 乘积；f_t、i_t、o_t 分别为 LSTM 神经网络的遗忘门、输入门和输出门；c_t 为记忆单元；h_t 为当前时刻隐藏层的输出；σ 为 Sigmoid 函数；tanh 为双曲正切函数；w_f、w_i、w_o 分别是遗忘门、输入门和输出门的可训练权重矩阵；b_f、b_i、b_o 为对应的偏置项；x_t 为辞典信息增强的联合特征表达 x_i^{emb}。

值得一提的是，单向的 LSTM 神经网络往往只考虑了当前输入序列的前序或者后序信息，无法充分获取到当前序列前后两个方向上的信息。因此，在特征编码阶段采用 BiLSTM 神经网络模型，其由前向 LSTM 神经网络和后向 LSTM 神经网络两个模块组成，能够从向前和向后两个方向提取输入序列的上下文信息，以利用到过去时刻和未来时刻的信息，使得预测效果更加准确。BiLSTM 神经网络中的前向 LSTM 神经网络和后向 LSTM 神经网络的异同在于它们的编码方向不同而计算方法相同，前向 LSTM 神经网络的编码方向由前向后进行，后向 LSTM 神经网络的编码方向由后向前进行。此外，LSTM 神经网络通过主要的三个“门”单元和一个记忆单元的组合运算，可及时调整运算过程中的遗忘率和学习率并控制信息有效地传递给下一时刻，使得记忆单元能够获取距离较远的上下文信息，解决长时依赖问题。

BiLSTM 神经网络的输出包含前向 LSTM 神经网络的隐藏层输出和后向 LSTM 神经网络的隐藏层输出，本节将前向 LSTM 神经网络的隐藏层输出表示为 h_t^f，将后向 LSTM 神经网络的隐藏层输出表示为 h_t^b，并将两个输出值进行有效的拼接得到整个模型的隐藏层输出 $h_t = \left[h_t^f ; h_t^b\right]$。

5. 基于字符概率和实体跨度的联合预测

基于字符概率和实体跨度的联合预测策略被运用到了阅读理解模型中。其中，字符概率的预测包含两个部分：一个是预测输入文本序列中的每个字符是否为相关实体开始字符的概率；另一个是预测输入文本序列中的每个字符是否为相关实体结束字符的概率。字符概率的预测允许输出多个开始或者结束的字符概率，有利于找出输入文本的所有相关实体。除此之外，在输入模型的文本中可能存在多个相同类别的实体，那么就存在预测出多个字符为多个实体的开始字符或者结束字符，简单匹配就近的开始字符和结束字符组成实体是有误的，主要原因是输入文本中可能存在嵌套实体。因此，引入实体跨度预测，使其拟合正确实体所对应的开始字符和结束字符，可以解决输入文本中存在的实体嵌套问题。

将 BiLSTM 神经网络提取到的上下文特征输出 $E^l=[h_1,h_2,\cdots,h_l]$ 作为字符概率和实体跨度联合预测模块的输入，并通过式（5.8）分别计算输入文本每个字符为开始索引和结束索引的预测概率。其中，P_{start}、P_{end} 分别为输入文本的每个字符为相关实体开始索引和结束索引的概率分布，$T_{\text{start}},T_{\text{end}}\in\mathbb{R}$ 分别是它们的可训练权重矩阵。

$$
\begin{aligned}
P_{\text{start}} &= \text{Softmax}\left(E^l\cdot T_{\text{start}}\right)\in\mathbb{R}^{n\times 2}\\
P_{\text{end}} &= \text{Softmax}\left(E^l\cdot T_{\text{end}}\right)\in\mathbb{R}^{n\times 2}
\end{aligned}
\tag{5.8}
$$

在计算出 P_{start} 、P_{end} 的基础上，执行如式（5.9）所示的匹配操作，以获得预测的相关实体的开始索引和结束索引。其中，i 、j 表示矩阵 E^l 中的第 i 行和第 j 行。

$$
\begin{aligned}
\text{Index}_{\text{start}} &= \left\{i \middle| \arg\max\left(P_{\text{start}}^{(i)}\right)=1, i=1,2,\cdots,n\right\}\\
\text{Index}_{\text{end}} &= \left\{j \middle| \arg\max\left(P_{\text{end}}^{(j)}\right)=1, j=1,2,\cdots,n\right\}
\end{aligned}
\tag{5.9}
$$

对于给定的任意开始索引 $i\in\text{Index}_{\text{start}}$ 和结束索引 $j\in\text{Index}_{\text{end}}$ ，训练一个二分类模型来预测它们应该匹配的概率。如式（5.10）所示，其中，$m\in\mathbb{R}$ 是可训练的权重矩阵。

$$
P_{\text{start,end}}^{(i,j)} = \text{Sigmoid}\left(m\cdot\text{concat}\left(E_{\text{start}}^{(i)},E_{\text{end}}^{(j)}\right)\right)
\tag{5.10}
$$

在得到字符预测概率分布和实体跨度预测值的基础之上，定义模型的目标函数，即计算模型的损失值，以进一步拟合整体模型。目标函数如式（5.11）所示：

$$
\begin{aligned}
\mathcal{L} &= \alpha\mathcal{L}_{\text{start}}+\beta\mathcal{L}_{\text{end}}+\gamma\mathcal{L}_{\text{span}}\\
\mathcal{L}_{\text{start}} &= \text{CrossEntropy}(P_{\text{start}},Y_{\text{start}})\\
\mathcal{L}_{\text{end}} &= \text{CrossEntropy}(P_{\text{end}},Y_{\text{end}})\\
\mathcal{L}_{\text{span}} &= \text{CrossEntropy}\left(P_{\text{start,end}}^{(i,j)},Y_{\text{start,end}}\right)
\end{aligned}
\tag{5.11}
$$

其中，$\mathcal{L}$ 为模型需要最小化的总体训练目标，它是由 $\mathcal{L}_{\text{start}}$ 、$\mathcal{L}_{\text{end}}$ 和 $\mathcal{L}_{\text{span}}$ 三个损失以端到端的方式联合训练得到的结果；$\alpha,\beta,\gamma\in[0,1]$ 是控制总体训练目标的权重超参数；Y_{start} 、Y_{end} 和 $Y_{\text{start,end}}$ 分别对应相应实体的开始字符索引、结束字符索引和实体跨度的真实标签。

6. 模型效果分析

评价指标选择了自然语言处理领域被广泛认可的精确率（P）、召回率（R）和 F1 值。为验证模型的优越性，选择了当前命名实体识别领域比较有代表性的模型进行试验对比。针对最外层命名实体识别，选择的序列标注模型包括 CNN-CRF、BiLSTM-CRF、BERT-BiLSTM-CRF 和 Lattice-LSTM。其中，CNN-CRF 和 BiLSTM-CRF 以上下文无关向量作为模型的输入，BERT-BiLSTM-CRF 在 BiLSTM-CRF 的基础上使用了 BERT 模型来实现上下文的感知表示，Lattice-LSTM 是一种将文本的字词内容相结合的中文命名实体识别模型。针对嵌套命名实体识别，由于大多数嵌套命名实体识别模型不支持中文的嵌套命名实体识别，在数据集下无法运行，因此选择了基于超图的嵌套神经网络模型 BiF1aG 和神经分层模型 Layered-BiLSTM-CRF。除此之外，还选择了 BERT-MRC 模型作为最外层和嵌套实体识别的对比模型，因其能同时进行最外层和嵌套实体的识别，利于验证所提模型的优越性。试验结果如表 5.12 和表 5.13 所示。

表 5.12　桥梁管养领域外层实体识别试验结果　（单位：%）

标注类型	模型名称	*P*	*R*	F1
序列标注	CNN-CRF	87.48	93.09	90.20
	BiLSTM-CRF	97.01	96.25	96.63
	BERT-BiLSTM-CRF	97.71	97.26	97.48
	Lattice-LSTM	**98.58**	97.31	97.94
MRC	BERT-MRC	98.45	97.60	98.02
	Our model	98.46	**98.54**	**98.50**

表 5.13　桥梁管养领域嵌套实体识别试验结果　（单位：%）

模型名称	*P*	*R*	F1
BiFIaG	＜50.00	＜50.00	＜50.00
Layered-BiLSTM-CRF	77.10	59.07	66.89
BERT-MRC	93.13	94.87	93.99
Our model	**94.65**	**96.02**	**95.33**

如表 5.12 所示，在桥梁管养领域文本外层实体识别试验结果中，CNN-CRF 模型的性能相对最低，F1 值仅为 90.20%。与 CNN-CRF 相比，BiLSTM-CRF 模型的效果有较大的提升，主要原因是 BiLSTM-CRF 不仅可以像 CNN-CRF 一样提取特征，还能对输入的文本序列进行双向特征提取，对桥梁管养领域文本有更好的上下文表征能力，精确率达到 97.01%，召回率提高到 96.25%，F1 值为 96.63%。此外，正如预期设想的一样，BERT-BiLSTM-CRF 模型的性能在利用了 BERT 预

训练模型的基础之上，进一步提高了识别的效果，其准确率、召回率和 F1 值比 BiLSTM-CRF 分别提高了 0.70 个百分点、1.01 个百分点和 0.85 个百分点。Lattice-LSTM 模型在基于字符级特征输入上融入了中文词语特征，使得其可提取到上下文中更多更加细粒度的信息，因此 Lattice-LSTM 模型的精确率为 98.58%，为所有试验结果中的最佳值。然而，对于最重要的评价指标 F1 值，Lattice-LSTM 模型的结果比基于 BERT-MRC 的结果稍差一些，并且基于序列标注的 Lattice-LSTM 模型无法实现对嵌套实体的有效识别。

另外，BERT-MRC 作为目前通用领域效果较好的命名实体识别模型，其在桥梁管养领域文本数据中也取得了较好的识别效果，与 Lattice-LSTM 模型相比，该模型的召回率和 F1 值提高了 0.29 个百分点和 0.08 个百分点。在试验结果中，所提模型的 F1 值达到了 98.50%，为所有试验结果的最佳 F1 值，比 BERT-MRC 模型的 F1 值还高出 0.48 个百分点，以此说明，将带有先验信息的 MRC 问题一同输入 BERT 预训练模型进行字符级特征提取，并融合外部辞典信息到 BERT 输出的特征向量中，提高了基于 MRC 的命名实体识别模型的性能，更加适合桥梁检测文本的特性。

表 5.13 是桥梁管养领域文本嵌套实体的识别结果，目前主流的识别嵌套实体的命名实体识别方法主要有基于超图的模型、基于序列标注的模型和基于 MRC 的模型。然而，由于基于超图的模型需要构造实体图和邻接图，BiF1aG 模型并不能很好地识别中文输入，以至于试验效果较差，均未达到 50%。Layered-BiLSTM-CRF 作为序列标注主流下的嵌套命名实体识别模型，其在桥梁管养领域文本语料中的识别 F1 值也达到了 66.89%，但其识别效果仍有待优化。值得注意的是，BERT-MRC 模型在桥梁管养领域文本的嵌套实体识别中，F1 值提高到了 93.99%，主要原因是其在 BERT 预训练模型的加持下，以基于 MRC 的形式进行嵌套命名实体识别，避免了模型烦琐的运算，还进一步提高了识别的效果。在此基础之上，所提模型进一步引入了二元字嵌入和辞典嵌入信息，使得模型在精确率、召回率和 F1 值上比 BERT-MRC 模型提高了 1.52 个百分点、1.15 个百分点和 1.34 个百分点。

5.3.2 桥梁管养领域实体关系抽取

1. 模型总体架构

面向桥梁管养领域文本实体关系抽取任务，采用基于机器阅读理解的方法来处理该任务，方法模型以多轮问答的形式进行，并以 BERT 模型为主干，先抽取出输入文本中的实体，再进行实体关系的抽取，可多次捕获上下文之间的层次依赖关系，有利于桥梁检测文本实体关系的抽取。该方法的总体模型如图 5.11 所示。

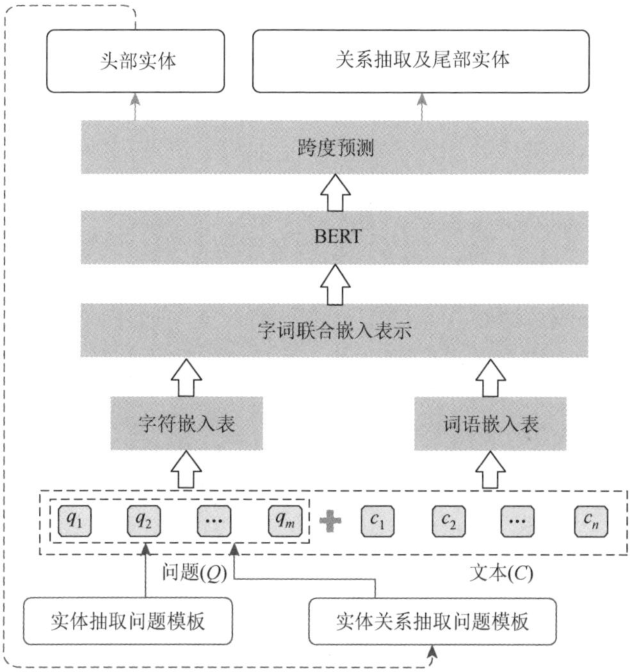

图 5.11　基于多轮机器阅读理解式问答的桥梁管养领域实体关系抽取模型总体架构

整个模型可分为两个阶段：头部实体识别阶段和关系抽取及尾部实体识别阶段。针对头部实体识别阶段，每种类型的实体在实体识别问题模板中均对应一个问题，模型通过对输入序列进行全类别实体的多轮问答，识别出输入序列中所包含的实体，将识别到的实体作为下一阶段实体关系抽取的头实体，若输入序列中不存在某种类型的实体，对该类型实体的识别结果进行“NONE”标记，表示输入序列中不存在该类型的任何实体。针对关系抽取及尾部实体识别阶段，将上一阶段所识别到的头部实体在实体关系抽取问题模板中找到与之相关的所有问题，并按照顺序进行多轮问答，以保证识别出所有的关系和尾部实体。需要注意的是，在头部实体识别阶段所识别到的实体不一定都是头部实体，因此，在该阶段先假设其是头部实体，并反馈给实体关系抽取问题模板，若确实是头部实体，则能对应相应问题抽取出结果，否则输出的结果将是“NONE”，并将其忽略掉[15]。

将桥梁管养领域文本实体关系抽取视为多轮问答的机器阅读理解任务的优势有两点：①多轮问答的方式能简单有效地捕获上下文之间的层次依赖关系，并且随着多轮问答的进行，模型可以逐渐获得下一轮问答所需要的实体；②从模型的整体架构来看，其以较为自然的方式同时抽取了实体及其关系，并且问题设置了模型编码所需要的关键先验信息，可以在一定程度上改善现有实体关系抽取模型无法解决的问题，如上下文中的远距离实体对、关系重叠等问题。

2. 融合问题模板的字词特征嵌入表示

模型的文本输入不仅包含了桥梁检测文本的字符序列，还将抽取实体或关系的问答问题转换为字符序列加入桥梁检测文本的字符序列中，使得模型的文本输入由桥梁检测文本和问答问题共同组成。除此之外，为了使得模型能编码出更加丰富的语义特征信息，将模型的文本输入分别通过字符嵌入表和词语嵌入表匹配出相应的字符嵌入表示和词语嵌入表示，并进一步组成字词联合的嵌入表示输入模型进行下一步编码。需要注意的是，由于输入文本通过词语嵌入表匹配出来的词语数量不尽相同，简单地将匹配出来的词语嵌入表示拼接到字符嵌入表示后将会造成模型输入维度不一致，并且简单地前后拼接并不能表达词语由哪些字符组成，不能达到由词语嵌入表示来增强字符嵌入表示的目的。因此，模型采用的字词嵌入表示方法是，将从词语嵌入表中匹配出的词语嵌入表示通过求和的方式分别添加到对应的字符嵌入表示中，无匹配的字符不执行此操作，该方式可有效地融合不同嵌入表示的特征信息。

对于问答问题的设置，针对实体关系抽取，将前一阶段所识别到的头实体与特定的实体关系抽取模板相结合来生成实体关系抽取问题，其部分问题设置如表 5.14 所示。

将输入的桥梁检测文本及相应的问题分别序列化表示为 $C=[c_1,c_2,\cdots,c_n]$ 和 $Q=[q_1,q_2,\cdots,q_m]$，其中下标 n 和 m 分别表示文本序列和问题序列的字符数。为了与后续 BERT 模型框架的输入保持一致且便于区分文本与问题，将文本序列 C 和问题序列 Q 通过特殊标记“[CLS]”和“[SEP]”进行分隔，并进一步组合成模型的输入 $S=$ [[CLS], Q, [SEP], C, [SEP]]。

表 5.14 多轮机器阅读理解式问答的桥梁管养领域关系抽取部分问题模板

关系类型	头实体	尾实体	模板问题	说明
has_entity	BRI	ENT	找出文本中所有与桥梁实体具有包含实体关系的桥梁结构实体 XXX	XXX：has_entity 关系，ENT 类型
has_entity	ENT	ENT	找出文本中所有与桥梁结构实体具有包含实体关系的桥梁结构实体 XXX	XXX：has_entity 关系，ENT 类型
has_element	ENT	ENTE	找出文本中所有与桥梁结构实体具有包含实体元素关系的结构元素实体 XXX	XXX：has_element 关系，ENTE 类型
has_damage	ENT	DIS	找出文本中所有与桥梁结构实体具有存在病害关系的病害实体 XXX	XXX：has_damage 关系，DIS 类型
has_damage	ENTE	DIS	找出文本中所有与结构元素实体具有存在病害关系的病害实体 XXX	XXX：has_damage 关系，DIS 类型
located	DIS	ENT	找出文本中所有与病害实体具有位于关系的桥梁结构实体 XXX	XXX：located 关系，ENT 类型

续表

关系类型	头实体	尾实体	模板问题	说明
negative	BRI	ENT	找出文本中所有与桥梁实体具有否定关系的桥梁结构实体 XXX	XXX：negative 关系，ENT 类型
negative	ENT	DIS	找出文本中所有与桥梁结构实体具有否定关系的病害实体 XXX	XXX：negative 关系，DIS 类型

接下来，将模型的最终输入 $E \in \mathbb{R}^{(m+n+2)\times H}$ 以词语嵌入、字符嵌入、划分嵌入和位置嵌入的组合构造表示，如图 5.12 所示。值得一提的是，词语嵌入可通过静态词语嵌入表获得，字符嵌入可通过已有的词条嵌入获得；划分嵌入用简单的 0 或 1 表示，桥梁检测文本字符均为 1，问答问题字符均为 0，即 E_c 的值为 1，E_q 的值为 0；位置嵌入与 Transformer 中所提到的位置编码（position encoding，PE）计算方法一致，如式（5.12）所示：

$$
\begin{aligned}
\mathrm{PE}_{(\mathrm{pos},2i)} &= \sin(\mathrm{pos} / 10000^{2i/d_{\mathrm{model}}}) \\
\mathrm{PE}_{(\mathrm{pos},2i+1)} &= \cos(\mathrm{pos} / 10000^{2i/d_{\mathrm{model}}})
\end{aligned} \tag{5.12}
$$

其中，pos 为字符在字符序列中的位置；i 为字符嵌入的维度；d_{model} 为模型编码的输出维度；使用 sin 和 cos 函数来进行计算可使每个字符位置有唯一的位置嵌入，两个字符位置之间的关系也可以通过它们之间的变换来获得。

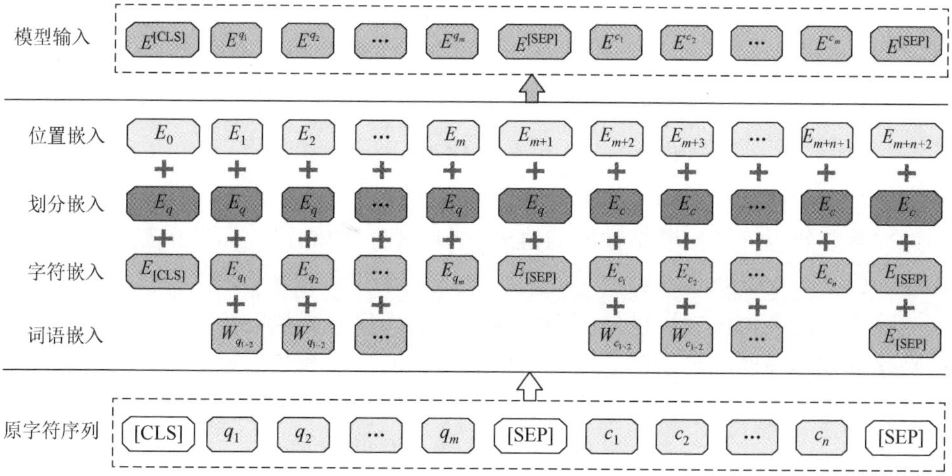

图 5.12　模型的组合输入表示

3. 基于 BERT 的桥梁检测文本上下文特征提取

BERT 模型是一个预训练的文本语言模型，它的主要作用是从输入的文本中学习到较好的语义信息，下游的解码信息视具体的任务而有所不同，因此 BERT 的编码层主要由 Transformer 的多个编码层堆叠而成，使其能从输入的文本中提取到很好的语义信息，其编码结构如图 5.13 所示。

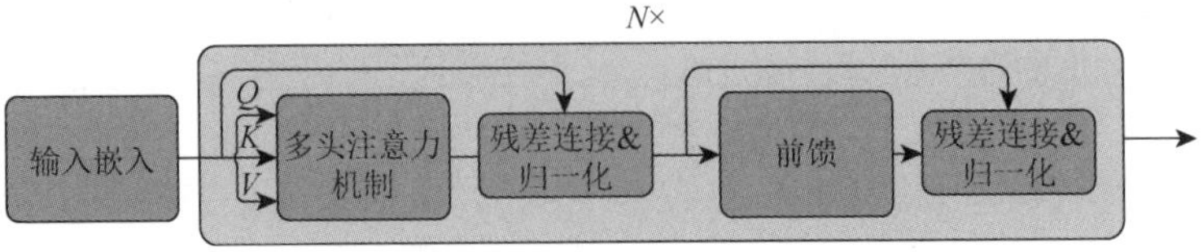

图 5.13　BERT 预训练模型的编码层结构

其中，每个单独编码器由多头注意力机制和前馈神经网络两个层次构成，“$N\times$”表示编码的层数，在 BERT 模型中分为 $N=12$ 和 $N=24$ 两种。Q、K、V 分别表示查询（Query）、键（Key）和值（Value），它们的作用是实现 Attention 操作，就是将目标字符和上下文各字符的初始嵌入作为输入，通过线性变换获得目标字符的 Q 表示、上下文各字符的 K 表示和目标字符与各字符的初始 V 表示，计算 Q 向量和各字符 K 向量的相似度作为权重，形成每个目标字符与其上下文字符的权重关系，且权重和为 1，输出加权融合目标字符的 V 向量和各上下文字符的 V 向量，即目标字符的语义向量表示。具体计算过程如式（5.13）所示：

$$\begin{aligned}&\text{Attention}(Q,K,V)=\text{Softmax}\left(\frac{QK}{\sqrt{d_k}}\right)V\\&\text{head}_i=\text{Attention}\left(QW_i^Q,KW_i^K,VW_i^V\right)\\&\text{MultiHead}(Q,K,V)=[\text{head}_1;\cdots;\text{head}_h]W^O\end{aligned}\tag{5.13}$$

其中，d_k 表示 Q 和 V 的维度；W_i^Q，$W_i^K\in\mathbb{R}^{d_{\text{model}}\times d_k}$，$W_i^V\in\mathbb{R}^{d_{\text{model}}\times d_V}$，$W^O\in\mathbb{R}^{hd_V\times d_{\text{model}}}$ 均为权重参数矩阵。接着将输出的值进行归一化，得到符合标准正态分布的值，加速了模型的训练及收敛。

除多头注意力机制层以外，编码器每一层均包含完全连接的前馈神经网络，该网络分别相同地应用于每个位置，以 ReLU 函数作为激活函数进行有效的线性变换，如式（5.14）所示：

$$\text{FFN}(x)=\max(0,xW_1+b_1)W_2+b_2\tag{5.14}$$

其中，W_1 和 W_2 为对应的权重矩阵；b_1 和 b_2 为对应的偏置项。需要注意的是，虽说前馈神经网络在不同位置上使用的方法是相同的，但它们在层与层之间使用的参数不同。最后，得到的结果再次进行归一化计算，得到模型编码的输出 X_{hidden}，即将桥梁检测文本的序列化表示输入模型的编码层，可得到含桥梁检测文本上下文特征的字符级向量化表示。

4. 面向实体及其关系的跨度解码关系分类

由于模型通过多轮问答的方式将实体及其关系抽取分成两个大的阶段，因此，在模型的解码阶段也相应地会有两个阶段各自的目标函数。但为实现模型的整体训练和最优化，通过参数控制的方式将两个阶段的目标函数有效地联合到一起，进而进行共同优化。联合目标函数如式（5.15）所示：

$$
\begin{aligned}
&\mathcal{L}=(1-\lambda)\mathcal{L}_{\text{head-entity}}+\lambda\mathcal{L}_{\text{tail-entity,relation}}\\
&\mathcal{L}_{\text{head-entity}}=\mathrm{CE}(P_{\text{head-entity}},Y_{\text{head-entity}})\\
&\mathcal{L}_{\text{tail-entity,relation}}=\mathrm{CE}(P_{\text{tail-entity,relation}},Y_{\text{tail-entity,relation}})
\end{aligned}
\tag{5.15}
$$

其中，$\mathcal{L}_{\text{head-entity}}$ 和 $\mathcal{L}_{\text{tail-entity,relation}}$ 分别是多轮问答模型中头部实体识别阶段和关系抽取及尾部实体识别阶段的目标损失函数；$\lambda\in[0,1]$ 是控制两个目标损失函数之间的权重参数，其具体数值根据数据验证集进行调整；$\mathrm{CE}(\cdot)$ 表示交叉熵损失函数；$P_{\text{head-entity}}$ 和 $P_{\text{tail-entity,relation}}$ 分别为模型在头部实体预测阶段和关系抽取及尾部实体识别阶段输出的预测值；$Y_{\text{head-entity}}$ 和 $Y_{\text{tail-entity,relation}}$ 分别为两个阶段的数据样本真实值。

5. 模型效果分析

评价指标同样选择了精确率、召回率和 F1 值。为了验证模型的有效性，选取了比较有代表性的实体关系抽取模型进行对比试验。其中，SPTree 模型以字符、词性、依赖类型和实体标签的向量化联合表示为输入，通过双向 LSTM 编码上下文信息，分别以序列化标注和类别分类的形式检测出实体和关系；multi-layer BRN 模型同样以字符的向量化表示序列为输入，通过添加了注意力机制的双向 LSTM 进行特征提取，将实体及其关系抽取当作序列标注任务进行解码；MRT 模型也将文本的字符化序列作为输入，将实体关系抽取中的实体识别和关系抽取分别看成序列标注任务和多分类任务进行解码。试验及其对比试验结果如表 5.15 所示。

表 5.15　桥梁管养领域实体关系抽取试验结果

模型	实体抽取			关系抽取		
	P/%	*R*/%	F1/%	*P*/%	*R*/%	F1/%
SPTree	92.58	94.31	93.44	57.30	64.79	60.82
nulti-layer BRN	93.80	91.39	92.58	55.58	62.15	58.68
MRT	93.70	93.53	93.61	**65.00**	66.11	65.55
Our model	**94.59**	**95.44**	**95.01**	64.90	**67.43**	**66.14**

从整个桥梁管养领域文本实体关系抽取试验结果来看，各模型实体抽取结果均明显优于关系抽取结果，其主要原因是在桥梁管养领域文本实体关系数据集中有部分样本的部分内容较为相似，并且多关系样本的存在使得在实体抽取阶段较为精确解码后，对关系的编码及解码造成了一定的影响。值得一提的是，两个抽取阶段的试验结果会出现这样的差异，很大程度上还是由桥梁管养这一特殊领域的文本特性所造成的。

此外，虽说 multi-layer BRN 模型是 SPTree 的改进模型，它去掉了 SPTree 模型的依赖树模块而增添了注意力机制模块，但其除了实体抽取的精确率比 SPTree 模型高 1.22 个百分点以外，其余评价指标均低于 SPTree 模型。出现这样的结果是因为 multi-layer BRN 模型的输入并不包含依赖树和词性信息，而对于桥梁管养领域文本，其文本绝大部分句子长度比通用领域短，并且领域信息强，依赖树和词性信息的输入能提高模型编译上下文特征信息的能力，相比之下，注意力机制模块所发挥的性能就不及依赖树和词性信息所发挥的作用。MRT 模型的效果优于前两个模型，特别在关系抽取阶段，其精确率取得了所有试验结果中的最优值，将前两个模型的精确率提高了近 10%，F1 值提高到了 65.55%。性能上的提升是由于该模型将最小风险损失训练引入实体和关系抽取两个阶段，通过共享参数来完成全局损失的最小化，这与本节所提模型的优化损失方法思路一致。在实体关系抽取试验结果中，本章所提模型在实体抽取阶段取得了最优的结果，精确率、召回率和 F1 值分别达到了 94.59%、95.44%和 95.01%；在关系抽取阶段除精确率以外，召回率和 F1 值也是全部结果的最优值，分别是 67.43%和 66.14%。所提模型优于其他模型的原因在于模型以 BERT 预训练语言模型为主干，包含更加丰富的语义信息，并且以多轮问答的形式，模型既可逐渐获得下一轮问答所需要的实体，也能在一定程度上确保找出上下文中存在的关系。

5.3.3 桥梁管养领域抽取式问答

1. 模型整体结构

长短答案分类指导机器阅读理解模型主要由基于 RoBERTa_wwm_ext 预训练语言模型编码嵌入的问题分类模块和答案预测模块组成，其模型结构如图 5.14 所示。鉴于问题的内容、提问形式等信息可直接影响对应答案的长短类型，且针对某一个答案，文章段落文本中可能存在大量的干扰信息，所以分类部分只将问题文本的相关信息输入 RoBERTa_wwm_ext 进行编码，然后通过循环卷积神经网络（recurrent convolutional neural network，RCNN）模型进行二次语义捕捉等实现分类。答案预测模块首先将问题和文章段落文本中的字向量、位置向量、段落向量输入 RoBERTa_wwm_ext 模型中，获取问题与文章段落之间的上下文编码。RoBERTa_wwm_ext 输出的隐藏层信息由分类结果指导长答案数据和短答案数据进行多任务学习，通过解码出起始位置和结束位置以实现答案 span 的预测[13]。

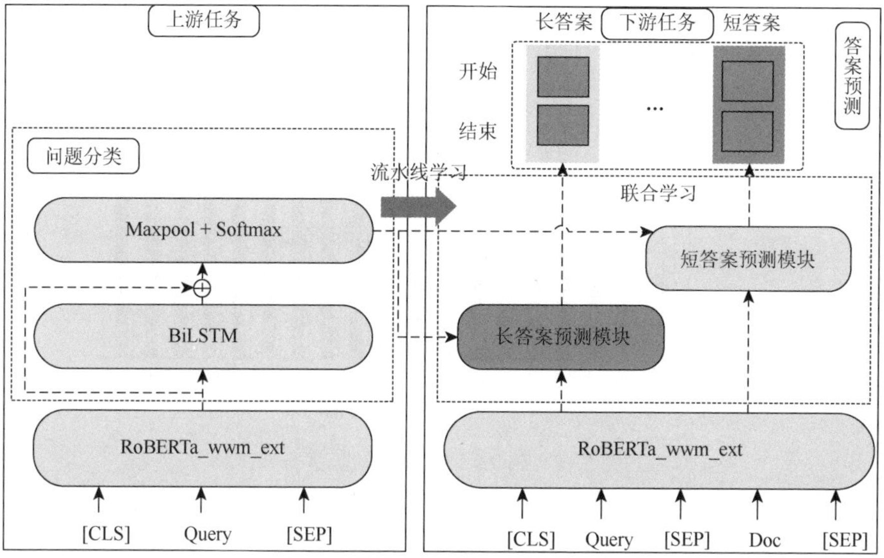

图 5.14　模型整体结构

2. 问题分类模块

由于文本的领域特性和不同标注人员的认知差异，不同数据集的长短答案分布差异显著。在试验中对训练集数据分布进行统计，使其作为阅读理解模型的超参数以适应测试集的数据分布。本小节对桥梁管养领域数据集 BIQA 的长短答案分布进行了分析。试验中以答案长短边界值为界限将训练集分为长答案数据和短答案数据两类。对于两个数据集，本小节选取了 0～19 共 20 个长短分界值，如图 5.15 所示，统计了 BIQA 训练集在不同分界值下划分的长答案问题个数和短答案问题个数分布。

从图 5.15 中可以看出，当答案长短分界值为 6 时，长答案数据和短答案数据分布最均衡。在分界值为 6 之前的数据分布均衡性较差，波动较大。随着分界值的增加，短答案数据增加更为缓慢。因此，本小节认为当 BIQA 分界值为 6 时是符合数据统计规律的最佳答案分界值。

表 5.16 为问题分类时对 BIQA 数据集进行二次标注的示例，即若设置分界值为 6，则划分数据集时会将答案长度小于等于 6 的语料标记为短答案，大于 6 的标记为长答案。

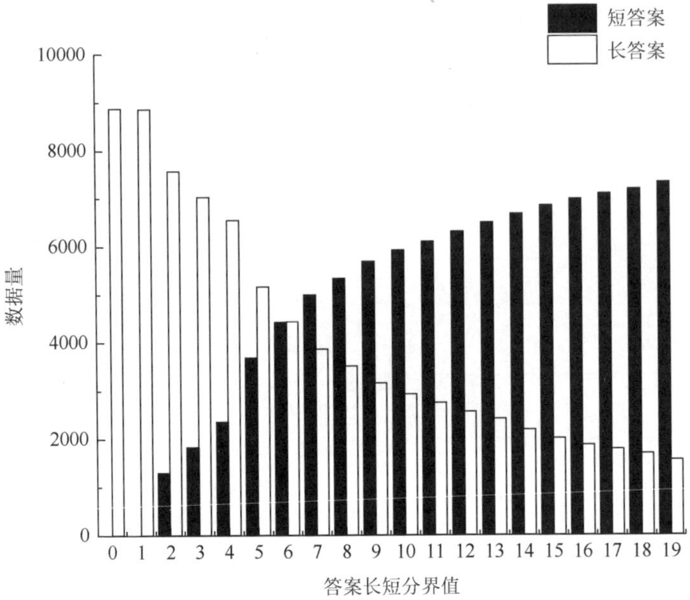

图 5.15　BIQA 训练集长短答案分布

表 5.16　试验数据标注示例

示例（分界值 = 6）	标签
Q1：按《公路桥涵养护规范》（JTG 5120—2021），该桥的技术状况等级为几类？ A1：一类	*S*
Q2：桥梁上部结构中检查结果是什么？ A2：主梁翼板底面存在 1 处竖向裂缝	*L*

本小节所用文本分类模型通过预训练模型将输入字符序列投射到字符嵌入空间，然后通过一个 RCNN 计算文档向量的值，再连接到一个全连接层得到分类结果。相比一般的卷积神经网络结构，所提方法避免了直接进行卷积操作，可以看成一个特殊的卷积神经网络模型。

试验以 RoBERTa_wwm_ext 为编码器对问题文本进行编码，其计算过程如式（5.16）所示：

$$\begin{gathered}\text{input}=[\text{CLS}]q_1\cdots q_m[\text{SEP}]\\ e(w_i)=\text{RoBERTa(input)}\end{gathered}\tag{5.16}$$

其中，[CLS] 为分类符；[SEP] 为分隔符；w_i 为第 i 个字符；$e(w_i)\in\mathbb{R}^{(m+2)\times h_r}$ 为相应的向量，h_r 为 RoBERTa_wwm_ext 的输出维度。

编码完成后，问题分类采用结合 RNN 和 CNN 实现文本分类的 RCNN，构建流程如下。

首先使用 Bi-LSTM 从正反两个方向进一步学习问题的上下文信息以细化问题文本的词嵌入，如式（5.17）所示：

$$H_{\text{cls}} = \text{BiLSTM}(e(w_i)) \tag{5.17}$$

$H_{\text{cls}} \in \mathbb{R}^{(m+2)\times h_c}$，$h_c$ 为 Bi-LSTM 输出的隐藏层维度，将 Bi-LSTM 的输出 H_{cls} 与原始词向量拼接，构成后续的输入 x_i，具体如式（5.18）所示：

$$x_i = [H_{\text{cls}}; e(w_i)] \tag{5.18}$$

然后将 x_i 应用到一个线性变换和 ReLU 激活函数，得到 w_i 潜在的语义向量 y_i，如式（5.19）所示：

$$y_i = \text{ReLU}(Wx_i + b) \tag{5.19}$$

经过 Max-Pooling 层取得所有序列上的最大值，得到最终特征向量 y'，如式（5.20）所示：

$$y' = \max_{i=1}^{m+2} y_i \tag{5.20}$$

将 y' 通过线性层得到 $\hat{y}$，并通过 Softmax 层进行分类，如式（5.21）所示：

$$p_i = \frac{\exp(\hat{y}_i)}{\sum_{k=1}^{m+2} \exp(\hat{y}_k)} \tag{5.21}$$

最后通过 arg max 函数返回概率最大值的索引，为 1 表示长答案的标签 L，为 0 则表示短答案的标签 S，如式（5.22）所示：

$$L, S = \arg\max(p_i) \tag{5.22}$$

3. 阅读理解模块

阅读理解任务对问题文本和段落文本进行联合表征，其输入如式（5.23）所示：

$$\text{input} = [\text{CLS}]q_1 \cdots q_m[\text{SEP}]d_1 \cdots d_n[\text{SEP}] \tag{5.23}$$

其中，q_i 为组成问题文本的字符，d_j 为组成段落文本的字符，$1 \leqslant i \leqslant m$，$1 \leqslant j \leqslant n$，$m$ 为问题的长度，n 为段落的长度。

将经过 RoBERTa_wwm_ext 输出的问题和段落的联合表示标记为 $H_{\text{mrc}} \in \mathbb{R}^{(m+n+3)\times h_r}$，通过全连接层后得到答案片段的向量表示 B_{span}，$B_{\text{span}} \in \mathbb{R}^{(m+n+3)\times 2}$。根据分类层得到的标签将分类模型预测的长答案数据和短答案数据采用两个全连接层进行多任务学习，计算长答案和短答案开始、结束位置概率的计算过程如式（5.24）所示：

$$p_{\text{span}}^L = B_{\text{span}} \cdot W_{\text{span}}^L + b_{\text{span}}^L$$

$$p_{\text{span}}^S = B_{\text{span}} \cdot W_{\text{span}}^S + b_{\text{span}}^S$$

$$\left\{p_s^L, p_e^L\right\} = p_{\text{span}}^L$$

$$\left\{p_s^S, p_e^S\right\} = p_{\text{span}}^S$$
$$p_s^L = \left[p_{s_0}^L, p_{s_1}^L, \cdots, p_{s_n}^L\right], \quad p_e^L = \left[p_{e_0}^L, p_{e_1}^L, \cdots, p_{e_n}^L\right]$$
$$p_s^S = \left[p_{s_0}^S, p_{s_1}^S, \cdots, p_{s_n}^S\right], \quad p_e^S = \left[p_{e_0}^S, p_{e_1}^S, \cdots, p_{e_n}^S\right] \tag{5.24}$$

其中，p_s^L、p_e^L分别为长答案对应文章中每个位置作为开始和结束位置的概率；p_s^S、p_e^S分别为短答案对应文章中每个位置作为开始和结束位置的概率。最后返回概率最大值对应的位置，如式（5.25）所示：

$$y_s^L = \arg\max\left(p_s^L\right), \quad y_e^L = \arg\max\left(p_e^L\right)$$
$$y_s^S = \arg\max\left(p_s^S\right), \quad y_e^S = \arg\max\left(p_e^S\right)$$
$$y_s \leqslant y_e \tag{5.25}$$

其中，y_s^L、y_e^L分别为长答案的开始位置和结束位置；y_s^S、y_e^S为短答案的开始位置和结束位置；arg max 函数表示返回概率最大值的索引。

4. 模型损失函数

模型的优化目标主要有两部分：一是问题分类模型中需要将答案的预测类型和真实答案类型标签进行损失最小化；二是对阅读理解模型中长答案和短答案的起始、结束位置与标准答案的起始、结束位置进行联合损失优化。两者都采用交叉熵函数进行计算，分类模型的损失函数如式（5.26）所示：

$$\text{loss}_{\text{cls}} = -\frac{1}{N_{\text{cls}}}\sum_i L_i$$
$$L_i = y_i \cdot \log(p_i) + (1 - y_i) \cdot \log(1 - p_i) \tag{5.26}$$

其中，N_{cls}为分类样本数；y_i为对应答案的长度标签类型；p_i为长短类型预测概率。

同理，机器阅读理解任务的损失函数如式（5.27）所示，其包含了长答案数据的任务损失和短答案数据的任务损失。

$$\text{loss}_{\text{mrc}} = \theta \cdot \text{loss}_L + (1 - \theta) \cdot \text{loss}_S$$
$$\text{loss}_L = -\frac{1}{N_L}\sum_i\left[y_s^L \cdot \log\left(p_s^L\right) + y_e^L \cdot \log\left(p_e^L\right)\right] \tag{5.27}$$
$$\text{loss}_S = -\frac{1}{N_s}\sum_i\left[y_s^S \cdot \log\left(p_s^S\right) + y_e^S \cdot \log\left(p_e^S\right)\right]$$

其中，N_L、N_S分别为长答案标签和短答案标签的样例总数。

5. 结果分析

通过答案长短特征对应的问题分类指导机器阅读理解，故分类试验的结果对机器阅读理解任务有着十分重要的影响。表 5.17 对比了 BIQA 数据集在最佳答案分界值为 6 的情况下，RoBERTa_wwm_ext 与 CNN、RNN、RCNN 等不同的神经网络结构融合的分类表现。

从表 5.17 中可以看出，分类模型 RoBERTa_wwm_ext + RCNN 取得最优的效果，与表现较优的融合了 CNN 的分类模型相比，在 BIQA 上分类精确率提高了 0.6 个百分点；与融合了 RNN 的分类模型相比，在 BIQA 上分类精确率提高了 1.6 个百分点。相比直接使用 RoBERTa_wwm_ext 模型，其分类准确率提高了 2.5 个百分点，这足以说明 RNN 或者 CNN 等传统神经网络是可以帮助捕捉预训练模型无法触及或者遗漏的语义信息，而 RCNN 结合了 RNN 中可广泛捕捉上下文信息的循环结构和 CNN 中可最大限度保留文本关键信息的最大池化层，所以 RCNN 和 RoBERTa_wwm_ext 预训练模型融合取得了最好的表现效果。

表 5.17　BIQA 分类效果比对

模型	准确率/%
RoBERTa_wwm_ext	90.4
RoBERTa_wwm_ext + CNN	92.3
RoBERTa_wwm_ext + RNN	91.3
RoBERTa_wwm_ext + RCNN	92.9

试验选择了 2 个最新的模型和 4 个主流的预训练模型进行对比，这 6 个模型分别是：

（1）三阶段式问答模型，通过模拟现实世界人类由浅入深阅读文本的方式，融合 BERT 中浅层特征和深层特征，设计了预回答、再回答及答案调整三阶段式问答模型。

（2）BERTbase + V4ES，该方法不仅可以评估问题的可回答性，在预回答阶段还能通过问题文章交互模块获得更多的上下文表示，进一步完善了粗读—精读—验证的三阶段问答机制。

（3）BERT，主要采用 Transformer 的编码结构，是一个典型的双向编码模型。

（4）BERT_wwm，相对于 BERT，在预训练阶段改变了训练样本的生成策略，将原有的细粒度字、词掩码改为全词掩码。

（5）BERT_wwm_ext，为了进一步提高中文自然语言处理任务的效果，哈尔滨工业大学讯飞联合实验室收集了更大规模的预训练语料在 BERT_wwm 上进行训练，其中 ext 数据包括中文维基百科，其他百科、新闻、问答等通用语料，总词数达 5.4B。

（6）RoBERTa_wwm_ext，该模型结合了 RoBERTa 动态 MASK 的优势，同时适当延长了训练时间和步数、增加了训练数据。

为了保证结果的可靠性，试验最终值为五次不同随机种子下模型结果的平均值。表 5.18 列出了所提模型以及基线模型在不同试验数据集上的表现。由于三阶段式问答模型和 BERTbase + V4ES 的试验代码未开源，为了保证对比的公正性，只引用原文献在数据集 CMRC2018 的表现。其中，所提模型结果为最佳答案长短分界值附近表现最优的结果（注：表中不加括号的结果为试验表现最高的值，括号内为五次试验结果的平均值）。可以看出在所有的比较模型中，本章提出的模型性能在 CMRC2018 测试上的最优 EM 值提升了 0.5 个百分点，平均值提升了 0.9 个百分点，F1 最优值提高了 0.6 个百分点，平均值提高了 1.1 个百分点。BIQA 测试上的 EM 最优值提升了 0.8 个百分点，平均值提升了 1.2 个百分点，F1 最优值提高了 0.4 个百分点，平均值提高了 0.5 个百分点。特定领域数据集 BIQA 在整体上分数较高的原因可能是其问题答案形式较为单一，标记策略比较统一。同时，为了验证减小训练集样本是否会影响模型性能，本书将公共领域数据集 CMRC2018 的训练样本设置为原训练样本量的 1/2。从表 5.16 可以看到，在训练数据规模减小时，虽然基线模型和所提模型表现都降低，但是本章所提模型在最佳长短分界值附近依然比基线表现更好。在其他数据集 DRCD 上进行试验时，本章所提方法仍然有效。

表 5.18　各模型在不同数据集的结果比较（%）

Model	CMRC2018		BIQA		CMRC2018（1/2）		DRCD	
	EM	F1	EM	F1	EM	F1	EM	F1
三阶段式问答模型	65.0 （—）	85.1 （—）	—	—	—	—	—	—
BERTbase + V4ES	65.5 （—）	85.7 （—）	—	—	—	—	—	—
BERT	65.5 （64.4）	84.5 （84.0）	87.4 （86.4）	92.6 （92.0）	54.3 （53.1）	80.3 （79.2）	83.1 （82.7）	89.9 （89.6）
BERT_wwm	66.3 （65.0）	85.6 （84.7）	89.0 （87.6）	93.9 （92.9）	56.1 （53.6）	81.0 （79.6）	84.3 （83.4）	90.5 （90.2）
BERT_wwm_ext	67.1 （65.6）	85.7 （85.0）	89.0 （88.0）	93.8 （93.2）	55.0 （54.2）	80.5 （80.0）	85.0 （84.5）	91.2 （90.9）
RoBERTa_wwm_ext	67.4 （66.5）	87.2 （86.5）	89.4 （88.2）	94.5 （94.2）	60.4 （57.6）	84.1 （82.8）	86.6 （85.9）	92.5 （92.2）
Our model	**67.9** **（67.4）**	**87.8** **（87.6）**	**90.2** **（89.4）**	**94.9** **（94.7）**	**62.9** **（61.7）**	**85.01** **（84.5）**	**88.5** **（88.1）**	**94.5** **（94.2）**

参 考 文 献

[1] 赵京胜, 宋梦雪, 高祥. 自然语言处理发展及应用综述[J]. 信息技术与信息化, 2019, (7): 142-145.

[2] 张汝佳, 代璐, 王邦, 等. 基于深度学习的中文命名实体识别最新研究进展综述[J]. 中文信息学报, 2022, 36(6): 20-35.

[3] 莫天金. 先验信息增强的机器阅读理解式桥梁检测文本信息抽取方法研究[D]. 重庆: 重庆交通大学, 2021.

[4] 余诗媛, 郭淑明, 黄瑞阳, 等. 嵌套命名实体识别研究进展[J]. 计算机科学, 2021, 48(S2): 1-10, 29.

[5] 李冬梅, 张扬, 李东远, 等. 实体关系抽取方法研究综述[J]. 计算机研究与发展, 2020, 57(7): 1424-1448.

[6] 薛丽娟, 席梦隆, 王梦婕, 等. 基于规则推理引擎的实体关系抽取研究[J]. 计算机科学与探索, 2016, 10(9): 1310-1319.

[7] Liu S, Zhang X, Zhang S, et al. Neural machine reading comprehension: Methods and trends[J]. Applied Sciences, 2019，9(18): 3698.

[8] Yang J X, Xiang F Y, Li R, et al. Intelligent bridge management via big data knowledge engineering[J]. Automation in Construction, 2022, 135: 104118.

[9] 刘一鸣. 基于半监督学习的桥梁检测文本信息抽取关键技术研究[D]. 重庆: 重庆交通大学, 2020.

[10] 李童. 基于深度神经网络的桥梁检测文本信息抽取关键技术研究[D]. 重庆: 重庆交通大学, 2020.

[11] 莫天金, 李韧, 杨建喜, 等. 公路桥梁定期检测领域命名实体识别语料库构建[J]. 计算机应用, 2020, 40(S1): 103-108.

[12] Li R, Li D, Yang J, et al. Joint extraction of entities and relations via an entity correlated attention neural model[J]. Information Sciences, 2021, 581: 179-193.

[13] 向芳悦. 面向桥梁检测领域的机器阅读理解方法研究[D]. 重庆: 重庆交通大学, 2022.

[14] 李韧, 李童, 杨建喜, 等. 基于 Transformer-BiLSTM-CRF 的桥梁检测领域命名实体识别[J]. 中文信息学报, 2021, 35(4): 83-91.

[15] 李东. 面向公路桥梁检测文本的实体关系抽取方法研究[D]. 重庆: 重庆交通大学, 2022.

第 6 章　知识图谱技术在桥梁管养领域的应用

目前，各类型桥梁管理信息系统中已存在了较大规模的桥梁结构基础信息、定期检测、技术状况评定记录、健康监测等管养业务数据[1]，并主要以非结构化的文本、表格、图像，以及结构化的关系型数据存储于不同底层数据库系统中，存在较强的自治性、大规模性和多源异构性等大数据特点[2]。然而，现有的桥梁管养领域相关数据并未充分抽取、融合和分析，对管养决策过程中亟需的细粒度信息检索、知识推理支持不足，智能化程度有待提升[3]。

近年来，结合了知识表示与推理、信息抽取与融合、图数据存储与计算等理论方法的知识图谱技术[4]已成为大数据到大知识演化的智能服务基础设施，也是以碎片化知识融合为目标的大数据知识工程范式[5]核心组件。在此趋势下，以知识图谱中结构化数据为载体，提供智能搜索、智能问答和个性化推荐等智能服务受到国内外学者的广泛关注，并已在多个行业领域进行了有益探索和应用[6]。然而，当前针对桥梁工程领域的知识图谱构建及问答服务相关研究尚处于起步阶段，仍存在大量工作亟须开展。

本章结合大数据知识工程范式，面向桥梁工程实际业务场景需要，给出桥梁管养领域知识图谱构建方法，为计算机科学、桥梁工程等学科交叉研究提供新的应用场景，为实现桥梁管养领域信息融合、智能检索、知识推理，促进桥梁管养智慧化转型升级提供参考。

6.1　知识图谱技术

知识图谱技术包括知识图谱的建立及应用，它是语义网络、自然语言处理和机器学习等的交叉学科[7]。2012 年，谷歌首次提出了知识图谱的概念[8]，其本质是由节点和边组成的复杂多关系图，其中节点表示实体，边表示不同类型的关系。节点-关系-节点的组合表示一条知识三元组，即头实体-关系-尾实体。目前，国内外学术界和产业界已构建了大量通用知识图谱，如英文知识图谱 Freebase、DBpedia、YAGO、WIKIDATA 等。而大规模中文通用领域知识图谱有 CN-DBpedia 和 Pkubase，分别由复旦大学和北京大学研发。随着大数据和人工智能的发展，各行各业对知识图谱服务的需求不断增加，也推动了领域知识图谱构建技术的进一步研究。作为一种结构化、开放的大规模语义网络知识库，知识图谱逻辑架构由语义模式层和实例数据层[9]两大部分构成。其中，语义模式层借助本体概念、对象属性、公理约束对特定领域知识进行形式化表示，实例数据层以实体及其关系描述客观世界关联信息。知识图谱构建技术框架如图 6.1 所示，其主要技术包括知识抽取、知识表示、知识融合、知识存储和图谱应用。

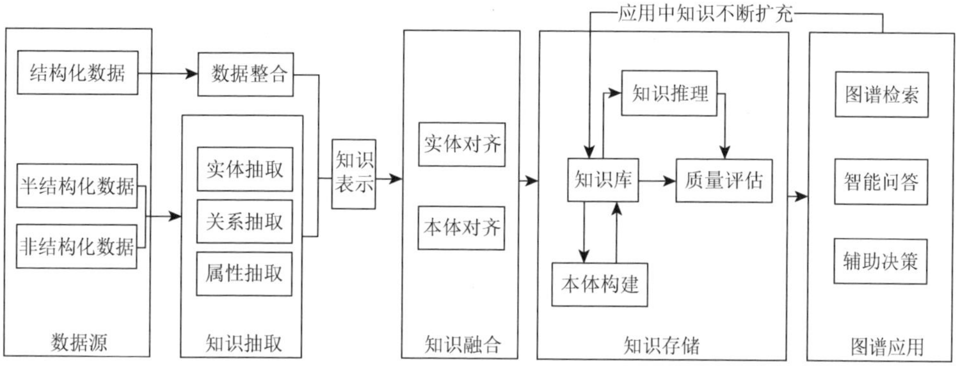

图 6.1　知识图谱构建技术框架

6.1.1　知识抽取

知识抽取旨在从结构化、半结构化、非结构化数据源中抽取所需知识，获取知识三元组，形成结构化的知识图谱。根据不同数据源类型，可采用不同方法获取知识。

1. 结构化数据映射

现有结构化数据通常存储在关系型数据库中，因此可采用 R2RML（RDB to RDF mapping language）映射方法将 RDB 数据映射为资源描述框架（resource description framework，RDF）格式。也可采用 D2RQ 引擎，D2RQ 提供了自己的映射语言，其形式和 R2RML 类似。D2RQ 并未将关系型数据映射为真实的 RDF 数据，而是使用 D2RQ Mapping 文件将其映射成虚拟的 RDF 格式，在访问关系型数据时将 RDF 数据的查询语言 SPARQL 转换为 RDB 数据的查询语言 SQL，并将 SQL 查询结果转换为 RDF 三元组或者 SPARQL 查询结果[10]。

2. 半结构化数据转换

半结构化数据不符合关系型数据形式，但包含标记、语义分隔元素以及分层记录和字段。数据结构和内容混在一起，没有明显的区分如 HTML（超文本标记语言）、JSON（JavaScript object natation）、XML（可扩展标记语言）等。可采用 Python 编程语言调用 RDFlib 库实现对半结构化数据的 RDF 格式转换。

3. 非结构化信息抽取

对于非结构化的文本数据，采用自然语言处理中的信息抽取技术对文本中的实体、关系和属性进行抽取，从而分别对应实体抽取（命名实体识别）、关系抽取和属性抽取三项子任务。实体抽取旨在识别文本中实体并判断实体类型，文本中的实体构成知识图谱中的一个个节点，是知识图谱中最重要的知识来源。关系抽取旨在判断两个实体间的语义关联，实体关系将构成知识图谱的语义边。属性抽取即对实体的属性名和属性值进行识别。

6.1.2　知识表示

与传统的知识地图和科学知识图谱不同，知识图谱的本质是语义 Web，是结构化的语义知识库。作为知识图谱的基础要素，语义 Web 技术利用形式化本体来表示领域特定的概念、实例、关系和公理，使得计算机能够理解 Web 上的资源，并能实现计算机之间的语义信息共享。

近年来，万维网联盟（World Wide Web Consortium，W3C）相继发布了用于描述语义 Web 资源之间语义关系的 RDF 和 RDF 词汇描述语言（RDF-schema，RDF-S）。但由于 RDF 和 RDF-S 存在表达能力上的不足，如不能自定义新的类，也缺乏表达能力来描述属性具有的传递性或对称性等，W3C 在 RDF 和 RDF-S 的研究基础之上，于 2004 年首次提出了基于描述逻辑的 Web 本体描述语言（Web ontology language，OWL），将其作为语义 Web 中的标准本体描述语言。根据表达能力和推理复杂度的不同，OWL 分为 OWLLite、OWLDL 和 OWLFull 三种子语言。2012 年，W3C 提出了新一版本的 OWL2，其包含了对应于描述逻辑 SROIQ 的 OWL2DL，以及 OWL2RL、OWL2EL 和 OWL2QL 子语言来应对不同应用领域需求的本体建模与推理。为实现语义 Web 本体数据查询检索，研究人员为 RDF 数据设计了 OWL-QL、ROL、RDOL 和 SPARQL 等语言。其中，SPARQL 被 W3C 推荐为 RDF 数据查询语言标准。另外，由于 OWL 无法对“如果，那么”等一般形式的规则进行描述，W3C 将 OWL 子语言 OWLDL、OWLLite 与 RuleL 相结合，提出了具备更强逻辑表达能力的语义 Web 规则描述语言（semantic Web rule language，SWRL），但其推理不可判定。在语义 Web 标准体系结构中，RDF 和 RDF-S 构成了数据层，OWL 为本体层，SPARQL 和 SWRL 为语义 Web 本体的查询和规则推理标准，并且上述五种推荐标准构成了语义 Web 数据管理研究的核心问题，是能否成功地推广应用语义 Web 的关键[11]。随着语义 Web 理论和技术的不断发展与完善，W3C 基于层次结构，推出了语义 Web 的体系结构，如图 6.2 所示。该体系由底至上逐步建立规范，并具备向下可兼容性和向上可理解性。

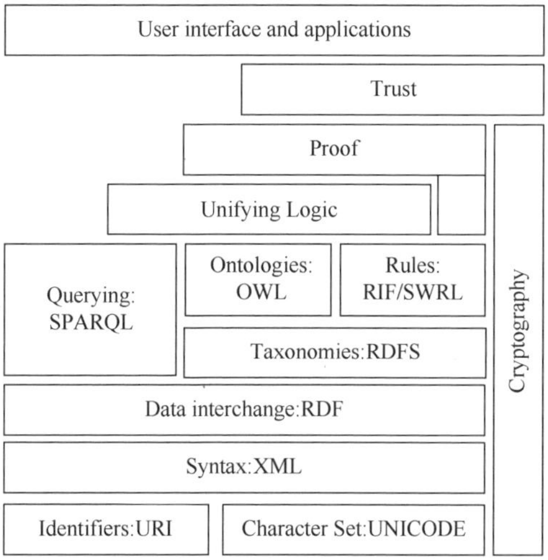

图 6.2　语义 Web 体系结构图

利用语义 Web 的相关技术，可以从一些已知事实中推理出未知结论。推理的基础是让机器能够理解人类语言，像人一样具有逻辑思维能力。本体通过语义建模语言将人类的思维和机器的理解联系起来，使得机器能够理解人类语言，具备一定的人工智能能力。

6.1.3　知识融合

构建知识图谱的过程中，需要对来自不同领域、不同来源的知识进行整合，形成新的、更加全面、深入的知识体系，即知识融合，其目的是对来自不同数据源的知识在统一规范下进行异构数据整合、消歧。概念层面的知识融合关键技术称为本体对齐，实例数据层面的知识融合主要工作为实体对齐[12]。

本体对齐技术可将来自不同来源本体中的概念和关系进行整合和对齐，从而使不同本体之间的概念、关系具有一致语义，方便在不同本体之间进行数据交换和知识共享。和本体对齐类似，实体对齐技术是将知识图谱中实例数据层面不同来源的知识进行整合与消歧。本体对齐重点关注实体类别和语义关系，而实体对齐则更加注重真实世界中具体实例、对应属性和实体间关系。早期的知识融合主要根据字符串的各种特征，采用基于规则、基于相似度计算的方法进行知识对齐的相关工作。随着深度学习和自然语言处理的不断发展，基于知识表示学习的实体对齐方法层出不穷，并通过引入字符特征、属性特征和关系特征，以增强原本的实体表示。

知识融合的主要技术挑战在于不同来源实体命名模糊、数据输入错误、数据丢失、格式不一致、缩写等数据质量问题，从而影响了计算效率。因此，知识融合仍存在许多亟待解决的问题与挑战。

6.1.4　知识存储

知识图谱的存储是实现知识图谱应用的关键问题之一，直接影响着知识图谱的查询效率和应用性能。目前，知识图谱的存储方式主要包括基于关系型数据库、RDF 存储和属性图存储等主流方法。

1. 关系型数据库

基于关系型数据库的知识图谱存储采用传统的表格形式，将实体和属性存储在不同的表中，将关系存储在关系表中。该存储方式简单易用，具有较好的数据一致性，但是对大规模的知识图谱存储和查询效率较低。基于关系的知识图谱存储方案包括三元组表、水平表、属性表、垂直划分、六重索引和 DB2RDF。

2. RDF 存储

知识图谱的 RDF 存储方式基于三元组形式的数据模式，图 6.3 给出了 RDF 三元组示例。每个三元组<Subject，Predicate，Object>包含 Subject（主语）、Predicate（谓语）、Object（宾语）三个主要元素。

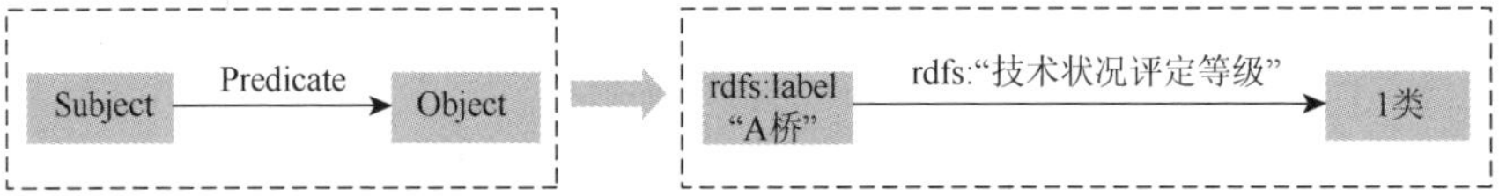

图 6.3　SPO 三元组

每个三元组代表一个陈述句，例如，文本描述“A 桥技术状况等级为 1 类桥”中的知识三元组为<A 桥，技术状况评定等级，1 类>。

SPARQL 是一种用于 RDF 数据格式的查询语言，其全称为 SPARQL Protocol and RDF Query Language。SPARQL 提供了一套丰富的查询和操作 RDF 数据的语法和语义，支持基于模式和基于数据的查询方式，可以查询和处理 RDF 三元组数据。SPARQL 查询语言包含 SELECT、CONSTRUCT、ASK、DESCRIBE 和 UPDATE 语句，并支持复杂的查询需求。

常用的 RDF 数据库包括 Jena、Virtuoso、Blazegraph、GraphDB、gStore 等。Jena 提供了一组应用程序编程接口（application programming interface，API）和工具，用于存储、查询和处理 RDF 数据，它支持 SPARQL 查询语言，可以与多种 RDF 数

据库集成使用。Virtuoso 是一种商业化的 RDF 数据库，支持 SPARQL 查询语言和多种 RDF 数据格式，可以存储和管理大规模的 RDF 数据。Blazegraph 是一种基于图形数据库的 RDF 存储和查询引擎，可以快速查询和处理大规模的 RDF 数据。GraphDB 除了存储和管理大规模的 RDF 数据，还提供了一些高级功能，如语义推理和全文搜索等。gStore 是一个高效的 RDF 三元组存储系统，使用稀疏矩阵和压缩算法来存储和管理大规模的 RDF 数据。它具有查询效率高、存储效率高等特点。gStore 也支持多用户、多线程和分布式部署等功能，可以满足大规模的知识图谱应用需求。这些 RDF 数据库各有优缺点，具体选择应根据具体应用场景和需求来判断。

3. 属性图存储

属性图存储是一种用于存储和查询具有复杂关系的图数据的存储方式，通常被用于知识图谱存储。属性图包括节点和边两个基本元素。节点表示实体，边表示实体之间的关系。每个节点和边都有一些属性，表示节点或边的特征。节点和边还可以被标记为不同的标签，以表示它们的类型或类别。属性图存储通常使用基于列存储的方式来存储图数据。相比于传统的行存储方式，基于列存储的方式可以提高查询效率和数据压缩率，适用于大规模图数据存储。属性图存储可以使用图形查询语言进行复杂查询和分析操作，通过查询语言，可以查询和分析实体和关系之间的复杂联系，包括节点之间的路径、节点的属性、节点和边的标签等。

常见的属性图数据库包括 Neo4j、JanusGraph、OrientDB 等，其中，Neo4j 最为主流，支持 Cypher 查询语言，可以用于查询和分析属性图数据。Cypher 的查询语句包含 MATCH、WHERE、RETURN、CREATE、DELETE 等多个子句，每个子句都以关键字开始。例如，以下 Cypher 查询语句用于查询所有标签为 Person 的节点及其关联的所有标签为 Movie 的节点：

“MATCH (p:Person)-[:ACTED_IN]->(m:Movie) RETURN p, m”

此外，Neo4j 还提供了一个 Web 界面工具 Neo4j Browser，可以用于可视化查询和分析属性图数据。

6.2　桥梁管养领域知识图谱构建

桥梁管养领域知识图谱的目标是实现桥梁结构参数、检测病害、技术状况和监测数据的关键业务要素信息融合，并在此基础上提供细粒度、智能化的领域知识问答服务。鉴于当前我国桥梁管养相关数据主要来自于各类型桥梁信息管理系统和桥梁检测报告等异构数据源，并且该领域涉及较丰富的专家经验和较强的约束性条件，完全自动化的构建方式难以获得较为准确的知识图谱。因此，在通用知识图谱构建方法基础上进行领域适应性改进，提出如图 6.4 所示的半自动构建方法路线。

该方法路线基于层次化的技术体系，涉及异构数据源层、信息抽取与融合层、领域知识表示层和知识应用层[13]。其中，异构数据源涵盖桥梁管养领域内相关的检测报告、行业标准等电子文档，以及领域信息化系统底层的关系型数据库。信息抽取与融合层主要涉及领域专家协同下的知识建模、文本信息抽取、结构化数据模式转换、实体对齐及知识融合等具体任务。领域知识表示层是信息抽取与融合层的任务输出，也是该领域知识图谱构建后的具体表现形式，涵盖领域本体形式化模型的语义模式层和本体语义约束下的实例数据层两个核心维度。在其基础上，以大规模图数据库为载体的领域知识图谱为上层的桥梁管养知识问答等智能应用提供基础。

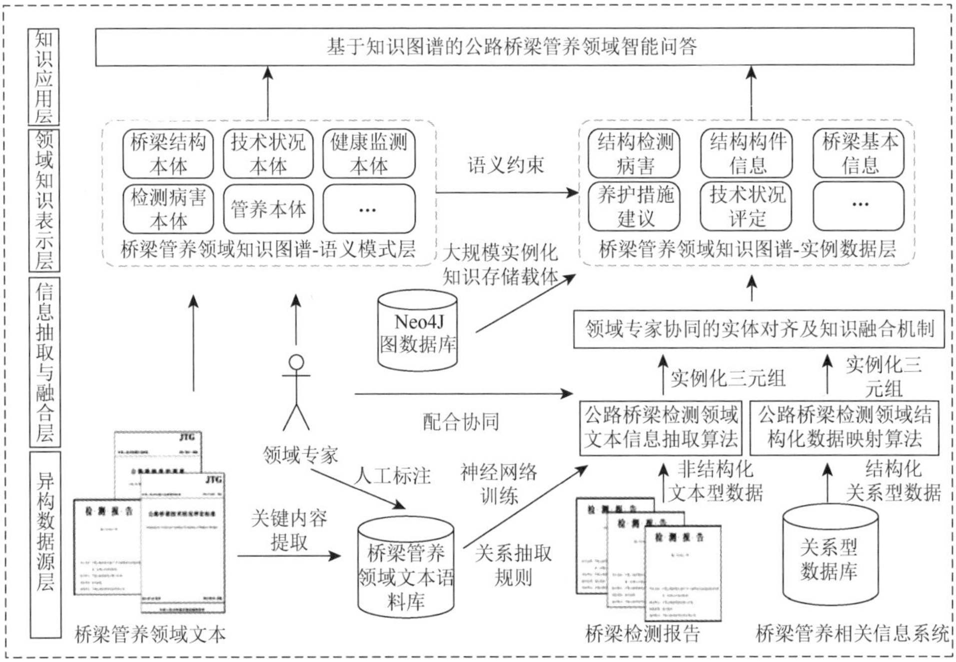

图 6.4　桥梁管养领域知识图谱构建技术路线（半自动）

6.2.1　桥梁管养领域知识图谱特性分析

为了使所构建的知识图谱满足桥梁实际应用场景需求，结合桥梁管养数据对该领域知识图谱的特性进行分析。所提出的领域知识图谱主要以 CBMS 和桥梁定期检测报告作为原始数据源。其中，CBMS 提供桥梁基础属性、结构构件组成和技术状况评定结果等静态领域信息。定期检测报告涉及以非结构化文本和半结构化表格数据格式记录的检测内容、检测工具、结构病害描述等检测业务要素信息。桥梁管养领域知识图谱构建技术路线如图 6.5 所示。

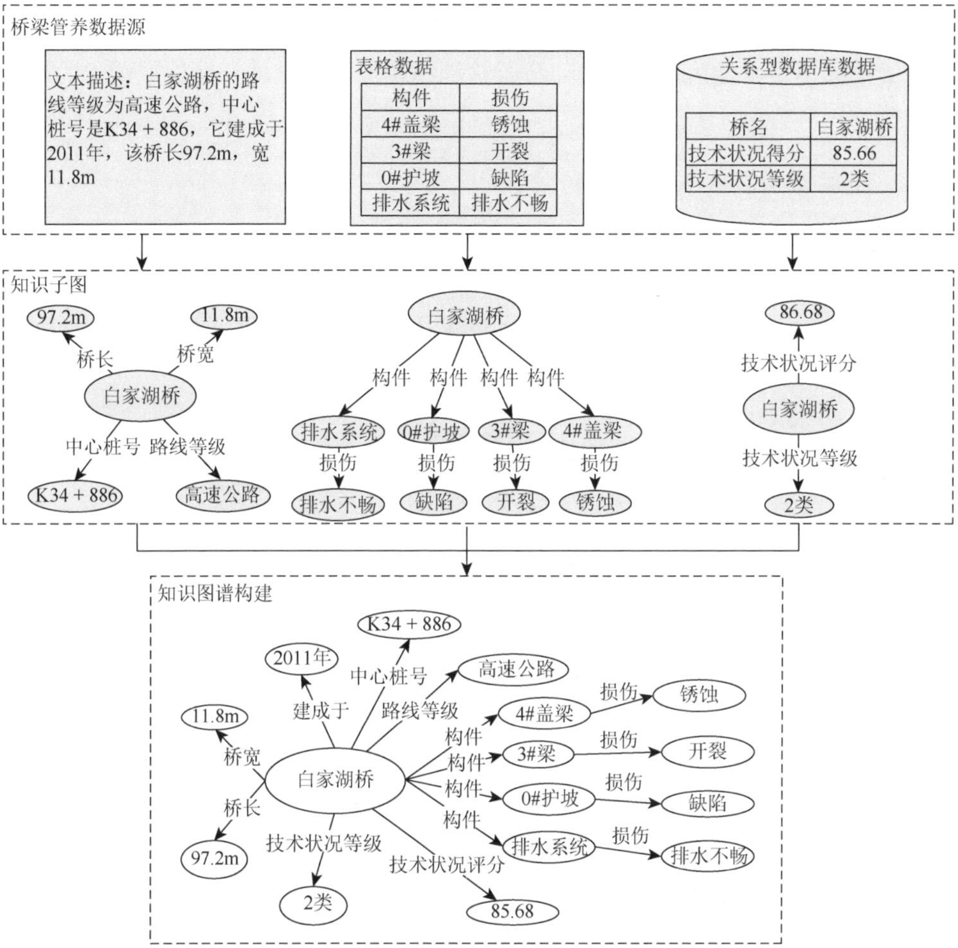

图 6.5　桥梁管养领域知识图谱构建技术路线

与通用领域知识图谱不同，该领域知识图谱以桥梁为中心节点，桥梁结构、损伤病害等其他节点呈发散状分布。并且，同类型的桥梁结构构件相对固定，结构相似。因此，桥梁管养知识图谱的空间特征显著，实体之间的关系相对固定。由于桥梁的基本信息不会改变，但结构状况和检测数据往往会随着时间而改变。因此，桥梁管养知识图谱是典型的工业知识图谱，具有明显的时空特征。

6.2.2　桥梁管养知识图谱语义模式层

在知识工程领域，W3C 推荐的 Web 本体语言（OWL）作为一种共享概念模型的形式化规范说明，描述了同一领域内概念及其之间关联的明确定义，是领域知识图谱的语义模式基础。选择多座混凝土连续刚构桥作为具体研究对象，分别从桥梁结构模块、健康监测模块、桥梁检测模块等多个维度开展领域知识的形式化建模。

1. 桥梁结构本体

为了从结构划分的角度对桥梁结构领域概念和语义关系进行形式化描述，采用了层次化的方法将桥梁结构分为五个概念层，分别是桥（Bridge）、桥梁实体（Bridge Entity）、桥梁结构（Bridge Structural Region）、桥梁成员（Bridge Member）和桥梁元素（Bridge Element）。图 6.6 展示了类和属性的部分视图。

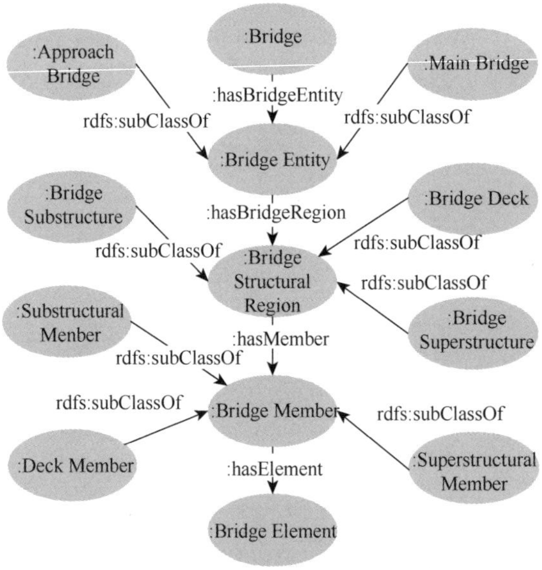

图 6.6　桥梁结构本体的语义表示

在顶层，使用 OWL 类“桥（Bridge）”表示桥梁的一般概念。然而，从结构划分的角度来看，桥梁可能由多个结构实体组成。例如，一座桥可以由右幅桥和左幅桥组成，或者每座桥可以分为一个主桥实体和几个具有不同结构或材料特性的引桥部件，其中每个部件都可以被视为独立的结构实体进行监测。因此，“桥梁实体（Bridge Entity）”类显式声明为“主桥（Main Bridge）”类和“引桥（Approach Bridge）”类的子类。对象属性“ hasBridgeEntity ”表示“整体-部分”关系和基数限制。

根据一般桥梁结构划分方法，每个桥梁实体由上部结构、下部结构和桥面系组成，“上部结构（Bridge Superstructure）”类、“下部结构（Bridge Substructure）”类和“桥面系（Bridge Deck）”类作为“桥梁结构（Bridge Structural Region）”的子类。结构构件根据所属的结构部分不同，分为上部结构构件、下部结构构件、桥面系构件，“上部结构构件（Superstructure Member）”类、“下部结构构件（Substructure Member）”类和“桥面系构件（Deck Member）”类作为“桥梁成员（Bridge Member）”的子类。结构构件可分解到结构单元层次，结构单元为桥梁管养中最小粒度的结构本体。

相应的形式公理可以如下定义：

桥（Bridge）$\subseteq (\geqslant 1)$hasBridgeEntity.主桥（Main Bridge）
$\wedge (\geqslant 0)$hasBridgeEntity.引桥（Approach Bridge）

桥梁实体（Bridge Entity）$\subseteq$ hasBridgeRegion.桥梁结构（Bridge Structural Region）

桥梁结构（Bridge Structural Region）$\subseteq$ hasMember.桥梁成员（Bridge Member）

图 6.6 中所示的所有类别和对象属性可以进一步扩展，并针对特定的桥梁结构和构件进行精确定义。例如，可将连续刚构桥的结构术语概念化，构建连续刚构桥结构本体的类、对象类型属性、数据类型属性。连续刚构桥的主梁是桥梁上部结构中的一种受力构件。主梁由梁段和横截面等构件组成。“桥梁元素（Bridge Member）”及其子类表示最细粒度的结构单元。按照最细粒度标准对连续刚构桥的主梁部分的语义模型做进一步扩展，如图 6.7 所示。

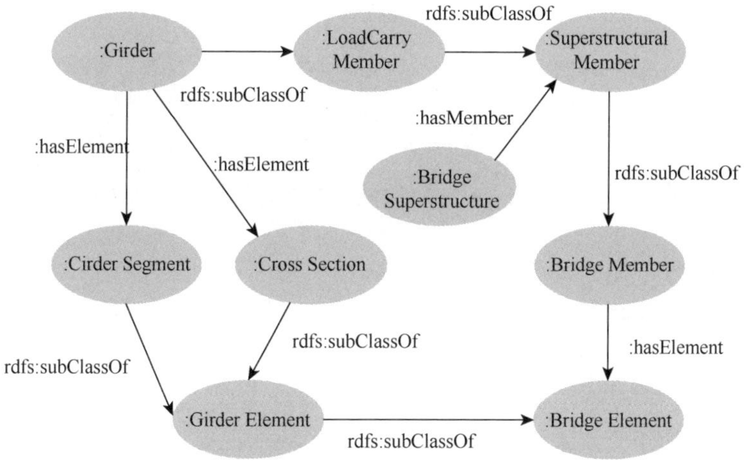

图 6.7　连续刚构桥主梁的语义本体

相应公理可以如下定义：

主梁梁段（Girder Segment）⊆主梁元素（Girder Member）

⊆桥梁元素（Bridge Member）

主梁横截面（Cross Section）⊆主梁元素（Girder Member）

⊆桥梁元素（Bridge Member）

主梁（Girder）⊆荷载构件（LoadCarry Member）

⊆上部结构构件（Superstructural Member）

主梁（Girder）⊆∃hasElement.主梁梁段（Girder Segment）

主梁（Girder）⊆∃hasElement.主梁横截面（Cross Section）

在层次结构划分定义的基础上，从几何、结构、材料和性能等方面定义了一些概念和关系。如图 6.8 所示，利用“结构类型（Structural Type）”、“材料类型（Material Type）”、“最大跨度（Max Span Length）”和“中心桩号（Center Stake Num）”等类来关联桥梁的整体结构、材料和地理信息，并给出了长度单位和长度值等子属性。

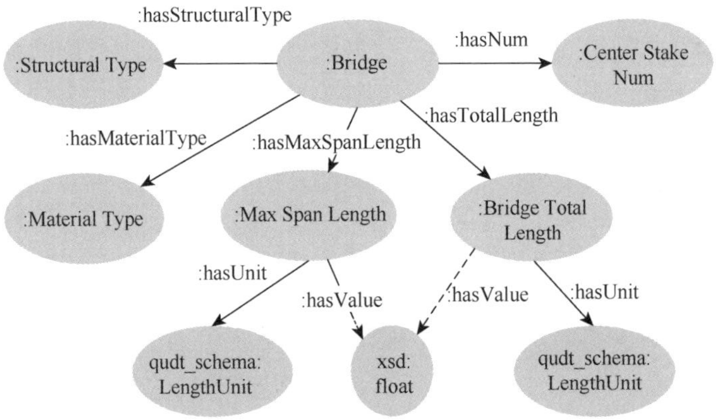

图 6.8　桥梁结构属性语义本体

从桥梁管理层面为桥梁的语义进行建模。给出桥梁管理信息一些基本属性，其语义模型如图 6.9 所示。

2. 桥梁结构健康监测本体

桥梁结构健康监测本体的主要目的是为领域知识提供词汇、关系和公理。该本体的范围主要包括桥梁结构健康监测系统、传感器和传感数据。通常，不同类型的传感器安装在桥梁的不同位置，同一类型的传感器用于不同结构参数的桥梁，其监测配置也不同。因此，监测特性，如安装位置、采样频率和数据类型，会受

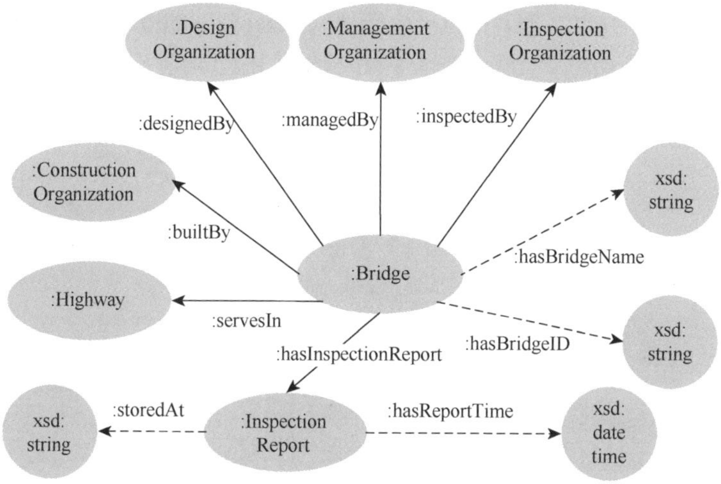

图 6.9　桥梁管理属性语义本体

到操作、结构和材料环境的严重影响。基于这些领域特征，采用自顶向下的方式来定义桥梁结构健康监测领域本体。桥梁结构健康监测系统一般包含传感器子系统、数据传输子系统、数据处理与管理子系统、数据分析子系统等功能模块。桥梁结构健康监测领域本体的主要目的是集成来自分布式系统的异构感知数据，并提供统一的语义模式。

根据领域特性，扩展了 SSN 和 SOSA 本体所包含的类和属性，如图 6.10 所示。

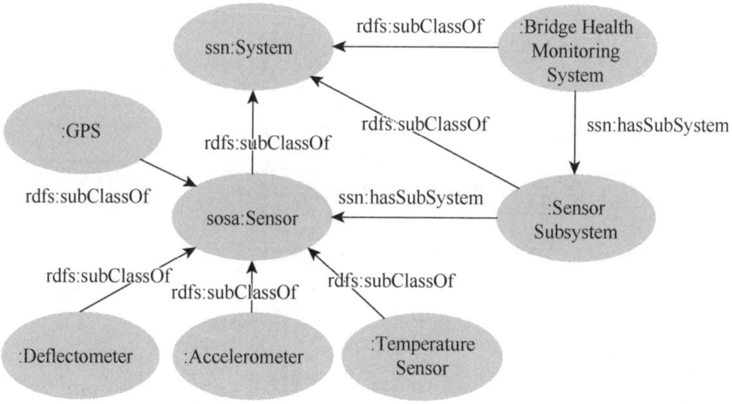

图 6.10　基于 SSN 和 SOSA 本体的桥梁结构健康监测本体

“桥梁结构健康监测系统（Bridge Health Monitoring System）”被定义为“ssn:系统（System）”的一个子类。一些传感器，如“GPS”和“加速度传感器

(Accelerometer)”被定义为“sosa：传感器（Sensor)”的子类。如图 6.11 所示，为监测传感器定义了几个代表系统能力和工作范围的类别及属性。

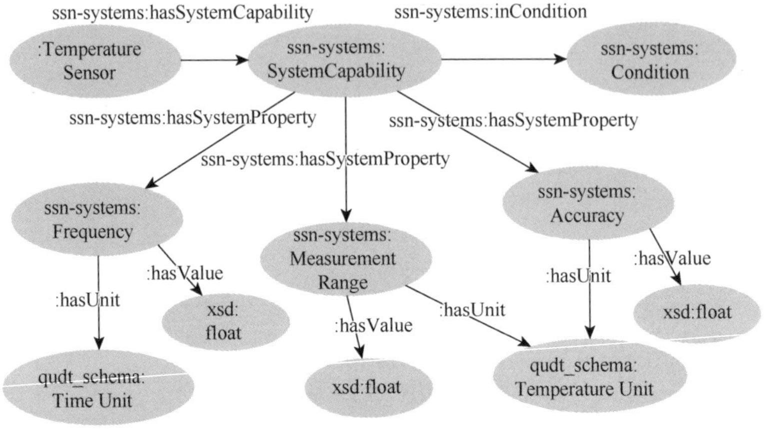

图 6.11　传感器性能属性语义模型

在正式定义了桥梁结构健康监测系统和传感器的基本概念及性质后，如何描述桥梁不同构件传感器之间的部署关系以及特定的可观测属性成为首要问题。由于每个传感器都安装在特定的桥梁部件或构件上，并且每个桥梁部件或构件可以承载一个或多个传感器，以满足不同的观测特性。安装的传感器和桥梁构件之间的语义关系示例如图 6.12 所示。

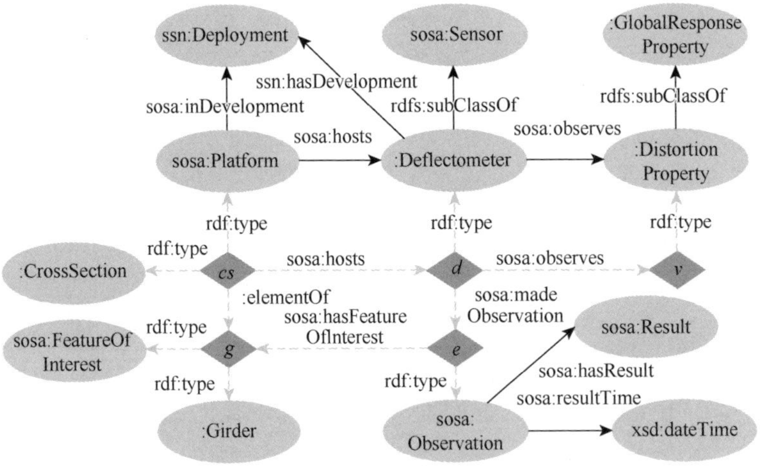

图 6.12　梁截面、挠度计和结构变形特性的语义模型

由于桥梁结构健康监测系统的复杂性，采用了层次化和多视角的方式来定义领域概念和关系。桥梁结构健康监测领域本体可以作为异构感知数据的统一模式，也可以扩展到检测或维护活动中。

3. 桥梁检测本体

在细粒度划分的桥梁结构单元本体语义模型的基础上，以《公路桥梁技术状况评定标准》（JTG/T H21—2011）为依据，围绕桥梁检测业务关键要素及观测结构病害开展了语义建模，提出了涵盖检测机构、检测工具、检测记录等检测业务维度，以及钢筋锈蚀、混凝土剥落和裂缝等多类型结构病害维度的概念层级及其语义关系模型。图 6.13 以裂缝为例，描述了结构病害、结构构件及检测业务要素之间的语义关联模型。

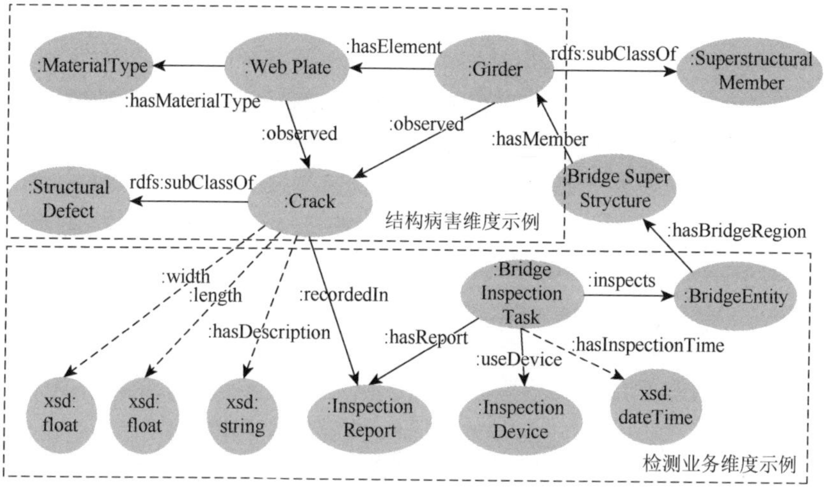

图 6.13　桥梁检测与结构病害本体语义模型示例

鉴于实际桥梁检测业务实施过程中不同检测机构对病害描述粒度存在一定的主观差异性等问题，采用了轻量级的语义约束限制。例如，对于结构病害的观测（observed）对象属性，没有设置其在结构构件或者构件元素之间的存在量词、全称量词及数量基数限制，使其能符合实际检测业务场景中病害描述特性。

桥梁技术状况评定可视为桥梁检测任务的输出，是以《公路桥梁技术状况评定标准》（JTG/T H21—2011）为计算依据，通过对观测到的结构病害计算得到构件、部件、结构区域（包含上部结构、下部结构和桥面系）和桥梁总体技术状况等级。由于针对部分结构病害的评定标准采用定性描述方式，很难完全自动化地进行标度和评定等级计算，在该维度下的语义建模仅涵盖了面向不同层级的评定结果。图 6.14 描述了部分关键领域概念及其对象属性。所提语义模型包含了构件技术状况（Member Condition）、部件技术状况（Component Condition）、上部结构技术状况（Superstructure Condition）和桥梁实体技术状况（Bridge Entity Condition）四类层级化概念，并作为技术状况评定结果（Condition Evaluation Result）的子类代表每次评定结果信息的语义封装。除此以外，评定结果均具有评定等级、评定得分和评定时间等内容数据类型属性。例如，梁构件（Girder）存在 hasConditionResult 关系，就是说对其构件技术状况（Member Condition）进行评定后，会得到相应的技术状况评定结果（Condition Evaluation Result）。

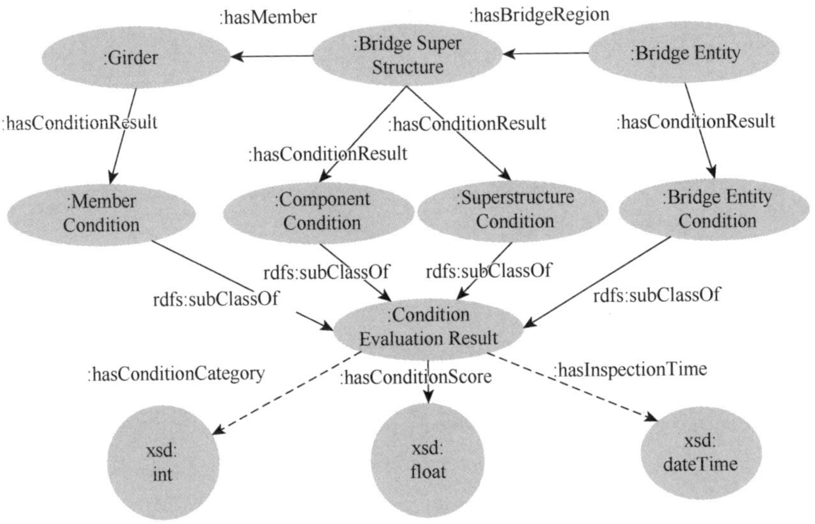

图 6.14　桥梁结构技术状况语义模型示例

6.2.3　桥梁管养知识图谱实例数据层

桥梁管养知识图谱示例数据层由实体节点集合、实体关系边集合构成，边连接两个节点表示一条三元组知识，三元组知识以“实体-关系-实体”或“实体-属性-属性值”的形式对该领域的事实型信息进行图谱化表征。实体指具体的桥名、桥梁构件名、传感器、病害、病害位置等。关系是两个实体间的语义关系，是桥梁管养知识图谱语义模式层所定义关系的实例。属性是对实体的具体说明，是实体与属性值之间的映射关系。在桥梁管养知识图谱语义模式层领域本体库的概念框架指导下，针对已有桥梁管养领域数据库、领域文献或其他文本资源等不同的知识源类型，获取多源数据，抽取实体及关系，并进行数据融合，最终将三元组知识存储到图数据库中。

1. 桥梁管养领域信息抽取

桥梁管养领域知识图谱主要以桥梁管理信息系统和定期检测报告等作为原始数据源。其中，桥梁管理信息系统提供桥梁基础属性、结构构件单元和技术状况评定结果等静态领域信息。定期检测报告涉及以文本、表格和图片等非结构化和半结构化数据格式记录的检测内容、检测工具、结构病害描述等检测业务要素信息。在领域信息抽取过程中主要包含关系型数据语义映射与文本信息抽取两项主要任务。采用 R2RML 映射方法将关系型数据抽取为 RDF 三元组。桥梁管养领域细粒度信息抽取主要是采用命名实体识别、关系抽取等自然语言处理技术，抽取出管养文本中的知识三元组信息。领域三元组抽取示例如表 6.1 所示。

表 6.1　桥梁管养领域知识三元组抽取示例

桥梁管养文本示例	抽取三元组示例
（1）北岸 0#桥台上游侧前墙有 2 条竖向裂缝	（1）＜北岸 0#桥台，结构组成，前墙＞
（2）主桥球型拉压支座钢板脱漆、锈蚀	（2）＜主桥，结构组成，球型拉压支座＞
（3）北岸 0#桥台上游侧前墙有 2 条竖向裂缝	（3）＜前墙，存在病害，竖向裂缝＞
（4）主桥球型拉压支座钢板脱漆、锈蚀	（4）＜球型拉压支座，存在病害，钢板脱漆＞
（5）1～6#梁距离 0#桥台 3m 处网裂	（5）＜网裂，病害位置，距离 0#桥台 3m 处＞
（6）上游塔柱顶板 NS7#锚头上方 15 条横向裂缝	（6）＜横向裂缝，病害位置，NS7#锚头上方＞

2. 桥梁管养领域信息融合

以关系型数据语义映射、表格数据语义转换和文本信息抽取后得到的实例三元组信息为基础，进行以知识库实体对齐为核心的信息融合是构建桥梁管养领域知识图谱的又一重要任务。由于该领域知识图谱最终以 RDF 三元组为基本数据格式，而为了保证知识图谱中实例信息在全局范围下的唯一性，RDF 主语、谓语和宾语通常以统一资源标识符（uniform resource identifier，URI）进行定义。因此，通过领域本体前缀（Prefix）与 128 位唯一标识符的组合方式构建 URI，并采用 RDF Label 进行标识增强图谱中实例信息的可读性。图 6.15 描述了表 6.1 中示例文本“北岸 0#桥台上游侧前墙有 2 条竖向裂缝”对应 RDF 三元组的图谱化表征方式。其中，菱形代表 RDF 实例对象，椭圆代表在语义模式层定义的领域概念，实线箭头代表 RDF 预定义关系，虚线箭头代表语义模式层定义的对象属性关系。

由于通过自然语言处理方式从管养文本中抽取出的三元组主谓宾实体仍然是文本字符串方式描述，而同一文本描述在知识图谱中可能对应多个实体。例如，如图 6.15 所示的“前墙”是“北岸 0#桥台”的结构单元，而在其他桥梁或构件中

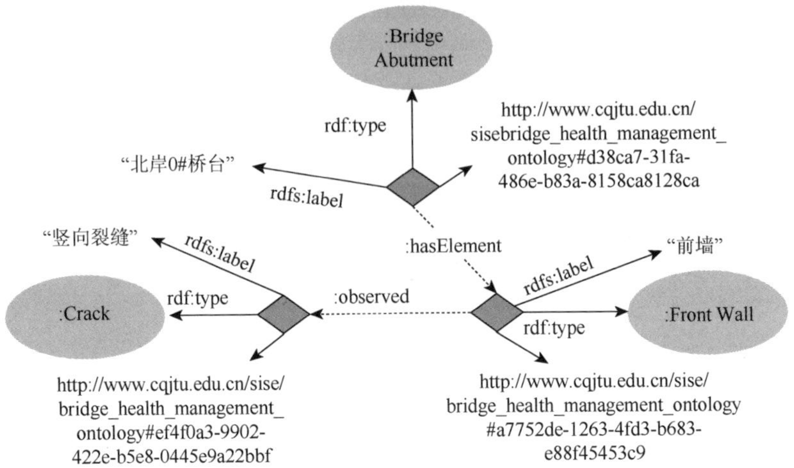

图 6.15　桥梁管养领域 RDF 三元组图谱化表征方式示例

也可能存在对应“前墙”实体，在图谱中应属于不同的实例对象。另外，由于针对同一桥梁的检测报告可能由不同机构出具，为保证该领域知识图谱信息融合的准确性，采用了领域专家协同下的半自动实体对齐方式，即在实体对齐过程中，首先基于字符串匹配和短文本相似度计算方法从既有图谱中筛选出候选实体集，然后由人工方式进行实体的概念匹配、实体对齐和知识补全，并按领域本体前缀（Prefix）与 128 位唯一标识符的组合方式赋予 URI 值，用“rdfs:label”标注其信息抽取属性。最后，采用了基于描述逻辑的 Pellet 本体推理机对信息融合后产生的桥梁管养领域知识图谱进行一致性和可满足性验证，使其符合语义模式层的公理约束。

3. 桥梁管养领域知识图谱存储

目前，知识图谱主要借助 RDF 数据库和图数据库进行存储管理。对于桥梁管养领域知识图谱，其部分语义表达模式相对固定，桥梁结构及其构件关联等实例节点属于静态信息，结构病害等领域知识更新频率相对较低。同时，为满足后续知识图谱问答系统构建需求，采用了 Neo4j 图数据库作为该领域知识图谱实例数据层信息的存储载体。由于 Neo4j 基于属性图模型的数据存储方式与 RDF 图模式存在一定差异，将桥梁管养领域知识图谱 RDF 图保存为 JSON 格式，并按如下规则映射为 CSV（comma separate values）格式实现 Neo4j 的图数据导入。在映射过程中，将 RDF 实例对应的 URI 作为 Neo4j 属性图节点 ID，RDF 实例所属的 OWL 类作为节点标签，并将 RDF 实例对应的“rdfs:label”属性、数据类型属性作为节点内属性进行表示，属性图节点之间的边映射自 RDF 图中的对象属性关系，包含“rdfs:label”属性进行描述，增强可理解性。

6.3 桥梁管养知识图谱原型及应用

针对桥梁管养领域知识建模与共享不充分，智能化管养辅助决策支持不足等关键问题，本节以大数据为基础战略性资源，融合人工智能理论、语义网络、本体论及其知识图谱等关键技术，可开展桥梁管养领域知识表示、知识图谱构建以及智能问答等研究，解决桥梁管养文本及其领域知识共享不足、全要素信息管理与智能服务不足等难题。首先，以 Protégé 为本体建模工具，对桥梁管养知识进行语义本体建模，并在此基础上，采用 Neo4j 图数据库对桥梁管养知识三元组进行图谱化存储。最后，为从整体上评测桥梁管养知识图谱及其问答方法在实际工程应用场景下的效果，设计研发了桥梁管养领域知识图谱问答原型系统，从而实现桥梁管养问答式领域信息交互。

6.3.1 桥梁管养知识图谱原型

桥梁管养知识图谱充分利用和整合了桥梁管养数据并进一步挖掘了其价值，形成了一种结构化的信息表达方式并实现了桥梁管养数据的知识重构和结构化存储。基于桥梁管养知识图谱相关理论基础、信息抽取方法以及存储策略，对知识图谱的语义模式层和实例数据层进行了原型展示。

1. 领域知识图谱语义本体

采用语义 Web 领域主流的 Protégé 为本体建模工具，并通过 Pellet、FaCT++和 Hermit 逻辑推理机进行所构建本体的形式化推理验证。图 6.16 展示了部分语义本体概念。

当前版本的桥梁管养领域本体模型包含了定义的 OWL 领域概念 210 个，存在 334 种概念之间的 subClassOf 关系及 1758 种逻辑公理约束，图 6.17 展示了关系的建模及验证情况示例。定义有对象属性关系 95 种，其中，包含子属性（Sub ObjectPropertyOf）关系 25 种，逆对象属性（Inverse Object Property）关系 26 种，函数对象属性（Functional Object Property）关系 3 种，传递性对象属性（Transitive Object Property）关系 3 种，较好地涵盖了桥梁结构健康监测领域中涉及的领域概念、属性关系及其公理约束限制。通过运行 Pellet、FaCT++和 Hermit 推理机，所构建的本体符合概念可满足性和一致性等推理。

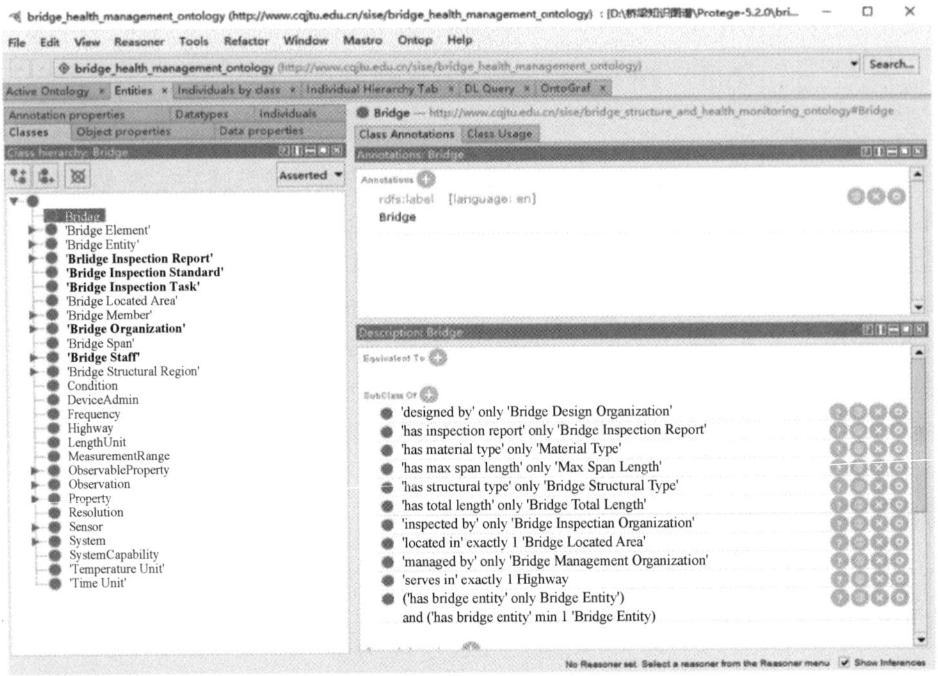

图 6.16　桥梁管养知识图谱语义本体概念

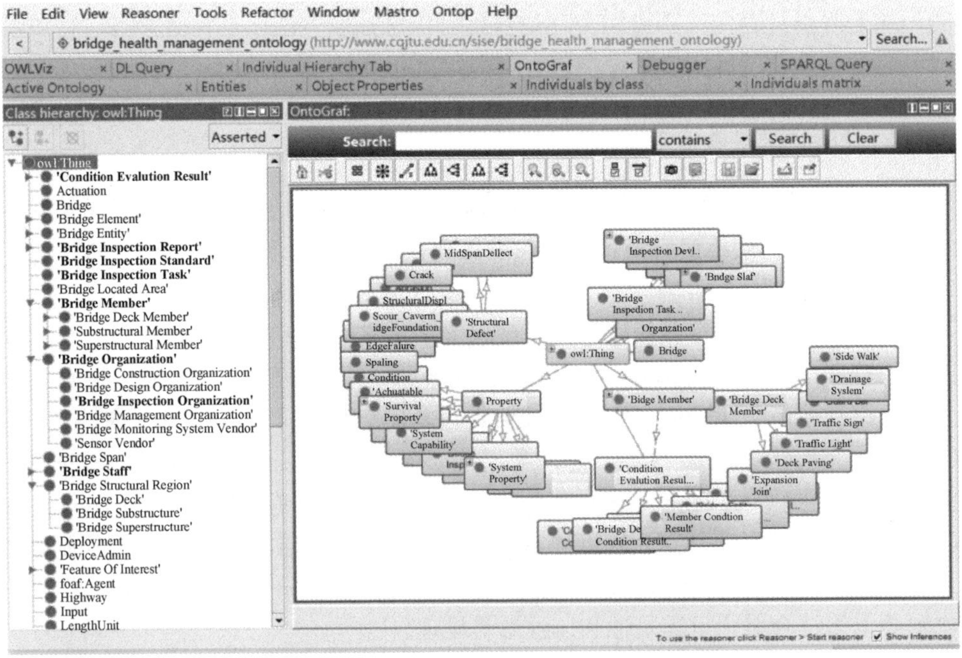

图 6.17　桥梁管养知识图谱语义本体形式化验证

2. 领域知识图谱实例数据

选择 Neo4j 图数据库作为桥梁管养领域知识图谱的存储工具，利用 Cypher 结构化查询语言对该领域知识图谱进行增、删、改、查等一系列操作。其中涉及桥梁、桥梁结构、结构元素、细粒度构件、病害损伤位置、病害、技术状况共 7 类主要实体类型。表 6.2 表明了哪些桥梁相关实体间存在特定关系，哪些实体间没有直接联系。

表 6.2　实体间存在关系的情况

实体	桥梁	桥梁结构	结构元素	细粒度构件	病害损伤位置	病害	技术状况
桥梁		√					√
桥梁结构	√		√	√	√	√	√
结构元素		√		√	√	√	
细粒度构件		√	√			√	
病害损伤位置		√	√			√	
病害		√	√	√	√		
技术状况	√	√					

其中，桥梁和桥梁结构、桥梁结构和结构元素、桥梁结构和细粒度构件、结构元素和细粒度构件间都存在“结构组成”关系，桥梁和技术状况、桥梁结构和技术状况间存在“技术状况评定”关系，桥梁结构和病害、结构元素和病害、细粒度构件和病害间存在“有病害”关系，桥梁结构和病害损伤位置、结构元素和病害损伤位置、病害和病害损伤位置间存在“位置”关系。

Neo4j 能将知识图谱中的实体和关系进行图谱化展示，基于 Neo4j 存储的桥梁管养领域知识图谱如图 6.18 所示，图中展示了桥梁管养领域 8 类实体和 9 种关系。其中，不同颜色的节点代表不同类型的实体，边表示实体间的关系，带编号的细粒度构件是数量最多的一类桥梁实体，也是桥梁结构的最小单位。

6.3.2　领域知识图谱智能交互

知识图谱语义模式和实例数据的可视化操作需要掌握一定的 Protégé 和 Neo4j 相关知识及使用技能，而桥梁管养领域用户并不都是数据库方面的专业人员，缺乏相关数据库操作经验。因此，结合桥梁管养用户的实际需求，为了方便用户操作，设计了该领域知识图谱的前端实体搜索功能和图谱展示功能，从而实现桥梁管养用户与知识图谱的直接交互。

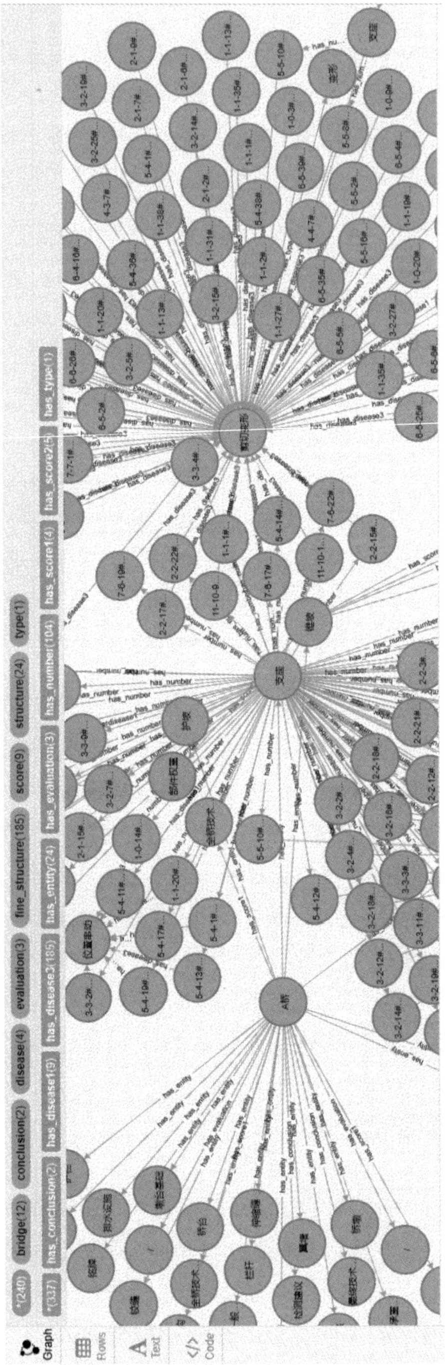

图 6.18　桥梁管养知识图谱 Neo4j 可视化

1. 实体搜索

实体搜索功能允许用户在操作界面搜索实体名称，从而找到与该实体相关的知识三元组，并以知识图谱子图的形式返回给桥梁管养用户。如图 6.19 所示，在右边搜索框输入桥梁实体名“A 桥”，则返回与该实体“A 桥”相关的单跳内的知识图谱子图。

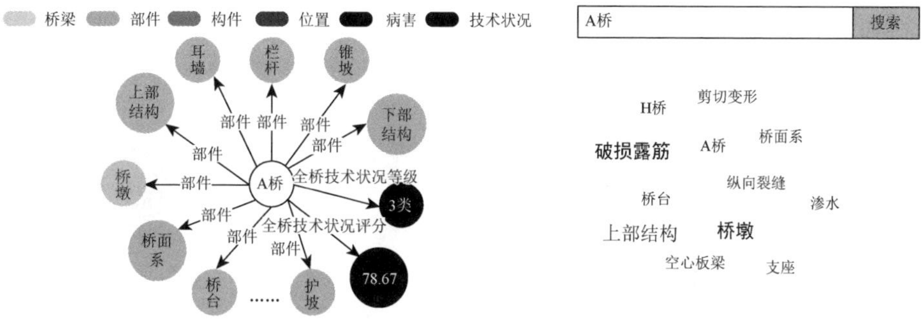

图 6.19　输入式实体搜索示例

也可单击右边滚动展示的桥梁管养实体关键词来进行实体搜索。如图 6.20 所示，单击桥梁实体“脱空”，则与该实体“脱空”相关的一跳内的知识图谱子图被返回，返回节点为桥梁构件实体和技术状况评定实体。

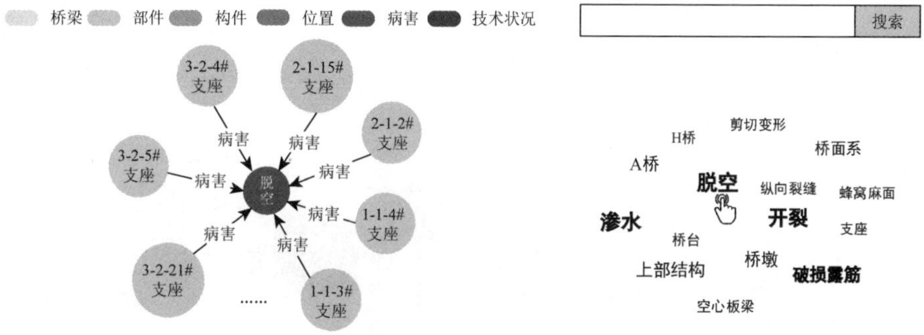

图 6.20　单击式实体搜索示例

2. 图谱展示

考虑到基于 Neo4j 图数据库的桥梁管养领域知识图谱的可视化界面无法友好地展示给桥梁管养用户，只能作为后端数据库进行图谱化存储。因此，设计了桥梁管养用户与知识图谱的直接交互界面，尽可能多地向桥梁管养用户展示该领域知识图谱的实体和对应关系，帮助桥梁管养用户宏观掌握桥梁实体间的相互联系，直接观察桥梁结构健康状况。桥梁管养领域知识图谱交互示例如图 6.21 所示。

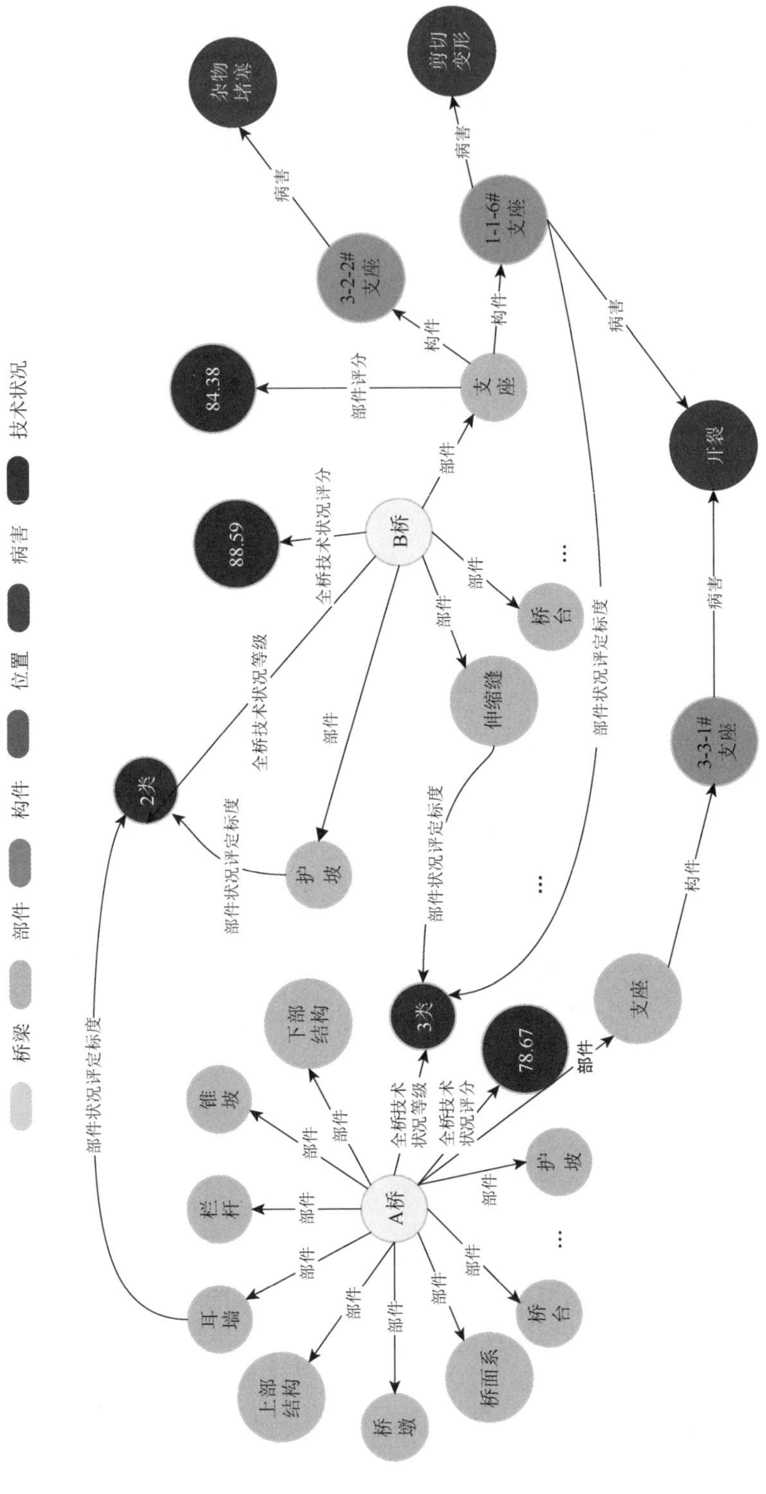

图 6.21　桥梁管养领域知识图谱交互示例

6.3.3　领域知识图谱问答系统

桥梁管养领域知识图谱问答系统构成主要包括领域知识图谱构建、领域知识图谱问答和智能交互界面三个模块，如图 6.22 所示。为了方便桥梁管养用户直观地查询和观察知识图谱中的实体和关系，在领域知识图谱问答模块和智能交互界面对相关桥梁管养知识子图进行了相应展示。针对领域知识图谱问答模块，设计了智能问答交互平台，用户可以在问答界面输入桥梁管养相关自然语言问句，系统会根据后端训练好的知识图谱问答神经网络算法，理解用户意图，然后从桥梁管养知识图谱中查找正确答案并返回给用户。

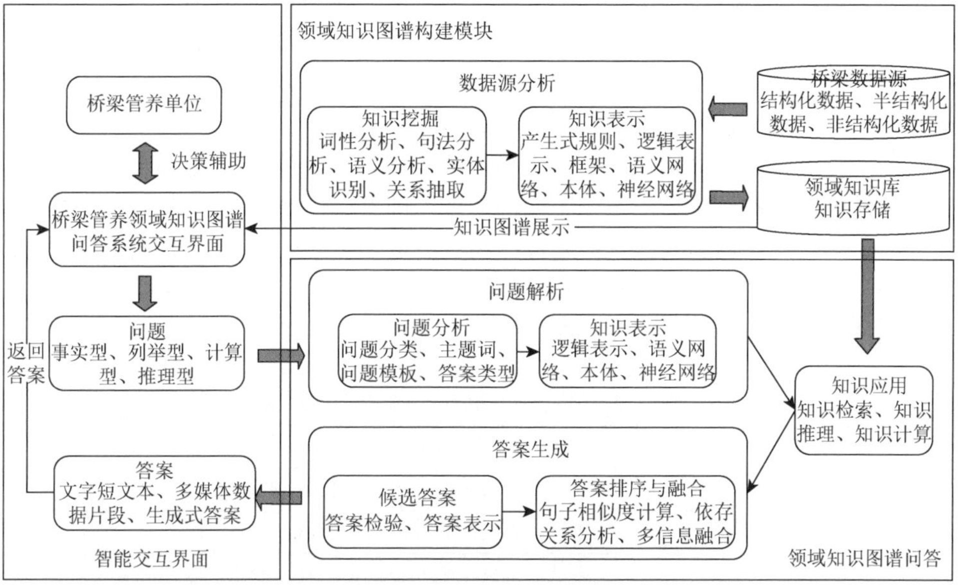

图 6.22　桥梁管养知识图谱问答系统架构

1. 领域知识图谱问答流程

以 Neo4j 图数据库中存储的桥梁管养领域知识图谱为基础，面向该领域业务场景中对细粒度信息交互的实际需求，以智能交互界面的自然语言问句为输入，通过问题解析模块将自然语言映射为 Neo4j 图数据库的 Cypher 查询语句，在进行图谱信息检索的基础上，由答案生成模块根据检索结果构建自然语言式的答案短文本在问答交互界面中展示。该系统的整体框架如图 6.23 所示。

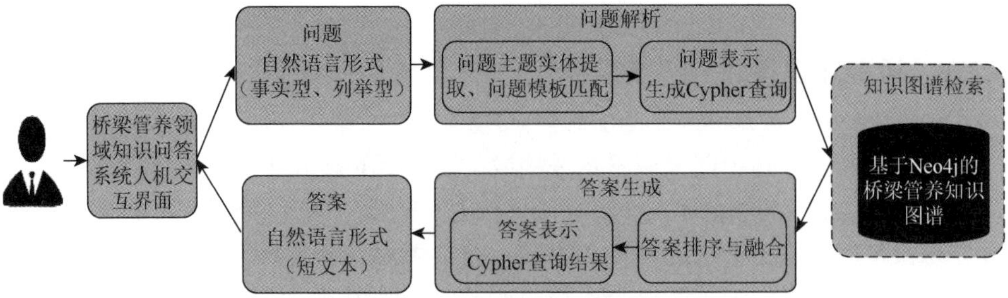

图 6.23　桥梁管养领域知识图谱问答流程

1）问题解析

桥梁管养领域知识图谱问答系统最终服务用户为桥梁管养领域专业人员，在问答交互场景中具有较明确的问题类型和较统一的问句表达方法，可视为限定域的知识图谱问答。因此，问题解析模块以自然语言问句为输入，在分词和主题词提取等任务的基础上，通过问题分类理解问题意图，并进行问题模板匹配，以生成 Neo4j 图数据库原生支持的 Cypher 查询语句。

基于桥梁管养领域知识图谱中所涵盖的实例三元组信息内容，围绕桥梁基本信息、健康监测和结构检测三个主题，涉及时间与空间维度下的单座桥、多座桥和多类型结构构件相关的常见问题设计问题模板，共计 40 小类，部分问题模板示例如表 6.3 所示，其中，问题主题实体标签 BRI 表示桥梁名称，ENT 表示结构部件或构件，DIS 表示检测病害，TC 表示技术状况评定情况。

表 6.3　桥梁管养领域知识图谱问答系统的问题模板示例

问题大类	问题小类（问题模板示例）
桥梁基本信息	中心桩号（BRI 的中心桩号是多少？）
	跨径组合（BRI 的跨径组合是什么？）
	建成时间（BRI 的建成时间是什么？）
	服役路线（BRI 服役于哪条路线？）
	管理单位（BRI 的管理单位是哪个？）
	检测单位（BRI 的检测单位有哪些？）
	结构形式（BRI 的结构形式是什么？）
	结构材料（ENT 的材料形式是什么？）
检测病害	单桥病害（BRI 存在哪些病害？）
	多桥病害（BRI 和 BRI 共同病害有哪些？）
	病害部位（BRI 的 DIS 存在哪些位置？）
	病害原因（DIS 的主要原因是什么？）

续表

问题大类	问题小类（问题模板示例）
技术状况	桥梁构件评分（ENT 的评分是多少？）
	部件/构件等级（ENT 的评定等级是什么？）
	单桥评定结果（BRI 近两次评定是几类？）
	多桥评定结果（评定为 TC 的有哪些桥？）

对用户输入的自然语言问句进行解析，并准确提取其中的主题实体是实现知识问答的前提，其任务本质是面向问句短文本的命名实体识别问题。例如，用户提问“重庆长江大桥近两次评定是几类？”，识别后产生 [“重庆长江大桥”，BRI] 的输出结果，其中“重庆长江大桥”为问题主题实体，BRI 为其对应的实体类别标签。鉴于同种类型的问题，用户输入的表达方式可能存在一定差异，完全基于字符串匹配的方式难以应对知识问答场景。例如，上述示例的“重庆长江大桥近两次评定是几类？”问句，可能表达为“重庆长江大桥最近两次的技术状况评定结果是什么？”“重庆长江大桥近两次评定结果分别是什么？”等形式，而上述问题均应匹配于问题模板“BRI 近两次评定是几类？”。因此，对于问题主题实体提取后的问句，其匹配过程本质是与问题模板的相似度计算或问题分类任务。在桥梁管养领域知识图谱问答系统构建过程中，采用了经典的朴素贝叶斯算法进行问题分类。当匹配到对应问题模板后，将主题实体识别的输出作为参数，输入知识查询模块进行图谱信息检索。

2）知识查询

知识查询模块建立解析问题和 Neo4j 图数据库之间的信息交互过程，即将问题文本抽象表示为 Neo4j 图数据库的 Cypher 查询语句，并通过 Cypher 查询引擎在知识图谱中检索问题的答案。Cypher 语句的生成取决于问题解析阶段抽取的问题主题实体和匹配到的问题模板，用主题实体去替换模板中标注部分的内容，再利用 Cypher 语言去构造对应模板的查询语句。因此，问题文本到 Cypher 语句的映射需要问题模板和 Cypher 查询的一一对应。表 6.4 列举了部分简单问题模板对应的 Cypher 查询语句，复杂问题的查询可通过多个 Cypher 查询语句组合进行实现。

表 6.4　桥梁管养领域知识问答的问题模板及 Cypher 查询语句示例

问题模板	桥梁管养领域知识图谱 Neo4j 数据库中的 Cypher 查询语句
BRI 近两次评定是几类？	match（m1：bridge）[-r1：has_evaluation] ->（d：score）< [-r2：has_last_evaluation]（-m2：bridge）where m1. bName = '｛bridge_name｝' and m2. bName = '｛bridge_name｝' and d. tName = '｛technology_name｝' return d. tValue
BRI 的建成时间是什么？	match（m：bridge）where m. bName = '｛disease_name｝' return m. bCDate

续表

问题模板	桥梁管养领域知识图谱 Neo4j 数据库中的 Cypher 查询语句
BRI 和 BRI 的共同病害有哪些?	match（m1：bridge）[-r1：has_entity]->（s1）[-t1：has_disease1]->（d）<[-t2：has_disease1]（-s2）<[-r2：has_entity]（-m2：bridge）where m1. bName =＇{disease_name}＇and m2. bName =＇{disease_name}＇return d. bDName
BRI 的 DIS 主要存在哪些位置?	match（b：bridge）[-r1：has_entity] ->（s）[-r2：has_location] ->（l）[-r3：has_disease] ->（d）where b. bName =＇{bridge_name}＇and d. bDName =＇{disease_name}＇return s. bSName

3）答案生成

答案生成模块通过对 Neo4j 图数据库中检索到的细粒度信息进行字符串拼接、去重、排序与融合，以自然语言短文本形式返回给用户，保证了问题和答案类型的一致性。例如，对于一个事实型问题“重庆长江大桥的建成时间是什么时候？”，通过问题解析和知识查询阶段的处理，得到该自然语言问句的 Cypher 查询“match(m:bridge)where m. bName = '重庆长江大桥' return m. bCDate”。在 Neo4j 图数据库中查询结果为“1980 年 7 月 1 日”，返回给用户的最终答案是“重庆长江大桥的建成时间是 1980 年 7 月 1 日”。类似地，对于一个列举型问题“A 桥和 B 桥的共同病害有哪些？”，返回给用户的答案是“A 桥和 B 桥共同病害有：离析、开裂、渗水泛白、破损、脱空、剪切变形、纵向裂缝、混凝土破损、横向裂缝、竖向裂缝、破损露筋。”

2. 领域知识图谱问答系统展示

为了直接方便地满足桥梁管养用户对桥梁检测相关问题的查询需求，对知识图谱问答模块进行了设计[14]。该领域知识图谱问答系统主要回答细粒度检测信息，包括桥梁基本属性、桥梁结构损伤病害、桥梁技术状况评定结果。在桥梁管养实际应用场景中，登录该知识图谱问答系统后，可以用自然语言查询桥梁管养相关信息，系统会直接返回相应的答案。图 6.24 给出了各类桥梁检测问题的知识图谱问答交互示例。

领域知识图谱问答模块包括对事实三元组知识的检索功能、对桥梁共同病害的推理功能、对桥梁病害种类的计算功能等，从而实现单座桥的信息检索以及相似结构类型和相似运营环境下多座桥梁之间的结构状态演化趋势、技术状况评定及损伤安全预警等，辅助桥梁管养单位做出相应决策。问题“F 桥存在哪些结构病害”“C 桥的哪些具体部位存在纵向裂缝”是基于三元组事实的问题，实现了对事实三元组知识的检索功能；问题“D 桥和 F 桥存在哪些共同病害？”“在上次检测结果和本次检测结果中，B 桥的全桥技术状况等级分别为多少？”是带有推理性质的问题，从而实现了对部分知识图谱问答的推理功能；问题“D 桥存在几种

图 6.24 桥梁管养知识图谱问答交互示例

病害？”是计算类问题，因此实现了知识图谱问答的计算功能。知识图谱问答系统实现了桥梁管养用户与该领域知识图谱间的细粒度信息交互，促进了桥梁管养的智能化发展。此外，该系统还向领域专家反馈桥梁运行状态的变化，辅助桥梁工程师进行管理和维护决策，提高桥梁管养的智能化水平。

参 考 文 献

[1] 《中国公路学报》编辑部. 中国桥梁工程学术研究综述. 2014[J]. 中国公路学报, 2014, 27(5): 1-96.

[2] Bao Y Q, Chen Z C, Wei S Y, et al. The state of the art of data science and engineering in structural health monitoring[J]. Engineering, 2019, 5(2): 234-242.

[3] Sun L M, Shang Z Q, Xia Y, et al. Review of bridge structural health monitoring aided by big data and artificial intelligence: From condition assessment to damage detection[J]. Journal of Structural Engineering, 2020, 146(5): 04020073.

[4] 漆桂林, 高桓, 吴天星. 知识图谱研究进展[J]. 情报工程, 2017, 3(1): 4-25.
[5] 吴信东, 何进, 陆汝钤, 等. 从大数据到大知识: HACE + BigKE[J]. 自动化学报, 2016, 42(7): 965-982.
[6] 侯梦薇, 卫荣, 陆亮, 等. 知识图谱研究综述及其在医疗领域的应用[J]. 计算机研究与发展, 2018, 55(12): 2587-2599.
[7] 王鑫, 邹磊, 王朝坤, 等. 知识图谱数据管理研究综述[J]. 软件学报, 2019, 30(7): 2139-2174.
[8] Sinfhal A. Introducing the knowledge graph: Things, not strings[Z]. Official Blog of Google, 2012.
[9] 鄂世嘉, 林培裕, 向阳. 自动化构建的中文知识图谱系统[J]. 计算机应用, 2016, 36(4): 992-996, 1001.
[10] 张永威, 张岩, 唐新余, 等. 关系型数据的知识抽取和 RDF 转换框架及实现[J]. 计算机工程与应用, 2022, 58(17): 213-223.
[11] 李韧. 基于 Hadoop 的大规模语义 Web 本体数据查询与推理关键技术研究[D]. 重庆: 重庆大学, 2013.
[12] 庄严, 李国良, 冯建华. 知识库实体对齐技术综述[J]. 计算机研究与发展, 2016, 53(1): 165-192.
[13] 杨小霞, 杨建喜, 李韧, 等. 桥梁检测领域知识图谱构建与知识问答方法[J]. 计算机应用, 2022, 42(S1): 28-36.
[14] 杨小霞. 桥梁检测领域知识图谱问答关键技术研究[D]. 重庆: 重庆交通大学, 2022.

第 7 章　公路桥梁结构健康监测大数据云平台

7.1　公路桥梁结构健康监测大数据云平台建设背景

随着我国公路网的逐渐形成，公路桥龄持续增长，公路桥梁养护任务日益繁重，桥梁安全管理系统性风险不断增加，对公路桥梁的管养水平、技术水平提出了更高的要求。随着管理要求及管理意识的不断提高，不少新建的特大型桥梁均在建设期间开始同步建设桥梁结构健康监测系统，部分已建的大型桥梁也开始增设桥梁结构健康监测系统。然而，传统结构监测系统多为“独立”项目，监测系统投资较大且性价比有限，监测系统软件复用性低，研发、调试、部署周期长，桥梁的监测数据分析和利用难度大，特别不利于在一些中小型桥梁上推广和应用。此外，系统建设完成并交付后，后期的系统维护和管理也存在困难。云计算是当代信息技术发展的主要趋势[1]，在云平台的强大运算、存储和兼容能力支撑下，实现网络化、集成化管理，能够大大降低单个项目的系统软件研发和建设成本，同时能够显著提高项目管理及运维效率，更有利于为用户提供优质的服务。

基于物联网、云计算、大数据等信息化技术搭建的桥梁结构健康监测系统[2-4]，将为桥梁管理者提供一个有效的桥梁运营安全管理平台。通过系统能够及时获得桥址环境、结构响应信息，实时监测桥梁的结构状态，在桥梁结构出现异常状况时发出预警，有效降低桥梁灾害性事故发生的概率。能够有效地掌控运营期桥梁的结构使用状态及其发展演化趋势，为桥梁的养护维修决策提供有效的技术支撑，从而保障桥梁的长期安全运营。

桥梁结构健康监测云平台总体设计分为硬件层、数据层、组件层、应用层和服务层五个部分[5]。硬件层是搭建在服务器、交换机及存储设备上的基础设施，既可以搭建在公有云，也可以搭建在私有云上。数据层采用分布式数据存储保证数据的安全性。组件层通过内置多种厂家型号设备通信协议和算法，可一站式快速无缝接入各类传感、采集、通信设备，并提供标准 API 供用户在线调用，也可以为第三方平台定制数据接口，其目标是将不受品牌和型号限制的任意设备以最快速和便捷的方式接入云端，节省集成的接口开发时间。应用层实现了实时数据查看、短信告警、历史数据查询、设备诊断、报告报表、用户管理等功能。服务层是在平台搭建基于分布式架构的大数据分析引擎，可实现数据可视化分析、专业评估及分析预测，帮助用户深度挖掘监测数据价值，进行结构异常诊断和评估，为维护决策提供重要支撑。桥梁结构健康监测云平台主要包括数据采集软件子系统、数据处理软件子系统、数据库软件子系统、用户界面软件子系统、移动端应用软件子系统[6-8]。随着接入桥梁数量和传感器数量的增多，研发桥梁结构健康监测云平台需要重点解决大量传感器高频信号的并发采集以及处理海量数据[9]存储与分析等关键技术问题。

7.2　公路桥梁结构健康监测大数据云平台技术架构

7.2.1　平台总体设计

公路桥梁结构健康监测大数据云平台的总体定位为：基于公路桥梁管养业务体系中 CBMS 和桥梁结构健康监测等各类系统涉及的桥梁基础数据、监测数据、经常性检查数据、定期检测数据等管养全要素信息，以区域政务云计算和大数据环境为支撑，以关键技术研究、标准体系建设和软件平台研发为重点，提供健康监测系统统一监管、管养业务综合管理、大数据分析服务及可视化，改变传统各类桥梁监测和信息管理系统“孤岛化”局面，提升桥梁管理智慧化品质。

基于总体定位，公路桥梁结构健康监测大数据云平台总体架构设计如图 7.1 所示，其主要分为大数据分析模型关键技术研究、大数据云平台研发、标准体系和平台应用等多个维度。

（1）平台建设的标准化是关系到平台大数据分析标准数据来源的关键，是保障平台数据分析效果和应用能力的基础。因此，依据国家《公路桥梁技术状况评定标准》（JTG/T H21—2011）、《公路桥涵养护规范》（JTG 5120—2021）、《公路数据库编目编码规则》（JTT 132—2014）、《交通运输部关于进一步加强公路桥梁养护管理的若干意见（公交路发[2013]321 号）》等相关标准规范，制定平台桥梁基础数据、构件结构化、监测数据接入、管养数据接入、病害数据标准规范等，以有效规范平台数据集成与应用。

（2）在平台数据接入标准接口的保障下，平台与现有被监测桥梁的实时监测系统进行数据对接，完成挠度、应变、裂缝、振动、温湿度等数据的实时交互、数据清洗与分布式存储；在桥梁基础数据、结构化标准、桥梁养护、病害等数据标准的接口调试和对接下，与省级 CBMS 数据的历史数据传输和实时数据同步。经过数据集成，为桥梁结构健康监测大数据的集成建设奠定数据基础。

（3）以关键技术研究为基础，公路桥梁结构健康监测大数据云平台主要由四大子系统构成，即桥梁结构健康监测大数据可视化展示系统、桥梁管养综合业务系统、桥梁结构健康监测大数据分析与服务系统、智能巡检养护终端。

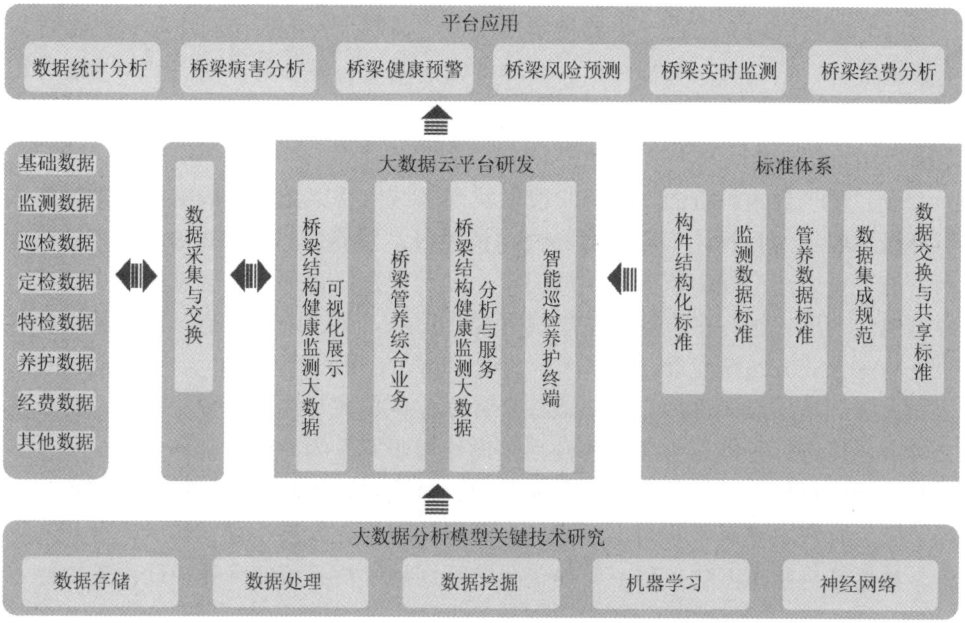

图 7.1　公路桥梁结构健康监测大数据云平台总体架构设计

1. 平台研发总体概况

在平台研发方面，将整个平台划分为桥梁结构健康监测大数据可视化展示系统、桥梁管养综合业务系统、桥梁结构健康监测大数据分析与服务系统、智能巡检养护终端四大业务功能子系统。针对关键系统或功能模块，通过三个阶段开展科学研究与系统研发，如图 7.2 所示。

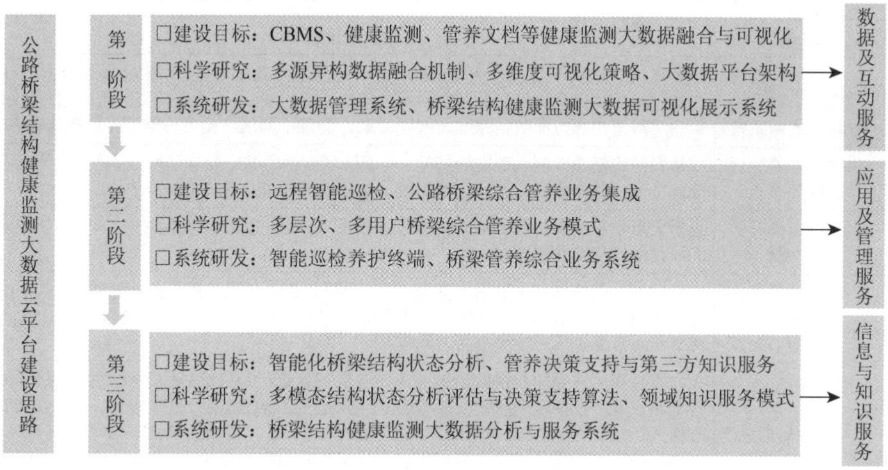

图 7.2　平台建设研发思路

（1）在科学研究方面，公路桥梁结构健康监测大数据云平台主要涉及多源异构数据融合、结构状态分析评估、管养辅助决策支持策略等方面。其中多源异构数据融合机制是开展后续多模态结构状态分析研究的前提，管养辅助决策支持策略需要结合管养综合业务模式特点。

（2）在平台建设方面，第一阶段以实现区域内桥梁结构健康监测大数据集成与可视化展示为目标，实现平台与公路桥梁日常管养信息、CBMS、现有桥梁监测系统等桥梁结构健康监测大数据的统一接入和存储管理，在区域桥梁大数据中心可视化大屏中进行多维度、多层次可视化展示。第二阶段重点开展桥梁结构健康监测综合业务系统建设，实现区域交通运输厅、公路管理中心、桥梁养护中心、管养人员等多层级、多用户的桥梁综合管养业务集成与统一管理。除此以外，第二阶段还将进行智能巡检养护终端系统设计与研发，为桥梁日常养护人员提供集日常巡检信息录入、智能办公、智能监控、风险预警等功能于一体的智能养护终端。第三阶段主要基于平台中集成的多源异构数据，开展桥梁结构状态分析与评价、桥梁结构状态演化趋势、管养资金统筹规划等桥梁智能管养辅助决策支持。

2. 平台功能架构设计

根据总体架构设计的平台子系统构成，将整个平台划分为桥梁结构健康监测大数据可视化展示系统、桥梁管养综合业务系统、智能巡检养护终端、桥梁结构健康监测大数据分析与服务系统四大业务功能子系统，以及一个大数据管理系统作为底层数据交互、存储计算支撑。表 7.1 描述了平台总体架构体系下各个核心子系统的主要功能。

表 7.1　平台总体架构中各个核心系统模块涉及的主要功能

序号	子系统模块名称	主要功能描述
1	桥梁结构健康监测大数据可视化展示系统	基于集成的 CBMS 数据、健康监测数据、挂牌督办数据等信息，向桥梁大数据中心用户实时展示桥梁基础信息及其实时运行状态，实现图表、统计分析及预测、预警及推送、平台运维监控等方面数据特征及展现要素，满足不同用户角色桥梁管养可视化要求
2	桥梁管养综合业务系统	以桥梁结构健康监测大数据为基础，实现区域内桥梁综合业务管理、桥梁结构健康监测信息查询、健康预警，构建区域内统一的桥梁结构健康监测业务体系
3	智能巡检养护终端	为桥梁日常养护人员提供集日常巡检信息录入、智能办公、智能监控、风险预警等功能为一体的智能养护终端
4	桥梁结构健康监测大数据分析与服务系统	以桥梁结构健康监测大数据为基础，在大数据操作系统提供的存储计算环境之上，结合统计分析、机器学习、知识图谱等理论技术，实现基于大数据和人工智能的桥梁结构状态分析与评估、管养决策支持等功能
5	大数据管理系统	大数据管理系统是平台研发的核心，包含以下功能：①与 CBMS、桥梁监测系统等进行数据交互，提供统一的数据接口规范，实现桥梁基础信息、日常管养、健康监测等数据接入；②对平台交互的桥梁结构健康监测大数据进行数据抽取、脱敏、清洗等预处理；③实现桥梁结构健康监测大数据的分布式文件和数据库存储；④提供分布式服务组件与计算资源；⑤提供用户管理、集群管理、平台安全认证审计等

3. 平台部署架构设计

按照政务云集化建设要求，公路桥梁结构健康监测大数据云平台至少需要申请 4 台云服务器资源，服务器部署情况如表 7.2 所示。

表 7.2　政务云服务器部署情况

云主机名称	应用部署
互联网应用 1	桥梁结构健康监测大数据可视化展示系统、桥梁管养综合业务系统、桥梁结构健康监测大数据分析与服务系统、数据采集接口服务
互联网应用 2	
互联网应用 3	大数据治理系统、数据采集接口后台服务
大数据开发	大数据治理系统、开发数据处理服务开发平台

整个平台各子系统部署在政务云平台中，其中桥梁结构健康监测大数据可视化展示系统、桥梁管养综合业务系统、桥梁结构健康监测大数据分析与服务系统部署在政务云互联网环境，数据采集接口也部署在政务云互联网环境，数据库、大数据平台部署在政务云政务外网（与互联网隔离）环境，如图 7.3 所示。

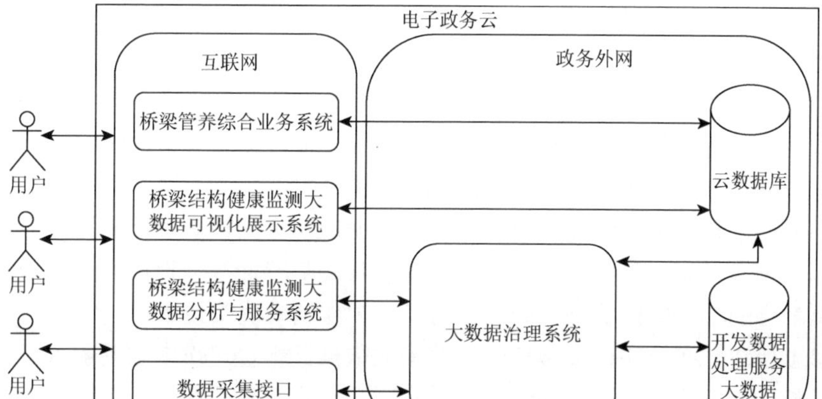

图 7.3　平台部署架构设计

7.2.2　平台建设关键技术

基于桥梁结构健康监测大数据云平台的总体架构设计，以区域公路桥梁基础信息、巡检、检测和监测等多源异构数据集成及可视化展示为基础，建立高性能、易扩展、高可靠的桥梁结构健康监测大数据存储管理系统；并通过建立融合远程管养信息录入、智能办公、智能监控、风险预警等功能的桥梁管养信息交互智能终端与大数据云平台实时远程联动机制，能够构建出多层级的桥梁综合管养业务模式，研发出桥梁结构健康监测综合业务系统与智能巡检养护终端；并且能够构建出基于公路桥梁结构健康监测大数据的桥梁结构状态分析与评价、桥梁智能管养辅助决策支持、桥梁结构健康监测领域知识共享与数据开放服务模式，制定区域公路桥梁结构健康监测大数据云平台数据接口标准与数据服务指南，以此设计研发桥梁结构健康监测大数据分析与服务系统，以形成多方协同参与的智慧桥梁管养生态体系。而在平台建设的关键技术方面，主要包括：

（1）定义平台对接、业务服务和数据服务标准接口；桥梁基础信息、检测、监测及养护措施等多源异构数据融合与交互；面向 CBMS、桥梁结构健康监测系统等第三方数据交互的数据调用、传输和接入协议标准，以及数据对接业务规范化模式。

（2）海量、实时数据的大数据存储与管理分析[10]；以 Kafka、HDFS、Spark、Storm 和 HBase 等 Hadoop 分布式核心组件为技术基础，适应于桥梁结构健康监测多源异构数据实时接入与缓存、解析与清洗、分布式存储与计算等特性的桥梁结构健康监测大数据管理系统架构，以及满足不同实际工程应用场景的大数据平台可靠性、高效性、扩展性测试环境参数设定、评估体系构建、平台运维及应急响应处理机制。

（3）面向资产管理的桥梁结构全寿命管养业务优化及大数据可视化；公路桥梁结构健康监测大数据的多维度运营状态可视化展现模式，多层级综合管养业务体系业务流程分析、建模、验证与递进式实施策略。

（4）桥梁结构全寿命智慧化管养决策。面向桥梁结构健康监测海量异构数据的结构病害多模态信息相关性分析与病害演化趋势特征指标提取方法，以及多模态信息融合的桥梁结构状态在线评估与管养智能辅助决策技术。

综上所述，在公路桥梁结构健康监测大数据云平台建设中主要融入了桥梁管养多源异构系统集成与数据融合、桥梁管养全要素信息可视化、桥梁管养决策支持关键技术等，主要介绍如下。

1. 桥梁管养多源异构系统集成与数据融合关键技术

1）健康监测系统数据交互

平台的建立主要参照《公路桥梁结构安全监测系统技术规程》①（JT/T 1037—2016）规范，制定适用于各平台数据采集与传输规范，确保不同监测厂家各类监

① 开发平台时引用的此标准，当时未作废。

测数据的统一性、完整性、可用性，并为后期可能接入平台的健康监测系统提供数据规范。平台制定的监测数据接入标准一共划分为荷载与环境、结构整体响应、结构局部响应和沉降四大监测类别。各种监测项中还应包含有对应传感器类型、采集频率、数据内容、传输频率和数据单位等具体参考指标。监测数据接入服务基于超文本传输协议 RESTful 架构，相对于传统接口，其具有减少带宽需求、提高安全性和处理性能等优势。

2）分布式环境下的海量监测数据存储

桥梁结构健康监测的数据采集工作依赖于各种传感器设备，包括位移、加速度、温度、荷载、挠度、应变、索力等传感器，每座监测桥梁每天产生大规模的监测数据。传统解决方案下，每座桥梁的监测系统相互独立，海量数据进行单独存储，存在数据孤岛问题。在上述提出的多源异构数据交互规范和技术基础上，可采用 HBase 分布式环境下的海量监测数据存储方法，并结合政务云部署环境实际特点，制定桥梁监测系统的集成化数据存储策略。具体措施为：将每一座桥梁的监测系统作为一个 Region Server 数据节点，将采集到的数据存储在各自的 Region Server 中，在一个区域范围内设置一个 Master 管理节点，对该区域内所有桥梁监测数据的存储工作进行统一化管理。如图 7.4 所示，整个区域内的所有桥梁结构健康监测系统相当于一个监测集群，对监测到的数据进行集群化存储和管理。该存储方法实现了区域内所有桥梁监测数据的分布式存储和统一化管理，节省存储空间，提高了存储效率，打破了信息孤岛。

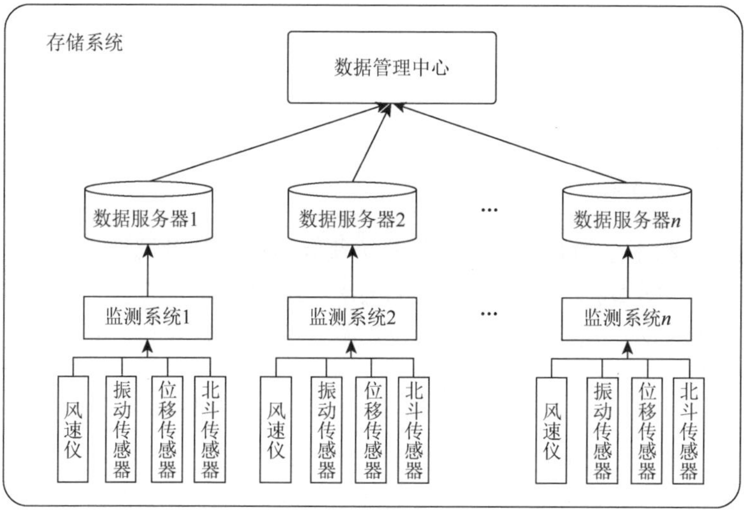

图 7.4　监测系统集成数据存储架构

2. 桥梁管养全要素信息可视化关键技术

1）面向多层次区域的桥梁管养全要素信息可视化

以桥梁管养业务体系中的桥梁基础信息、定期检测数据、结构病害数据、健康监测数据，以及人员培训、挂牌督办等业务过程性信息为基础，围绕桥梁管养全要素信息的可视化展示开展了相应研究。根据区域桥梁管养业务主要层级关系，设计多层次图表结合的可视化大屏展示，系统各层次所展示的数据内容为该层次及下属层次的对应数据内容。在可视化展示内容方面，采用了用户需求与信息主题相融合的可视化内容规范方案，平台可视化子系统设计采用模块化总体可视化布局方式。

在可视化展示方式方面，面向除监控视频以外的其他数据更新频率较低等特点，设计采用了以柱状图、饼图等图形化方式与关键信息、地图导航动态轮播相融合的总体设计策略，提升可视化界面的动态性和美观性。与此同时，可视化作为辅助决策的重要技术手段，在平台的大数据分析与服务子系统中以可视化方式进行总体布局设计。

其中，“健康监测系统传输信息”和“管养数据传输信息”模块设计采用了仪表图对各类型数据的交互情况进行动态展示。“桥梁技术状况热力图”将桥梁定检评定结果与所属区域进行关联，以直观方式反映不同区域内的桥梁结构状态。

2）面向单座桥梁的桥梁管养全要素信息可视化

对于某些特定重要桥梁，其管养全要素信息主要考虑在时间维度的演化趋势可视化展示。经过用户需求调研，并结合平台中数据集成情况，设计出平台可视化系统面向特定桥梁信息的可视化布局方式，以及平台大数据分析与服务子系统面向特定桥梁信息的可视化布局方式。

3. 桥梁管养决策支持关键技术

以 CBMS 和平台中管养综合业务系统获取的桥梁基础属性、详细病害记录、细粒度结构划分等数据为基础，融合多层次、细粒度管养信息的桥梁典型病害分析与辅助决策方法，从服役区域、服役年限、桥梁分类等多个维度对典型病害进行动态分析与评估。

1）多维度的桥梁结构典型病害分析

在服役区域、服役年限和桥梁类型三种不同维度，以不同类型病害所属结构部件的技术状况评定权重、将该维度下桥梁总延米数、该类型病害不同标度病害数量以及不同标度划分下各检测指标的扣分值作为整体输入，通过计算不同病害典型性分值，可得到在不同维度下的典型病害列表。通过设定响应阈值，取得前几位的典型病害。对于任意典型病害，从细粒度的结构部件、构件等信息中检索到录入病害，并返回所对应的结构构件位置，以此反映在某一特定桥梁中的病害分布情况，进行管养措施的辅助决策。

具体技术步骤如下：

以某类型病害所属结构部件的技术状况评定权重 w、该维度下桥梁总延米数 L、该类型病害不同标度病害数量 $d_2 \sim d_n$，以及不同标度划分下各检测指标的扣分值 $t_2 \sim t_n$ 为整体输入，采用式（7.1）计算在该维度下桥梁结构的典型病害分值 S，其中 i 为典型病害评价结果的放大系数。

$$S = \frac{iw\left(\frac{2d_2t_2}{100} + \frac{3d_3t_3}{100} + \cdots + \frac{nd_nt_n}{100}\right)}{L} \tag{7.1}$$

$t_2 \sim t_n$ 的标度扣分设计采用如表 7.3 所示的《公路桥梁技术状况评定标准》（JTG/T H21—2011）中检测指标扣分值。

表 7.3　构件各检测指标扣分值

检测指标所能达到的最高等级类别	指标类别				
	1 类	2 类	3 类	4 类	5 类
3 类	0	20	35	—	—
4 类	0	25	40	50	—
5 类	0	35	45	60	100

计算不同病害典型性分值，得到在不同维度下的典型病害列表。设定响应阈值，取得前 N 位的典型病害。对于任意典型病害，从细粒度的结构部件、构件等信息中检索到录入病害，并返回所对应的结构构件位置，以此反映某一特定桥梁中的病害分布情况。

2）融合技术状况评定与服役年限权重的桥梁结构典型病害分析

由于不同桥梁的技术状况评定结果、服役年限与病害的严重程度存在较大关联，将上述典型病害分析结果，结合某一桥梁权重（桥梁所在分析维度的权重评价系数）进行二次加权，并确定动态权重设置下的典型病害分析结果，其计算方法如下。

在服役区域、服役年限或桥梁类型三种不同维度，设该维度下桥梁总延米数为 L，桥梁数为 B，某一特定桥梁长度为 m，桥梁技术状况评定等级权重系数为 g（如 1 类 0.6、2 类 0.8、3 类 1.0、4 类 1.2、5 类 1.3），桥梁服役年限重要性权重系

数为 a（如 0～5 年为 0.6、6～10 年为 0.8、11～15 年为 1.0），通过式（7.2）计算加权后的典型病害分析值 S_f。

$$S_f = S_0 \frac{BL}{L} ga \tag{7.2}$$

其中，S_0 为未加权典型病害计算值。

同理，通过计算加权后不同病害典型性分值，可得到在不同维度下的典型病害列表，并反映出加权后病害分布情况。

7.3 公路桥梁结构健康监测大数据云平台子系统研发工程

公路桥梁结构健康监测大数据云平台建设过程中还存在主要子系统研发，包括桥梁管养综合业务系统、桥梁结构健康监测大数据可视化展示系统、桥梁结构健康监测大数据分析与服务系统以及智能巡检养护终端等。

7.3.1 桥梁管养综合业务系统

桥梁管养综合业务系统是公路桥梁结构健康监测大数据云平台的子系统之一，其可分为高速公路、普通国省干线和农村公路三个类别的业务处理，可根据具体需求选择相应业务功能进行处理，如图 7.5 所示。其主要包括桥梁信息管理、隧道管理、检查管理、养护管理、病害管理、监测管理等功能。而系统首页作为整个桥梁管养综合业务系统的主要应用界面，将桥梁基础信息、传感器预警信息、技术状况等级、挂牌督办等重要内容以文字和图表的形式归纳展示。首页上方可选择不同管理机构所监管的在役桥梁总数、年内养护桥梁、年内待检桥梁、预警桥梁总数等综合管理信息。

桥梁信息管理模块对各项桥梁信息进行管理，包括桥梁基础信息、桥梁卡片管理、结构化管理、传感器管理及文档管理。检查管理模块用于系统对接 CBMS 以获取各项检查记录数据并进行展示，包括经常检查记录、特殊检查记录、定期检查记录、技术状况评定记录。养护管理模块对桥梁检查中发现的病害及时进行养护处置，桥梁养护工作应结合具体桥梁的养护检查等级开展。病害管理模块是对桥梁检查中发现的病害及时进行养护处置，并结合具体桥梁的养护检查等级开展。对监测管理模块针对不同的监测类别和监测项目，设定相应的阈值，实现以阈值和动态监测数据为基础的预警系统，及时为桥梁管养人员提供针对桥梁具体监测项目的预警，帮助减少桥梁的损耗和事故发生的概率。

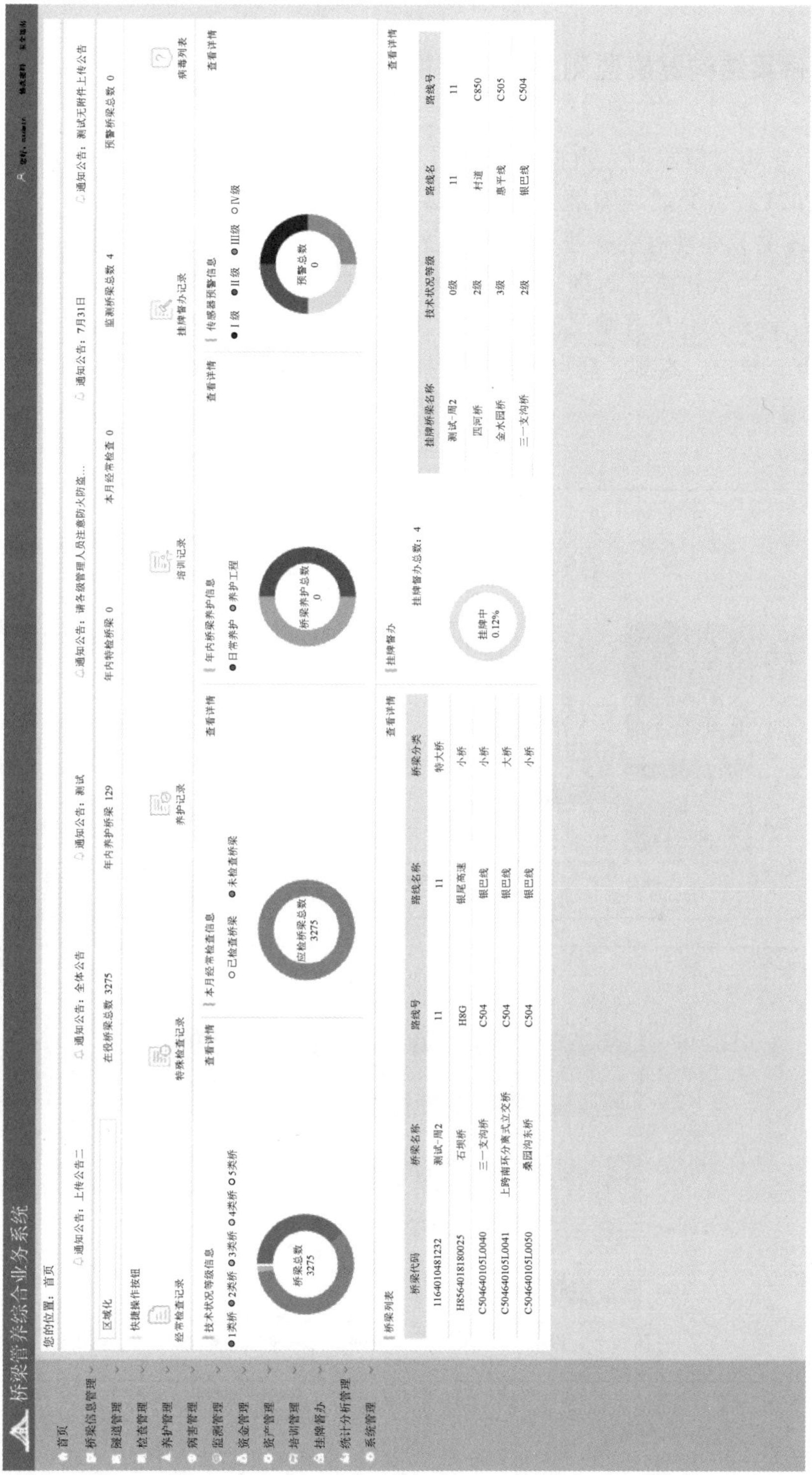

图 7.5　桥梁管养综合业务系统

7.3.2 桥梁结构健康监测大数据可视化展示系统

桥梁结构健康监测大数据可视化展示系统结合《公路桥涵养护规范》（JTG 5120—2021）、《交通运输部关于进一步加强桥梁管养的若干意见》（公交路发[2013]321 号）等现有养护规范和国家通知要求，以此确定大数据可视化展示系统具体业务场景和需求明细。该系统按照区域内多层次，以多维度可视化图表的形式展示该层次及下属层次的相关数据统计分析结果，内容涵盖桥梁基础概况、检查、养护、监测、病害、预警、挂牌督办、地图展示等主题，如图 7.6 和图 7.7 所示。

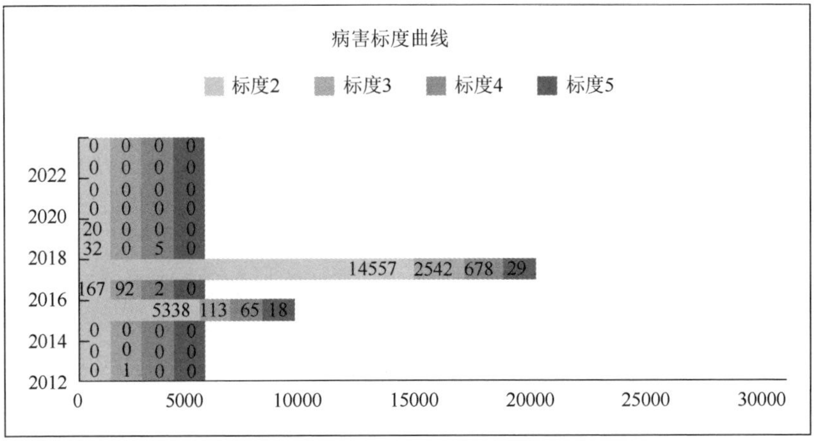

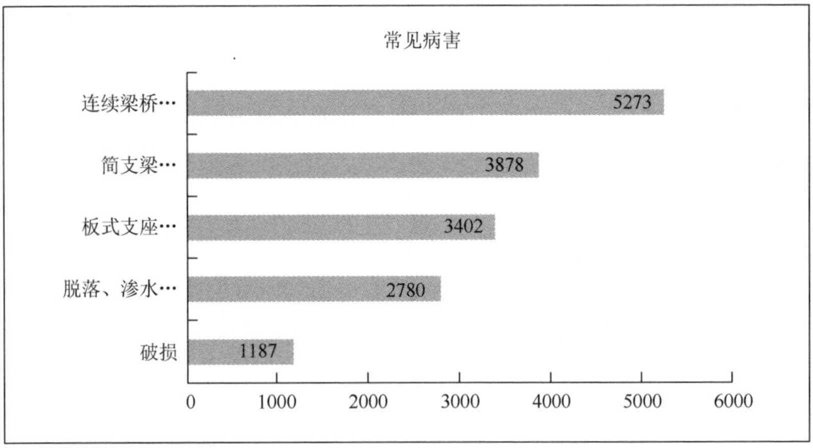

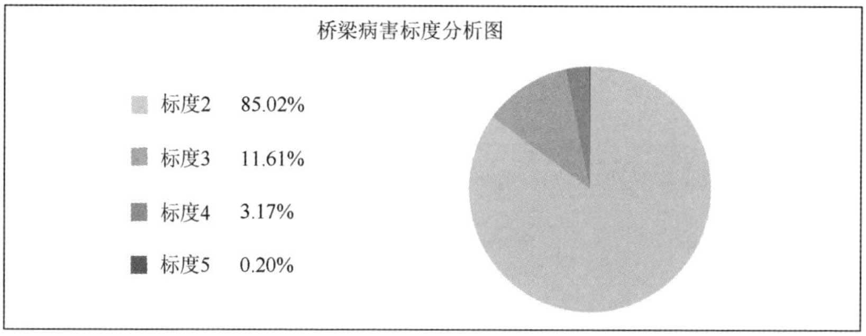

图 7.6　多维度的桥梁结构病害分析的可视化展示

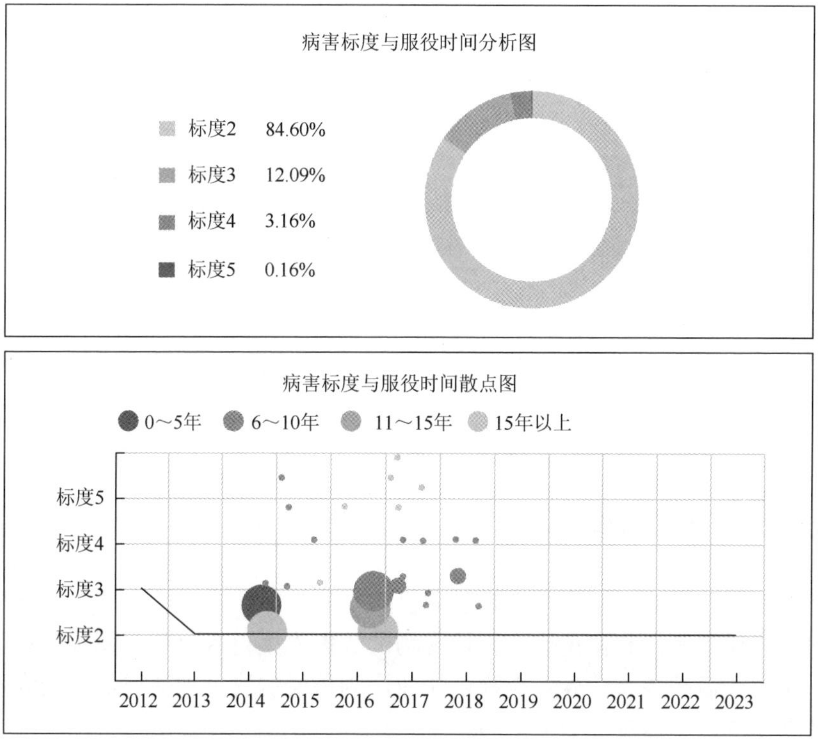

图 7.7　病害标度与在役时间分析的可视化展示

7.3.3　桥梁结构健康监测大数据分析与服务系统

公路桥梁结构健康监测大数据分析与服务系统结合了《公路桥涵养护规范》（JTG 5120—2021）、《交通运输部关于进一步加强桥梁管养的若干意见（公交路发[2013]321 号）》等现有养护规范和国家通知要求，以此确定该系统具体业务流程和需求明细，如图 7.8 所示。该系统是集成的监测数据及管养数据的平台载体，主要从桥梁监测数据深度挖掘、桥梁养护大数据分析、全要素综合分析等方面开展工作，用于管理桥梁业务信息及各项工作信息，为可视化大屏系统和大数据分析系统提供数据来源和支撑。

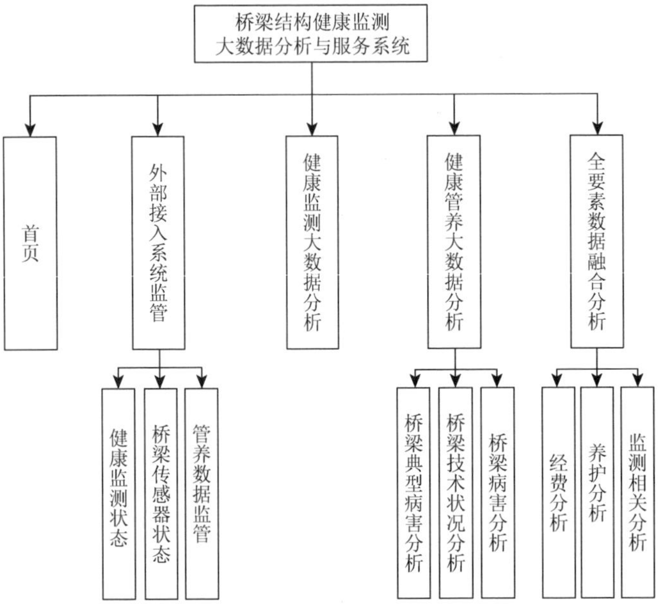

图 7.8　桥梁结构健康监测大数据分析与服务系统功能架构

7.3.4　智能巡检养护终端

智能巡检养护终端主要基于智能手机终端的桥梁日常巡检方法，能使桥梁的常规检查工作高效化和便携化，也使现场的数据收集更为合理，图片信息大大丰富，同时配合后端综合管养系统联合作业，为桥梁的安全评估提供了较为可靠的客观数据支持，具体流程如下。

首先输入系统账号登录终端，提取“桥梁管养综合业务系统”桥梁基础信息数据等，展示所有桥梁基础信息数据，通过该功能可以随时随地查询桥梁信息，以便于日常管养工作，并可在巡检过程中对该桥梁进行签到操作，提升巡检工作质量。按照《公路桥涵养护规范》(JTG 5120—2021) 对桥梁经常检查的要求，设计出需要现场检查的项目，主要的检查内容包含路线及桥梁的基本信息、部件的名称、缺损类型、缺损范围、保养措施意见等，通过在终端中登记巡检结果并提交至系统，提高巡检工作效率。

参考文献

[1] 杨兴旺, 唐成, 易用强, 等. 桥梁云计算 2020 年度研究进展[J]. 土木与环境工程学报(中英文), 2021, 43(S1): 261-267.

[2] 朱仕村, 张宇峰, 张立涛, 等. 面向长大桥梁结构健康监测物联网的云计算[J]. 现代交通技术, 2011, 8(1): 24-27.

[3] 袁国骏. 浅谈云计算及其发展应用[J]. 实验室科学, 2009, 12(2): 103-105.

[4] 程辉, 钟继卫, 梅秀道, 等. 基于大数据平台的桥梁安全维护技术研究[J]. 湖南交通科技, 2015, 41(3): 119-123.

[5] 梁柱. 基于大数据架构的桥梁健康监测云平台[J]. 中国交通信息化, 2020, 244(6): 115-117.

[6] Jeong S, Hou R, Lynch J P, et al. A scalable cloud-based cyberinfrastructure platform for bridge monitoring[J]. Structure & Infrastructure Engineering Maintenance Management Life Cycle Design and Performance, 2019, 15(1): 82-102.

[7] 孟利波, 唐光武. 基于云平台的中小桥梁监测系统架构方案研究[J]. 公路交通技术, 2013, 29(4): 106-109.

[8] 李真兴, 王身宁. 基于云平台的洛溪大桥健康监测系统的设计与应用[J]. 工程建设与设计, 2018, (12): 129-131, 145.

[9] Soman R, Kyriakides M, Onoufriou T, et al. Numerical evaluation of multi-metric data fusion based structural health monitoring of long span bridge structures[J]. Structure and Infrastructure Engineering, 2018, 14(6): 673-684.

[10] Li R, Hu H B, Li H, et al. MapReduce parallel programming model: A state-of-the-art survey[J]. International Journal of Parallel Programming, 2016, 44(4): 832-866.